可再生能源系统风险管理：方法与实证

Risk Management of Renewable Energy Systems: Methods and Empirical Analysis

王 兵 著

科 学 出 版 社
北 京

内 容 简 介

本书聚焦于与可再生能源发展相关的若干关键科学问题，采用运筹学、计量经济学、博弈决策理论、多属性评价、灰色系统理论等理论与方法，从气候变化风险、政策风险、社会认知风险视角探讨可再生能源发展与气候变化、政策支持、社会认知之间的复杂反馈机制，为我国未来可再生能源的气候风险规避、发展路径选择和社会认知提高等提出政策建议与决策参考。

本书可供能源经济与管理、可再生能源管理领域的专业人员阅读，也可供从事可再生能源行业的企业管理人员、技术研究人员、高等院校师生学习参考。

图书在版编目(CIP)数据

可再生能源系统风险管理：方法与实证=Risk Management of Renewable Energy Systems: Methods and Empirical Analysis / 王兵著. —北京：科学出版社，2019.7

ISBN 978-7-03-061226-7

Ⅰ. ①可… Ⅱ. ①王… Ⅲ. ①再生能源-能源管理-风险管理-研究-中国 Ⅳ. ①F426.2

中国版本图书馆CIP数据核字(2019)第092496号

责任编辑：刘翠娜 王楠楠 / 责任校对：杜子昂
责任印制：吴兆东 / 封面设计：正典设计

科学出版社出版
北京东黄城根北街16号
邮政编码：100717
http://www.sciencep.com

北京虎彩文化传播有限公司 印刷

科学出版社发行 各地新华书店经销

*

2019年7月第 一 版 开本：720×1000 1/16
2020年10月第三次印刷 印张：13
字数：260 000

定价：108.00 元

(如有印装质量问题，我社负责调换)

前　言

中国是世界上可再生能源利用量最多、发展最为迅速的国家之一，在水能、风能、太阳能和生物质能利用方面居于世界前列。中国政府制定了宏伟的可再生能源发展目标：2020年非化石能源占一次能源消费的比例为15%，2030年提高到20%左右。可再生能源发展已经成为中国应对气候变化、保障能源安全、治理环境污染、促进能源转型和发展低碳经济的重要政策导向。然而，作为一个和气候变化密切相关的新兴产业，其受到气候变化本身、国家支持政策、社会认知等多个要素的影响，未来面临着巨大的风险。

本书的研究成果源于作者在北京理工大学能源与环境政策研究中心攻读博士学位期间和进入中国矿业大学(北京)能源与矿业学院以来的研究工作总结。本书所讨论的可再生能源发展过程中的风险主要包含自然风险和社会风险两部分：前者聚焦于可再生能源利用过程中面临的气候变化风险；后者涵盖政策风险、社会认知风险，可综合表述为投融资风险。在识别可再生能源发展影响因素的基础上，本书针对可再生能源发展领域的风险管理前沿与科学问题，开展可再生能源系统风险评估与实证研究，围绕可再生能源发展自然风险中的气候变化风险、政策风险中的可再生能源配额制问题和以可再生能源社会效益分析为代表的社会认知风险进行理论分析与应用研究，为可再生能源系统规避自然气候风险、探索可再生能源发展路径和实施社会效益评估提供理论框架，同时为我国可再生能源的发展政策提供依据和新方法。

本书的主要研究工作包含以下几个内容。①从国际比较和国际经验总结的视角，建立影响可再生能源发展的因素分析模型，探索不同收入水平、发展阶段、社会发展进程、能源安全形势、能源消费总量、碳排放形势对可再生能源发展的影响机制。②基于脆弱性理论，建立以脆弱性范围图(VSD)为基础的区域可再生能源气候变化脆弱性灰色聚类决策耦合模型，识别我国各区域可再生能源系统面临的气候变化脆弱性，并提出相应的适应能力建设方案。③将经济能力、资源潜力、配额责任、基础设施建设等原则引入可再生能源配额制的配额分配中，基于运输问题建立可再生能源配额制下多目标电力最优调配模型，为解决我国目前面临的弃风、弃光、弃水问题提出政策建议。④从参与意愿的角度构建配额制下地方政府、电网企业和发电企业三个参与主体的博弈决策概念模型，从经济学的角度，分析配额制与固定上网电价、碳排放交易市场机制的衔接问题。⑤从能源安全、能源贫困的角度评估我国可再生能源发展的社会效益，基于情景分析和指数分解法预测未来可再生能源发展对改善能源安全形势的作用。⑥对可再生能源领域的投融资风险及国际合作形式进行梳理，提出未来加强可再生能源国际合作的建议和促进我国可再生能源产业持续健康发展的金融对策。

本书是在作者博士学位论文的基础上结合可再生能源系统的发展进行修改和整理完成的。在长期的研究过程中，作者的研究工作得到了来自国家有关部门、行业协会和学术界众多学者的鼓励、指导、支持与帮助，在本书出版之际，首先要感谢作者的博士生导师魏一鸣教授在作者攻读硕士学位和博士学位期间以及工作以来的悉心指导与帮助；还要特别感谢于景元研究员、杨列勋研究员、刘作仪研究员、王兆华教授、韩伯棠教授、Eric Martinot 研究员、Ioan Nistor 教授、Tad Murty 教授、唐葆君教授、廖华教授、梁巧梅教授、张跃军教授、朱帮助教授、於世为教授等专家给予的指导与帮助，以及北京理工大学能源与环境政策研究中心全体同仁的支持。此外，中国矿业大学(北京)的学校领导、能源与矿业学院领导、资源工程系各位同仁对身为青年教师的作者也给予了支持与鼓励。

本书的研究和出版得到了国家自然科学基金(71704178)、北京市优秀人才培养资助项目(2017000020124G133)、国家统计局全国统计科学研究计划项目(2017LY10)、中央高校基本科研业务费(2017QZ03)、北京市重点实验室开放研究基金课题等的资助，在此一并表示感谢。

鉴于能源经济与气候政策研究的复杂性和应用背景的变化，限于作者知识修养和学术水平，书中难免存在不足之处，恳请读者不吝赐教。

王　兵

2019 年于北京

目　录

第二部分　风险管理篇

第四部分　国际合作篇

第1章 绪　论

1.1 可再生能源发展的基本特征

1.1.1 大力发展可再生能源势在必行

大力发展可再生能源是世界各国应对气候变化的主要措施之一。20世纪70年代以来，石油危机的爆发促使各国寻求可替代的能源供应，核能与可再生能源的开发利用日益受到世界各国的高度重视。由于受到1979年三英里岛核泄漏事件和1986年切尔诺贝利核电站爆炸事故的影响，核能发展遇冷，核能安全性成为阻碍其发展的重要影响因素，特别是2011年日本福岛核事故的发生使得不少国家的能源战略转向可再生能源发展。90年代初，气候变化问题引起国际社会的关注，科学界大多认为传统化石能源燃烧产生的温室气体排放是引起气候变化的主要原因，这极大地推动了可再生能源的发展。世界上很多国家和地区都发布了可再生能源发展目标，力推能源转型和应对气候变化，如国际可再生能源机构（IRENA）2018年发布的《全球能源转型路线图2050》指出，为达到《巴黎协定》中承诺的能源结构低碳化以及减缓气候变化的目标，到2050年可再生能源在能源供给总量中的占比必须达到三分之二，这意味着可再生能源需求至少要提升六倍（IRENA，2018）。

金融危机背景下可再生能源产业蓬勃发展，成为发展战略性新兴产业、推动经济发展方式转变的重要选择。可再生能源的开发利用将显著降低经济发展对传统化石能源的消耗、减少环境污染，促使严重依赖资源消耗的发展模式逐渐转变为资源消耗少、环境污染低的科学发展方式。鉴于可再生能源开发产业链长、配套产业多、对经济增长的拉动作用显著，世界各国的经济发展新政中为可再生能源发展赋予了拉动经济新增长的使命，而作为快速增长的战略性新兴产业，可再生能源发展对拉动高端装备制造相关产业的发展有显著作用（周元和孙新章，2010）。在这一背景下，可再生能源领域的贸易争端日益增多，贸易保护主义抬头，世界可再生能源市场竞争日益激烈，可再生能源市场和装备制造已成为世界各国的重大经济利益之一。

发展可再生能源是我国治理环境污染和保障能源安全的题中应有之义。进入21世纪以来，我国传统粗放型的经济发展模式造成了大量的污染物排放，环境问题日益突出。此外，石油对外依存度高企，能源安全问题引起了社会各界的广泛关注。因此，随着经济社会的发展，我国能源需求持续增长，能源资源和环境问题日益突出，加快开发利用可再生能源已成为我国应对日益严峻的能源环境问题的必然选择。自2005年以来，我国可再生能源法律法规体系逐步建立，相关激励政策逐步推广，发展规划稳步推进，可再生能源产业迎来良好的发展机遇。联合国环境规划署(UNEP)报告显示，截至2017年，全球可再生能源年投资额已连续八年超过2000亿美元。报告指出，中国是迄今为止世界上最大的可再生能源投资国，2017年投资额比2016年增长31%，达1266亿美元，同期，澳大利亚(同比增长147%至85亿美元)、墨西哥(同比增长810%至60亿美元)以及瑞典(同比增长127%至37亿美元)的投资额也大幅上涨(Frankfurt School-UNEP Centre/BNEF，2018)。

可再生能源发展力促我国能源转型。2017年底，我国碳强度比2005年下降约46%，已完成2020年碳强度下降40%～45%的目标，碳排放快速增长的局面得到初步扭转；非化石能源占一次能源消费的比重达到13.8%；我国森林蓄积量达到151亿立方米；水电、风电和光伏发电装机容量分别达到3.14亿千瓦、1.64亿千瓦和1.30亿千瓦，分别是2005年的2.91倍、154倍和1854倍(国家统计局，2018)。近年来至未来一段时间，特别是2014～2020年，是我国全面建成小康社会的关键时期，也是我国能源发展转型的重要战略机遇期。国家有关部门发布了提高非化石能源比例、提高天然气消费比重、限制煤炭消费总量、降低碳排放总量峰值等一系列促进能源转型的重要举措。

大力发展可再生能源是我国国家战略的重要组成部分。《强化应对气候变化行动——中国国家自主贡献》的国家自主贡献方案中，明确规定了可再生能源的行动目标：在做好生态环境保护和移民安置的前提下积极推进水电开发，安全高效发展核电，大力发展风电，加快发展太阳能发电，积极发展地热能、生物质能和海洋能(新华社，2015)。到2020年，风电装机达到2亿千瓦，光伏装机达到1亿千瓦左右，地热能利用规模达到5000万吨标准煤，大力发展分布式能源，加强智能电网建设。

1.1.2 气候变化对可再生能源利用影响广泛

气候变化及其极端事件可能对传统能源的供应和使用产生影响。首先，煤的储存、运输都对温度较为敏感，用煤进行火力发电同样对水温有要求。气候变化导致火力发电站周围温度的变化能够影响火力发电的效率。其次，气候变化及其相关极端事件对油气的运输路线会产生重要影响。一方面，气候变暖导致某些北极地区冰川融化，这使得这些地区航海运输变为可能。另一方面，气候极端事件也对大型油轮运输产生影响。此外，气候变化对电网建设、管理都有可能形成巨大挑战。

气候变化通过影响可再生能源禀赋来影响可再生能源的利用。与传统能源相比，可再生能源的利用较为清洁、低碳、环保、可持续，在应对气候变化时可发挥重要作用。但是，其利用方式依赖于气候要素，导致其受到气候要素变化的制约。政策制定者乃至学术界对这种相互制约、互为反馈的关系的关注相对较少。如图 1.1 所示，可再生能源利用依赖于降雨、风速、日照、温度、湿度等气候要素的大小与稳定度。例如，降雨量太小，水电站的利用效率低，发电量小，无法进行大规模的电力生产；降雨量太大，进而造成水灾、洪灾、泥石流等现象，同样不利于水电站的正常运转。风能利用主要取决于风速的大小和稳定度，过低的风速影响风能利用的经济性，而风速太大也会影响风机的正常运转。可见，这种依赖关系将给可再生能源利用带来巨大风险。

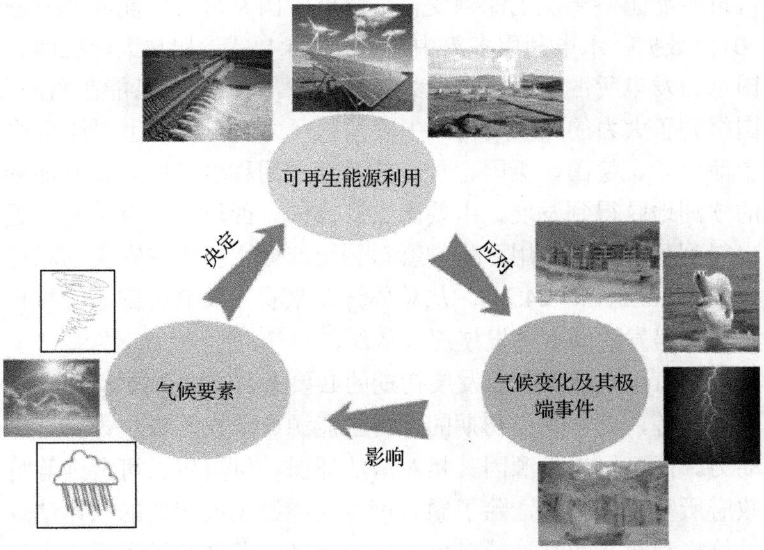

图 1.1 可再生能源与气候变化

气候变化及其极端事件还对可再生能源发电设施造成破坏，进而影响可再生能源的利用，并产生不利影响。研究表明：未来降雨模式的变化将会导致我国水能资源禀赋和水电机组效率面临重大风险。因气候变化导致水电生产量的下降，可能引起 2030 年“不能”获取电力服务的人口达到 2089.82 万人(Wang et al., 2014a)。西南和东南沿海地区的水电利用所受威胁最大。除此之外，世界银行及国外学者对风能利用、太阳能利用面临的气候风险研究表明：气候变化对风能资源、风电场运营环境、风电场基础设施、太阳能利用设施及其利用效率都将产生重大影响。

脆弱性(又称为易损性)评估模型是研究和评估气候变化与可再生能源系统之间复杂关系的主要工具。脆弱性评估包含事前评估、事后评估，既可研究历史气候变化对目标系统的影响，也可评估未来不同情景下气候变化对系统的影响，是一个综合了自然科学和社会科学研究方法的研究方向。脆弱性评估已经在国际气候变化研究中得到了广泛应用。政府间气候变化专门委员会(IPCC)第五次评估报告第二工作组报告的第19章中具体分析了脆弱性评估的要点与步骤，阐述了脆弱性评估对于识别气候变化风险的重要性(IPCC，2014)。此外，历次IPCC报告也重点阐述了气候变化脆弱性研究的最新进展，国际期刊、国际组织等都专门出版了专刊或专题报告来讨论气候变化脆弱性问题，引起了国际气候变化研究者的广泛关注。

1.1.3 可再生能源消纳能力不足成发展瓶颈

世界可再生能源格局发生深刻变化，发展中国家可再生能源产业蓬勃发展。基于BP(2015)数据，水电利用多集中在中国(24.1%)、加拿大、巴西、美国四个国家，四国水力发电所占世界比重约为52%(BP，2015)。风能在欧洲(39.3%)、美国和中国得到了大力的开发利用，中美两国风力发电所占世界比重约为48%。欧洲地区中西班牙、德国、英国、丹麦的风能利用程度较高。太阳能利用产业最早在发达的欧洲地区得到发展，主要国家有德国、西班牙、意大利，近年来在中国和日本也得到了一定的应用。生物燃料利用产业主要集中在美国和巴西，所占世界比重分别为43.5%和24.2%。从总体分布来看，发展中国家的可再生能源发展速度较快，欧美发达国家的发展逐步放缓。

政府支持是可再生能源产业发展初期的必要条件。由于技术不成熟、规模小、成本高、回报低等，处于发展初期的可再生能源产业缺乏吸引投资、扩大产业基础的内在动力。而可再生能源因其相对清洁环保、可再生、可持续等特点，又为世界各国政府所重视。因此，除了颁布可再生能源发展相关的法律法规，世界各国主要通过价格和数量两种途径对可再生能源产业发展给予了重要支持。价格途径主要是指以固定上网电价(feed in tariff)、竞争电价、补贴等为主的经济型政策。数量途径主要包括以总量目标、配额制、生产许可等为代表的指令型政策。我国目前已逐步建立了以固定上网电价、竞争性招标制、保障性收购为代表的政策体系，也颁布了以《中华人民共和国可再生能源法》和其他相关法律法规为代表的可再生能源法律框架，并确立了我国中长期可再生能源发展目标。

总体来看，我国可再生能源产业已经历初级发展阶段，大部分已进入快速规模化发展阶段，整个产业在最近10多年取得了跨越式发展。根据BP世界能源统计数据(BP，2015)，2010年，我国风电装机容量达到44.781吉瓦，超过美国，跃居世界第一位；2011年，我国太阳能光伏电池生产量为1300万千瓦，成为世界第一大光伏电池生产国。2016年我国光伏发电新增装机容量34.54吉瓦，累计装机容量为77.42吉瓦，新增装机容量和累计装机容量均为世界第一(国家能源局，

2017a)。2009年，我国太阳能热水器利用量居世界第一，太阳能热水器总计面积达到1.45亿平方米，年生产力达到4200万平方米。

弃风、弃光、弃水现象近年来发生频繁，严重制约可再生能源行业的进一步发展。如图1.2所示，弃风问题从2010年开始凸显，并在2012年达到最糟糕的弃风水平，2013和2014年虽然有所缓和，但还是超过5%的合理界限。2015年，弃风量达339亿千瓦时，弃风率达到15%，同比上升7个百分点(国家能源局，2016)，需要引起足够的重视。政府制定了一系列缓解和改善弃风问题、提高可再生能源电力消纳能力的政策措施，具体包括：对于风电利用来说，《国家能源局关于做好2015年度风电并网消纳有关工作的通知》明确就“三北”地区(东北、华北、西北)、中东部和南方地区的风电开发、就地利用和外送进行了具体规划(国家能源局，2015a)；《国家能源局关于进一步完善风电年度开发方案管理工作的通知》明确规定弃风限电比例超过20%的地区不得安排新的建设项目，年度开发方案完成率低于80%的省(区、市)下一年度不安排新建项目(国家能源局，2015b)。对于太阳能利用来说，随着“十二五”期间西北地区地面电站快速扩张，由于太阳能资源利用与电网接入、消纳通道建设的不匹配，甘肃、新疆等地区2015年弃光率快速上升到30%左右。因此，《太阳能发展“十三五”规划》提出在弃光限电严重的地区严格控制集中式光伏电站的建设规模，加快解决已出现的弃光限电问题，采取本地消纳和扩大外送相结合的方式，提高已建成集中式光伏电站的利用率，降低弃光限电比例(国家发展和改革委员会，2017a)。

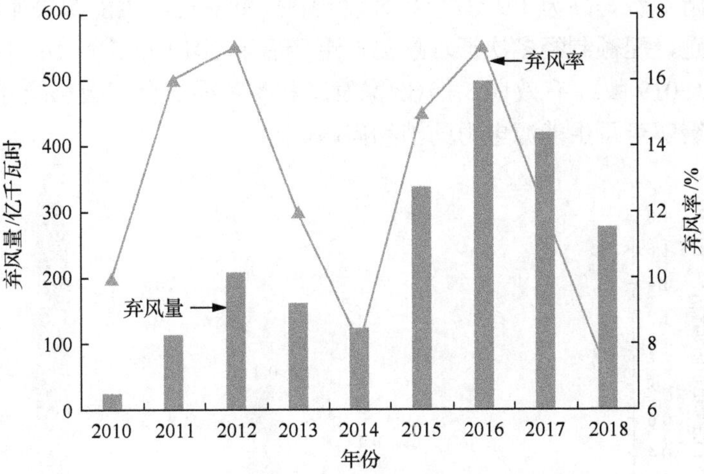

图1.2 2010～2018年我国整体的弃风情况

资料来源：作者整理完成

电网建设相对滞后、就地消纳能力不足是弃风、弃光、弃水等问题的主要原因，其深层次原因在于可再生能源电力与传统电力之间成本效益的差异。电网建设中未充分考虑或者预测到可再生能源电力的爆发式增长，而我国可再生能源基地的本地电力消纳能力不足，这种资源分布与电力负荷的不匹配是导致可再生能源装机弃置等问题的现实原因。主要的弃风限电地区集中在内蒙古西部、甘肃、新疆、吉林等地区。2017 年全国累计光伏发电量为 1182 亿千瓦时，弃光电量约 73 亿千瓦时。弃光问题主要发生在甘肃和新疆地区，其中，甘肃省弃光电量为 18.5 亿千瓦时，弃光率为 20%；新疆(不含新疆生产建设兵团)弃光电量为 28.2 亿千瓦时，弃光率为 22%(国家能源局，2018)。从深层次来看，可再生能源电力与传统电力的差别体现在电网接入困难度、电力供应稳定性、电力生产效益等方面，这也是各个利益群体在进行可再生能源电力生产、输送和消费过程中的主要障碍。

经济激励政策微调，配额制经历多次征求意见已出台。可再生能源发展的经济激励政策随着时间的推移和各项技术的成熟度不同而进行调整，这一现象是世界各国可再生能源发展的普遍规律。最典型的代表是德国对于风电和太阳能发电的上网电价补贴机制的不断更新以及可再生能源电力附加费的增长。以光伏为例，和西班牙以及意大利一样，德国的光伏发电市场经历了疯狂的发展，这也带来了巨大的补贴负担。在我国，风力发电是可再生能源发展浪潮中的主力军，经历了大规模发展的初级阶段。同时，针对我国风电发展现状，国家在 2014 年底第一次对风力发电的上网电价进行了下调调整。针对日益扩大的可再生能源补贴缺口，国家发展和改革委员会(以下简称国家发展改革委)于 2016 年 1 月 1 日决定将可再生能源电价附加费提高为 1.9 分/千瓦时(图 1.3)。针对可再生能源快速增长带来的弃风限电问题，配额制经多次征求意见，更名后于 2019 年 5 月 10 日正式出台，形成配额制(2019 版)，有效期 5 年(国家发展和改革委员会和国家能源局，2019)。配额制有望缓解可再生能源电力的消纳问题。

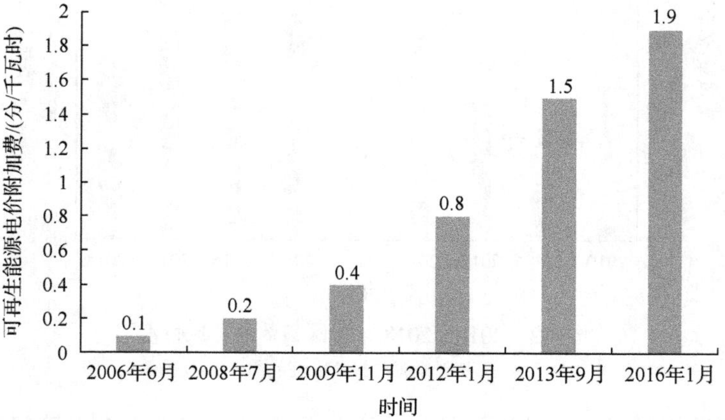

图 1.3 可再生能源电价附加费的变化

资料来源：国家发展改革委网站数据汇总

新一轮电力体制改革力推可再生能源发展。2015 年 3 月，新一轮电力体制改革悄然落地，电力体制改革成为电力领域的主旋律。《中共中央 国务院关于进一步深化电力体制改革的若干意见》(中发〔2015〕9 号)中对我国目前电力行业发展还面临的一些急需通过改革解决的问题进行了分析(国务院，2015a)。新一轮电力体制改革将可再生能源的发展，特别是可再生能源发电的消纳问题放在了重要位置。电力体制改革的中发〔2015〕9 号文发布后，第一个配套文件是《国家发展改革委　国家能源局关于改善电力运行调节促进清洁能源多发满发的指导意见》(国家发展和改革委员会，2015a)，主要聚焦于改善电力运行调节，促进清洁能源持续健康发展，旨在落实可再生能源发电全额保障性收购制度。

可再生能源利用范围逐步从发电行业扩展到供热、交通等领域，并进行区域试点。发电是可再生能源利用的主要形式。但是随着弃风问题的显现，利用可再生能源进行供热和在交通领域进行利用逐渐得到重视。2015 年，国家能源局发布了风电清洁供暖工作的通知，针对内蒙古、辽宁、吉林、黑龙江、河北、新疆、山西等北方地区探索风电清洁供暖工作实施方案，试图将风电供暖作为促进风电消纳和解决大气环境问题的有效措施(国家能源局，2015c)。国家发展改革委 2017 年发布了《北方地区冬季清洁取暖规划(2017—2021 年)》，实施可再生能源清洁供热示范建设工作，减少大气污染物排放(国家发展和改革委员会，2017b)。2015 年 7 月 28 日，国家发展改革委批复的《河北省张家口市可再生能源示范区发展规划》对张家口市 2015～2030 年的可再生能源发展进行了具体规划，其中，规定到 2020 年全部城市公共交通用能来自可再生能源(国家发展和改革委员会，2015b)。

1.1.4　可再生能源发展需要社会公众共同参与

全球性能源与环境问题和可再生能源发展相互影响。正如一系列自然与社会因素促使可再生能源发展一样，可再生能源的发展也反过来促使这些问题的解决。总体来看，加快开发利用可再生能源已经成为国际社会的共识和共同行动，呈现出规模化发展的良好势头。在这个相互作用的过程中，可再生能源发展能够带来诸多社会效益和环境效益。21 世纪可再生能源政策网络(REN21)报告显示，可再生能源的利用除了能促进偏远地区的电力可获得性、提高电力清洁度，其产业上游的生产制造、设备安装与管理等环节还能为社会提供了大约 1030 万个就业岗位，其中中国就提供了全球本领域 43%的岗位(REN21，2018)。

可再生能源发展已成为许多国家或地区缓解能源安全形势、减少温室气体排放、应对气候变化的重要举措。欧洲联盟(以下简称欧盟)于 2007 年提出了 2020 年可再生能源占比达 20%的目标，2014 年明确了 2030 年达 27%的发展目标。这些目标的确立使欧盟地区的可再生能源得到了规模化的发展，在一定程度上缓解了其对俄罗斯油气进口的依赖，部分国家的“弃核”选择也使得其能源发展转向可再生能源。在我国，《中华人民共和国可再生能源法》的颁布揭开了可再生能源规模化发展的序幕，也确立了可再生能源在我国能源战略体系中的重要地位。其后，我国多次发布可再生能源发展规划与目标，使得可再生能源在能源和电力结构中的比重不断增加，如《能源发展战略行动计划(2014—2020年)》对2020年风电、光伏发电的装机规模分别制定了达到2亿千瓦和1亿千瓦的具体规划目标。

发展可再生能源需做到效益共享、责任共担。发展可再生能源对社会公众来说也存在很多效益。可再生能源相对较为清洁、环保，有益于社会公众的健康。部分分布式可再生能源技术推广到普通家庭中，也可节约一部分的家庭电力开支。但是，我国可再生能源利用及其效益在社会公众中的知识普及还较为欠缺，社会资本参与到可再生能源发展中的积极性还有待加强。而可再生能源补贴缺口不断扩大、可再生能源电力消纳能力需增强等问题促使未来发展可再生能源的责任需要社会公众共同承担。这就需要科学评估可再生能源发展效益，提高我国社会公众的环保意识，开展普及可再生能源利用知识的行动。

1.2 国内外可再生能源发展相关研究综述

大力发展可再生能源已经成为我国应对气候变化、保障能源安全、构建低碳社会的重要政策导向。然而，气候变化及其气候极端事件对能源系统，特别是可再生能源系统的运行产生了重要影响。一方面，可再生能源的发展可有效降低CO_2排放，成为应对气候变化的主要措施之一。另一方面，可再生能源的利用依赖于气候要素(如降雨、温度、风速、湿度、日照等)的稳定性，从而易损于气候变化(王兵，2014)。这种相互制约关系成为气候变化脆弱性研究的重要内容之一。

气候变化脆弱性研究是可持续发展学科的最新研究领域，是应对和适应气候变化的基础性研究工作。脆弱性有狭义和广义之分。狭义的脆弱性主要考虑系统受到的外在压力的水平。广义的脆弱性除了考虑以上因素，还需考虑系统本身具备的适应能力和压力源的变化情况。本书从气候变化脆弱性研究的文献综述着手，厘清了气候变化脆弱性领域的发展脉络和研究热点，为确立本书的研究范畴提供了理论基础。在此前提下，本书对能源系统领域面临的气候变化脆弱性进行文献综述，以发现本领域国内外当前现状、发展趋势和存在的问题。

除了气候变化是制约未来可再生能源发展的重要因素，社会因素，特别是政策因素，也日益影响到可再生能源的健康发展，成为决定未来可再生能源发展路径的主要因素。针对当前可再生能源大规模发展遇到的瓶颈，本节综述了可再生能源发展的重要政策机制——可再生能源配额制的研究情况，并对其他影响可再生能源发展的因素进行了归纳总结。

1.2.1 气候变化脆弱性研究现状

作为脆弱性研究的分支，气候变化脆弱性继承与发展了脆弱性研究的一般理论，突出了气候变化特征在脆弱性研究中的不同之处。气候变化不是一个瞬时的社会现象，而是经过长时间积累后对社会产生重要影响的事件。从长远来看，气候变化所引起的气候模式的改变必将对社会、生态等方方面面施加影响，人们生产、生活方式等都将为此做出相应的改变。气候变化的影响在不同地区、不同时间维度是有差别的，可能是正面的影响，也可能是负面的影响。然而，无论自然生态系统，还是社会经济系统，对于气候变化都具有一定的适应能力。当系统受到气候变化负面影响时，有限的适应能力将会导致系统处于一种较易受到气候变化影响的状态，称为气候变化脆弱性。由于煤炭、石油等自然资源的稀缺性凸显，环境污染问题日益严重，气候变化于20世纪90年代初的里约热内卢地球峰会开始在国际社会和学术研究中引起重视，同时本领域也形成了大量针对气候变化脆弱性的研究成果，建立了气候变化脆弱性研究的理论体系。Wang等(2014b)基于Web of Science数据库的检索结果，利用文献计量方法研究了气候变化脆弱性研究的发展态势，利用关键词分析了气候变化脆弱性的研究热点，较为系统地总结了气候变化脆弱性的发展规律。

1.2.1.1 气候变化脆弱性研究难点分析

作为脆弱性研究的分支，除了对气候变化脆弱性的概念进行定义，气候变化脆弱性研究还包括以下几个方面：脆弱性影响因素分析(含脆弱性识别与度量两个方面)；脆弱性综合评估；脆弱性管理。不同学术背景的研究学者研究脆弱性的方式明显不同。就气候变化脆弱性研究而言，自然科学与工程学领域通常采用定性描述的方式，而社会科学则偏向于使用解释模型进行分析(Antle et al.，2004)。

图1.4揭示了气候变化脆弱性研究的一般步骤，比较了脆弱性评估研究与脆弱性预测研究之间的区别。脆弱性评估研究与脆弱性预测研究的相同点都是从脆弱性的概念界定开始，对脆弱性研究所关注的易损系统及其属性进行说明，从而确定研究所讨论的时间和空间范围。气候变化脆弱性所讨论的压力源一般为气候变化及其极端事件，其研究的知识领域包含社会经济和自然生态两个方面。脆弱性作为系统的固有属性，按照时间节点对其进行评价可分为事前评估、当前状况评估和预测评估。由于气候变化是一个长期的过程，事前评估与当前状况评估在很大程度上是一致的。因此，按照评价的目标时间可将脆弱性研究划分为事前评估和预测评估，与之对应的是脆弱性研究的静态评估(事前评估)与动态评估(预测评估)两个方面。下面将就脆弱性研究各个环节中的难点进行分析。

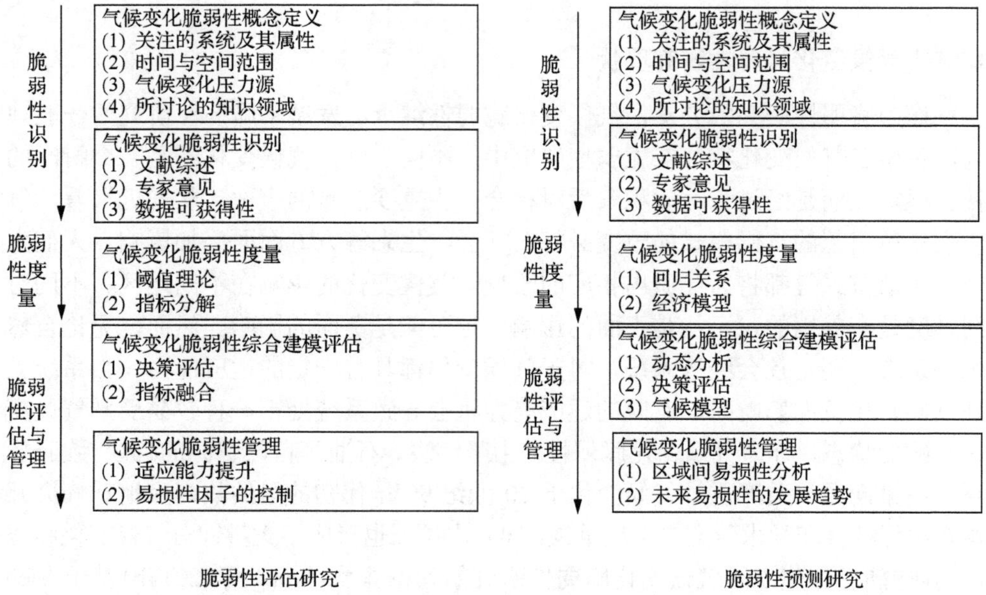

图 1.4　气候变化脆弱性评估与预测研究的区别

1) 脆弱性识别

第一个挑战来自于脆弱性研究目标与脆弱性度量要素之间的差距，也就是脆弱性较难识别的问题。首先，“易损”的界定很难辨别。当前主流的研究思路是将脆弱性分成若干子维度进行度量，这大大简化了脆弱性直接识别的难度。但是，这也面临如何将脆弱性各子维度整合为脆弱性综合指标的问题。其次，作为导致脆弱性的根源，气候变化的影响可能是不明显的，而且这些影响与环境和当地文化密切相关(O’Brien et al.，2004)。再次，从心理学的观点出发，不同的研究主体因为对自身易损状况的感知不同，其对脆弱性的识别往往存在不同的判定标准。最后，由于物理系统的固有不确定性以及人类在脆弱性识别上的意识状态不同，无法识别或者没有识别的脆弱性一定存在(Schneider et al.，1998)。因此，作为可持续发展学科的重要组成部分，脆弱性识别应该以预防准则为导向。

脆弱性识别的主流方法包括文献综述、专家意见等。在文献分析的基础上，总结和概述脆弱性的各个因素，结合专家意见，最终确定脆弱性的各个维度或者要素。此外，识别过程中还需考虑各自研究的数据可获得性，并以此对识别出来的各个要素进行修正。

2) 脆弱性度量

脆弱性度量是脆弱性研究的关键点，也是最重要的环节之一。如何定量化地衡量脆弱性在人类社会中的表现形式以及其本身具有的自然属性是当前的主要难点。各脆弱性学派都在尝试找到一个合适的脆弱性度量方法。脆弱性预测评估考虑的是系统的动态过程，涉及系统各要素的流动及其适应能力的变化，导致脆弱性度量需要考虑社会变化过程和系统的实际状态，增加了脆弱性度量的难度(O'Brien et al.，2004)。

而脆弱性静态评估强调的是对系统当前所处易损状态的评价。随着当前对脆弱性三个维度(暴露度、敏感度和适应能力)的学术认同度的不断提升，三个维度的度量已经成为脆弱性静态评估研究的主要趋势。因此，气候变化脆弱性动态评估的难度高于静态评估。

社会科学领域的脆弱性度量需要建立一个在时间和空间上可比较的度量体系(Kamanou and Morduch，2004；Alwang et al.，2001)。而社会经济系统或生态系统易损于气候变化框架下的多种压力源，所以其脆弱性也表现出多种可能的后果，这些就导致了脆弱性度量中阈值理论的出现(Kamanou and Morduch，2004)。阈值理论与指标分解相结合，一方面弥补了单一定量方法的不足，将定量与定性方法相结合；另一方面，它也结合了利益相关者的反馈，使结果更具政策指导意义。例如，Polsky 等(2007)强调了系统有限的适应能力这一概念，从而出现了“何为有限？”的问题。这就需要阈值理论的介入，根据实际情况与反馈确定综合评估中适应能力的阈值范围，低于最低阈值或者高于最高阈值的评价单元因为适应能力几乎为 0 或者适应能力太强，而不需要进行评价。

阈值理论的引入推动了脆弱性度量理论的发展，但也给脆弱性动态度量增加了难度。首先，由于脆弱性评估的动态特征，其阈值应该是随时间变化的，因此需要随时间不断进行调整。其次，基于脆弱性是因地制宜的研究，那么阈值的选择也是依据脆弱性研究的选择区域的不同而存在较大差别，这些都增加了阈值理论应用的难度(Folke et al.，2004)。最后，阈值理论的根本出发点在于确定整个样本空间的阈值，也就是在研究样本中进行对比分析来找到阈值点。因此，脆弱性研究包含了比较理论分析的思想，体现了一个相对性的概念。

3)脆弱性评估与管理

脆弱性在不同学科领域的定义不一样，其评估框架也千差万别，但其评估方法基本得到了统一。这是由于风险评估和决策理论的方法已经得到很大发展，脆弱性研究可以借鉴两大理论中的重要研究方法。定量评价模型和指标体系的构建是当前脆弱性研究的重要内容之一。在气候变化脆弱性研究当中，主要存在以下研究方法：多属性决策(Zabeo et al.，2011)、灰色理论(Wang et al.，2014a)、模糊数学(Jun et al.，2013)、数据包络分析方法(Yuan et al.，2015)等。以上方法大多在气候变化脆弱性指标体系的基础上，通过特定的函数表达式将脆弱性的三个维度整合成脆弱性综合指标进行评价，或者运用决策理论中的比较准则进行评价比较。

除此之外，计量经济学方法通过建立系统某种属性与气候因素的相关关系，结合情景分析中气候因子未来的动态特征来分析气候变化对于系统脆弱性的影响。这一方法已应用于能源系统的脆弱性分析当中(Wang et al.，2014c；Lucena et al.，2009)。

在脆弱性研究的综合评估阶段完成以后，管理作用的分析则贯穿于脆弱性研究的整个过程。首先，脆弱性度量和脆弱性识别中涉及适应能力的度量与识别，而脆弱性管理是适应能力的重要组成部分。其次，采用什么样的理论依据将脆弱性度量和脆弱性识别中找到的脆弱性管理指标整合到脆弱性综合评估中是脆弱性管理在评估中的重要切入点。最后，研究得到的评估结果可以为下一步脆弱性管理提供依据，脆弱性管理措施的实施需要综合考虑脆弱性评估结果和各区域的现实状况来确定能力脆弱性建设资源分配优先序。

易损人群或易损区域往往无法直接参与脆弱性管理决策过程(Pelling，2003；Adger，2003)。考虑到这种情况，旨在降低脆弱性的政策干预措施除了需要进行脆弱性及其作用机制识别，还应对易损人群和易损区域进行救济。此外，因为脆弱性往往反映在不同的尺度上，所以以提高适应能力的管理措施需要考虑脆弱性的多尺度属性。例如，在地区评价尺度层面上，管理措施应该注重降低那些具备资源调动能力的易损个体的脆弱性，而不是只关注最易损单元的适应能力。最后，适应行动需要将公平性原则与脆弱性的识别相结合，从而使脆弱性管理的实施更具实效性。

1.2.1.2　气候变化脆弱性研究的发展态势

与其他研究领域一样，脆弱性综合评估经历了早期的借鉴、应用到不断完善的发展过程，实现了在理论创新、实践创新、评估框架上的突破，研究理论不断成熟。下面将就气候变化脆弱性的理论创新、实践创新、研究框架的创新进行分析。

1) 气候变化脆弱性理论创新

脆弱性综合评估的演化过程可以分为评估体系的理论创新和脆弱性认识进化过程两个维度。评估体系的理论创新包括：①从线性(Wang et al.，2014a)到更加复杂的结构分析(Antle et al.，2004)；②从完全定性到定性与定量(Polsky et al.，2007)相结合；③从直接命令式分析(不含用户反馈)到在实际评价过程中引入用户(有用户反馈)的分析。评估体系的理论创新的三个方面体现了脆弱性研究在系统论、方法学、反馈机制三个方面的不断完善。气候变化脆弱性认识的进化过程包括：①从不适应到完全适应再到实际适应(即部分适应)；②减缓脆弱性的路径选择从简单到复杂再到两者兼容；③脆弱性机理从科学导向到政策导向的发展，越来越重视适应能力在其中的作用。具体而言，首先，脆弱性研究中对适应能力的分析经历了从无到有的过程，强调系统对气候变化有限的适应能力。其次，从可供选择的发展路径来看，气候变化脆弱性研究从减缓行动开始到目前的减缓与适应的发展路径相结合，注重适应能力建设在脆弱性管理当中的重要性。最后，从脆弱性评估的导向来看，科学导向的脆弱性评估主要用于预测气候变化的潜在影响，目的在于如何实施减缓行动，而政策导向的脆弱性评估主要用于推动适应能力的建设，偏向于适应政策。综上所述，脆弱性认识的进化是随着人们对于气候科学理论与实践经验的丰富而逐渐发展的，体现了该领域的研究学者在气候变化适应能力建设和应对气候变化政策实施等方面的认识在不断加深。

2) 气候变化脆弱性实践创新

实践创新趋势主要分为三个方面。

首先是气候变化脆弱性应用区域创新。气候变化脆弱性研究从国际、国家或地区研究(Wetzel et al.，2013；Padowski and Jawitz，2012)开始，逐步扩展到不同行业，如农业(Antle et al.，2004)、旅游业(Richardson，2007)、林业(Nkem et al.，2007)、保险业(Ceres，2012)等，再到社区(Pearce et al.，2012)和企业(Marshall，2010)等微观层面。研究区域的细化使脆弱性研究结果更具备针对性(喻鸥等，2011)。例如，Richardson(2007)从旅游业的实际情况出发，从旅游业面临的海平面上升风险、海水高水温风险、海面高温度风险方面研究了伯利兹城旅游业面临的气候变化脆弱性。Ceres(2012)通过其建立的区域气候变化脆弱性评估的四个步骤有效地分析了气候变化对于保险行业中的财产、意外事故、责任险、健康与生活等的影响。Pearce等(2012)建立了适用于社区管理者、居民、研究者共同参与的脆弱性框架，这种研究框架从五个方面考虑了非气候要素在社区层面脆弱性研究中的重要性。

其次是气候变化脆弱性研究领域的创新。从脆弱性研究的关键词(Wang et al.，2014b)可以看出，气候变化脆弱性研究领域已经实现从生态学系统到水资源系统，再到目前的社会经济系统的转变。而社会经济系统的脆弱性研究中，健康、能源子系统的研究以及针对贫困、居民福利的气候变化脆弱性研究已成为关注焦点。研究领域的扩展是与当时社会关注的热点相对应的。20世纪90年代之前，社会生产率较低，以饥荒和食物安全为代表的脆弱性研究在国际上得到关注。而90年代之后，自然灾害频发以及随之而引起注意的气候变化问题使得以物种灭绝、洪涝灾害为主的自然与社会灾害脆弱性、气候变化社会经济系统脆弱性先后引起了国际社会的广泛关注。随后，气候变化对于生态学系统的脆弱性、水资源系统的脆弱性、社会经济脆弱性研究开始占有主导地位。总之，在应用领域方面，脆弱性研究由最初只关注自然生态方面的脆弱性逐渐拓展到社会、经济、环境、制度等多维度的综合研究。

最后是气候变化脆弱性评估趋势的创新。伴随着气候变化脆弱性的应用区域和研究领域的不断发展，气候变化脆弱性评估的发展趋势也日益明朗。脆弱性评估的发展趋势为多学科、多因子的影响与适应综合交叉评估分析。总之，多学科融合、影响与适应相结合、气候因子与其他因子协同的气候变化脆弱性研究将成为未来脆弱性评估的趋势之一。当前气候变化脆弱性涉及的学科领域包括地理学、气候科学、气象物理学、可持续发展学、健康学、生态学、工程学、管理学等。

3）气候变化脆弱性研究框架的创新

随着脆弱性内涵的丰富、应用领域的拓展，气候变化脆弱性研究涌现出探讨脆弱性成因及其影响因素相互作用关系的多种分析框架，如早期的风险–灾害模型（Kates，1985）、压力–状态–响应模型（Wisner et al.，2004；Blaikie et al.，1994）、政治经济学分析框架（Adger and Kelly，1999）、地方灾害脆弱性分析框架（Cutter，1996）、脆弱性范围图（Polsky et al.，2007）、双重结构的脆弱性分析框架（Bohle，2001）、可持续脆弱性分析框架（Turner et al.，2003a）等，它们对于脆弱性分析与评价具有重要的指导意义。从发展演变来看，研究框架大致经历了针对单一扰动的脆弱性分析发展到多重扰动因素相互作用下的脆弱性分析，由只关注自然系统或人文系统的脆弱性分析延伸到人与环境耦合系统的脆弱性分析，由静态的、单向的脆弱性分析转向动态的、多反馈的脆弱性分析，要素拓展和跨学科综合的演化特征明显。

Turner 等（2003b）提出的可持续脆弱性分析框架将脆弱性研究和人与环境耦合系统结合起来，强调了导致脆弱性的扰动因子的多重性与多尺度性，突出了脆弱性产生的内在机制、区域特性及其跨尺度的转移传递过程，能够很好地刻画出人与环境耦合系统脆弱性的多因素、多反馈、跨尺度特点，对于探讨人与环境耦合系统相互作用机理具有重要的借鉴意义。Füssel（2007）尝试建立了一种广泛使用的气候变化脆弱性研究框架，指出了不同脆弱性概念间的主要差异，缩小了不同脆弱性研究团体间的间隙。文章深入地分析了前人脆弱性研究概念的四个维度，即研究的系统；关注的系统属性（如人类生活、健康、生存、收入、文化差异等）；系统面临的潜在致灾因子（研究所关注的系统属性能够产生负面影响的事件）；时间维度，发展了气候变化脆弱性六维要素，即时间（动态性）、空间（评估规模）、研究领域（关注领域是社会经济还是自然生态）、易损系统、系统属性和灾害因子。

随着脆弱性研究由最初只关注自然系统脆弱性逐渐扩展到探讨人文系统、自然和社会耦合系统的脆弱性研究，自然、经济、社会、文化、制度、技术等自然和社会系统中的脆弱性影响因素逐渐被识别。暴露度、敏感性、适应能力等脆弱性因素的相互作用、互相反馈的过程将会被纳入社会系统脆弱性分析框架中，使气候变化脆弱性研究涵盖自然、人文、社会、文化等要素。

目前，随着研究领域的拓展和理论方法的完善，脆弱性研究已成为全球气候变化和可持续性发展科学研究的一种新的研究视角（Cutter，2003，2001）和重要的分析工具（Kates et al.，2001），在气候变化科学研究中发挥着日益重要的作用（Mastrandrea and Tavoni，2013）。与此同时，脆弱性研究凭借其独特的理论、方法论价值和广阔的实践应用前景，成为分析气候变化影响、人与环境相互作用机制的重要途径，针对我国的脆弱性研究也日益增多(王红毅，2012；李鹤和张平宇，2011)。

1.2.1.3 气候变化脆弱性评估的主要研究方法

脆弱性评估是当前脆弱性研究的重要方向。许多研究团体都聚焦于气候变化对于人类社会和自然环境的脆弱性研究，形成了多种脆弱性评估方法，如土地利用的脆弱性研究中所广泛采用的流程图法。下面将就当前的主要研究方法进行分析，以期对应对气候变化的适应性科学研究有所帮助。

1) 流程图法

侧重于微观层面的流程图法通过对气候变化相关的计划进行过程分析，综合考虑这个计划中内在的气候脆弱性、气候风险和不确定性，可以为社区层面的个人更好地应对气候变化风险提供支持。当前国际主流的流程图法有国际地方政府环境行动理事会的ADAPT分析工具、国际可持续发展研究院的CRiSTAL、美国国家海洋和大气管理局沿海服务中心的海岸洪水评估等。这类评估工具都是聚焦于地方或者特定社区的、为小范围人群服务的气候脆弱性评估，具有很强的操作性。

2) 物理系统分析工具

基于地理信息系统(GIS)软件及专门知识的物理系统分析工具是目前最具技术挑战性的脆弱性评估工具，可通过分析当前自然系统状况，探索未来可能出现的气候情景，确定未来潜在情景的自然和社会经济影响。这种方法的核心在于将来自地质学、地理学、水文学、数理统计、经济学等多领域的知识进行综合集成以研究气候变化这个复杂的时空问题。

针对气候变化脆弱性的主流的物理系统分析工具介绍如下：美国联邦应急管理局的Hazards Multihazard方法是通过将系统工程理论与GIS相结合，得到了分析气候变化诱发的洪水、飓风、干旱等灾害的潜在损失(包括物理性破坏、经济损失和社会影响)的风险评估工具。其他的评估工具还包括沃伦顶峰咨询公司开发的海平面上升影响模型、美国地质勘探局的土地利用组合模型、美国普林斯顿大学开发的研究物种栖息地面临的气候变化脆弱性的Maxent模型等。

3) 社会经济学工具

社会经济学工具通过提供社会领域的社会经济数据进行分析，建立一种对于社会决策者和利益相关者来说可视化、易理解的表达方法来呈现未来气候变化的社会影响，主要包含数理统计方法、社会脆弱性指数方法、可计算一般均衡模型、数学规划等方面。

数理统计方法一般通过建立经济计量模型来建立关联气候因子和社会经济因子的计量模型，在GIS模型或者统计学模型的基础上得到未来气候因子的变化趋势，运用方程建立的计量关系以评估未来的气候变化脆弱性(Lucena et al.，2009)。

社会脆弱性指数方法是通过建立可比较的评价体系来分析不同区域气候脆弱性的一类方法的总称，包含美国南卡罗来纳大学发展的Social Vulnerability Index指数(Hazards and Vulnerability Research Institute，2006)，学者Polsky等(2007)建立的脆弱性范围图方法、非政府组织NatureServe(2015)建立的针对物种保护的Climate Change Vulnerability Index等。

可计算一般均衡模型是一种最新发展起来的基于新古典微观理论且内在一致的经济模型，由于其核心模型是一个通用的原型模型，可以方便地进行扩展和改进。经过气候变化模块扩展的可计算一般均衡模型可以用于评估气候变化脆弱性，如美国电力研究协会的MERGE模型(Manne et al.，1995)、Pauw等(2011)的水文气象学可计算一般均衡模型等。

1.2.1.4　气候变化脆弱性综述总结

对气候变化脆弱性研究的思考汇总如下。

(1)气候变化脆弱性研究的关键理论基础为权变理论与灾害风险理论，形成了灾害风险学派、社会学派与综合学派三大主要学派。随着气候变化脆弱性研究的不断深入，与气候变化减缓相比，学术界更加关注气候变化适应能力分析在脆弱性研究中的作用。此外，IPCC报告中关于气候变化脆弱性的定义逐渐得到学术界的广泛认同。

(2)气候变化脆弱性评估研究主要表现为气候变化脆弱性识别、度量、评估和管理。评估难点涵盖气候变化脆弱性识别、度量、评估和管理的全部过程，已经存在针对前两个方面的研究。其中脆弱性识别中的多维指标综合、脆弱性度量中的阈值理论、脆弱性评估中的综合评估方法、脆弱性管理中如何涉及主要的利益相关者等都是当前的研究热点和难点。

(3)气候变化脆弱性研究框架大致经历了从面向单一扰动的脆弱性分析到多重扰动相互作用下的脆弱性分析，由只关注自然系统或人文系统的脆弱性延伸到人与环境耦合系统的脆弱性分析，由静态的、单向的脆弱性分析转向动态的、多反馈的脆弱性分析，要素拓展和学科综合化的演化特征十分明显。多重扰动、反馈机制、动态性的引入将成为研究框架未来发展的方向。

(4)社会经济系统，特别是能源系统，面临的气候变化脆弱性研究才刚刚起步，值得进一步研究。气候变化与能源利用密切相关。首先，化石能源的大量使用是导致气候变化的主要原因，而能源发展也将成为应对气候变化的主要措施。提高能源效率、发展可再生能源、促进清洁能源生产等都是各国应对气候变化的主要举措。其次，气候变化及其极端事件已经严重影响到能源系统的正常运行，尤其是可再生能源的利用。这是因为可再生能源发展依赖于气候要素及其稳定性，而气候变化导致气候模式的变化影响了气候要素及其稳定性(能源禀赋)，也影响能源利用的其他方面(能源开采、运输、有效使用等)。这种矛盾的统一体直接决定了能源系统面临的气候变化脆弱性与日俱增，值得学术界开展研究。此外，能源是国民经济运行的重要基础，能源系统面临的气候变化脆弱性将会成为整个社会经济系统面临的气候变化脆弱性的重要方面。

1.2.2 能源系统的气候变化脆弱性研究现状

1.2.2.1 化石能源部门气候变化脆弱性文献综述

化石能源部门气候变化脆弱性研究取得了最新进展。随着能源系统日益成为国民经济中重要支柱，研究气候变化对能源系统的脆弱性逐渐得到学术界的关注。能源系统的运行(包括能源生产、运输、配送、消费等阶段)较易受到气候变化及其极端事件的影响。国际期刊 *Climatic Change* 于 2013 年 11 月出版了 *Climate Change, Extremes, and Energy Systems* 的专刊(Mastrandrea and Tavoni，2013)，主要讨论气候变化及其极端事件对能源系统的影响，涵盖煤、石油、天然气、火力发电、水力发电、太阳能、电网等方面。World Bank 出版了针对整个能源系统面临的气候风险的专题报告(Ebinger and Vergara，2011)。其他文献包括：Cruz 和 Krausmann (2013)按照气候变化的类型总结了不同气候变化类型下油气部门各阶段面临的气候变化脆弱性，得到气候变化脆弱性的因地制宜特性以及低海拔海岸地区油气利用面临的较高脆弱性。Sieber(2013)按不同气候类型分析了气候变化对火电厂的影响，提出了不同气候类型下火电厂适应气候变化的措施。Ekmann(2013)在厘清煤的利用周期的基础上，针对煤的燃烧阶段和煤的后期处理阶段分别分析了煤的使用过程所面临的气候变化脆弱性，结果认为煤的利用面临的气候变化脆弱性主要来源于煤利用所需要的大型基础设施。Ward(2013)从电网设计出发分析了气候变化对欧洲和北美地区电网运行与电力供应的影响，认为狂风是对电网系统影响最大的极端气候。Ciscar 和 Dowling(2014)从综合评估模型的角度分析了能源部门所面临的气候影响与适应能力，指出了能源设施面临的气候变化脆弱性应该纳入综合评估模型中。

此外，Sathaye 等(2009)分析了美国加利福尼亚州(以下简称加州)地区能源基础设施面临的气候变化脆弱性，涵盖高温对电厂装机、发电、电线、电力需求高峰的影响；野火对电线影响；海平面上升对沿海电力设施的潜在威胁，认为大气气温上升会导致超过 38%的电力峰值增加。美国能源部从整个能源部门出发分析火力发电设施、沿海能源设施、油气生产、可再生资源禀赋、电力传输等可能受到的气候变化（气温、水温上升；水资源减少；极端气候频率增加）的影响（U.S. Department of Energy，2013）。2015 年 10 月，美国能源部发布了其区域间能源部门所面临的气候变化脆弱性现状，指明了当前进行能源部门脆弱性管理的紧迫性（U.S. Department of Energy，2015a）。van Vliet 等（2012）分析了欧洲和美国火力发电所面临的气候变化脆弱性，其影响路径为气候变化通过影响火力发电的水需求和水温来影响火电生产。美国能源部印第安部落能源政策与项目办公室发布了美国印第安部落地带能源系统所面临的气候变化及其极端事件脆弱性，分析和识别了美国不同部落地区面临的脆弱性差异与原因，并就适应能力建设提供了相应的政策建议（U.S. Department of Energy，2015b）。根据已有文献（U.S. Department of Energy，2013；van Vliet et al.，2012），本书整理得到了电力部门气候变化脆弱性机理，如图 1.5 所示。

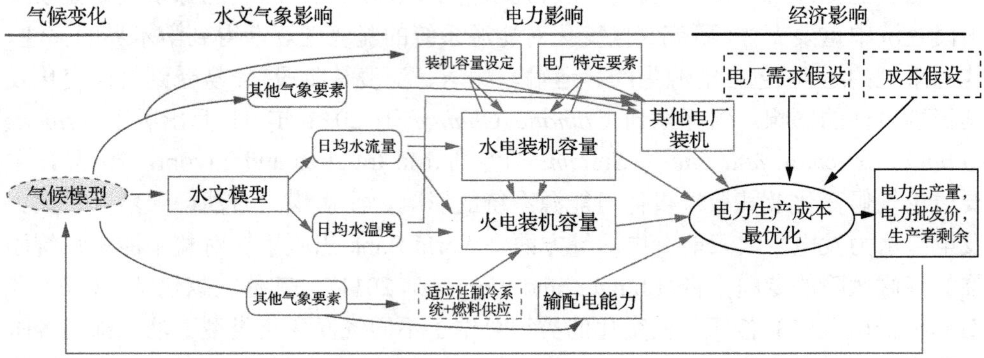

图 1.5　电力部门气候变化脆弱性机理

能源需求面临的气候变化脆弱性研究日益增多。气候变化导致的气温上升可能对能源需求（夏季制冷和冬季取暖）产生影响。已有研究学者对澳大利亚（Ahmed et al.，2012）、马其顿（Taseska et al.，2012）、芬兰、德国、荷兰、西班牙（Pilli-Sihvola et al.，2010）、意大利（Apadula et al.，2012）、中国（Fan et al.，2015）、欧洲（Eskeland and Mideksa，2010）等国家和地区的能源需求面临的气候变化脆弱性进行了研究。这些研究主要聚焦于电力部门所面临的气候变化脆弱性，这是因为相对于其他能源需求来说，气候变化可通过冬季供热与取暖、夏季制冷、电网损失等方面对电力需求施加影响。Taseska 等（2012）采用气候综合评估模型研究马其顿居民和商业部门能源需求与气候变化之间的关系，提供了能源部门的气候变化适应与减缓行动方案。Pilli-Sihvola 等（2010）采用计量模型研究了 2015～2050 年欧洲四国在不同气候变化情景下面临的气候变化脆弱性，认为其面临的脆弱性普遍增强。Apadula 等（2012）采用参数线性回归方法研究了意大利电力需求与气候变量之间的关系，认为温度是影响电力需求最重要的气候要素。Fan 等（2015）研究了气候因素对中国月度电力消费的影响，结果表明与第一、第二产业相比，居民部门和第三产业的用电需求受气候因素影响较大。

1.2.2.2　可再生能源气候变化脆弱性研究综述

可再生能源系统脆弱性研究的区域性特点显著，针对水电和风电的研究相对较多。在可再生能源气候变化脆弱性研究领域，通过文献检索，本书按可再生能源类型整理了相关研究学者的研究(表 1.1)。所检索的三篇全球层面的研究论文多采用综述的方法进行分析，国家或地区层面的研究占据绝大部分，主要研究方法为计量统计和决策理论。由此可见，可再生能源气候变化脆弱性研究继承了气候变化脆弱性一般研究的区域性特点，研究内容和可再生能源技术的成熟度密切相关，未来针对风能和太阳能的研究将会逐步增多。

表 1.1　可再生能源气候变化脆弱性研究分类

研究层次	研究对象	研究内容或方法	作者
国际	太阳能	文献综述	Patt 等(2013)
	水力发电	文献综述和定性描述	Hanududu 和 Killingtveit(2012)；Mukheibir(2013)
	风能利用	定量统计	Pryor 和 Barthelmie(2013)
国家	巴西水电与生物质能	计量经济学模型	Lucena 等(2009)
	加拿大水电效率	决策理论	Wang 等(2014d)
	巴西风能	变量增量法	Lucena 等(2010)
	中国水电	灰色预测模型 计量经济学模型	Wang 等(2014a)
	巴西风能密度	气候模型	Pereira 等(2013)
	中国可再生能源综合	灰色聚类与决策理论	Wang 等(2014c)
	美国风电资源	全球气候模型	Pryor 和 Barthelmie(2011)
地区	美国西北地区风电	区域气候模型	Sailor 等(2008)
	巴西亚马孙地区水电	文献综述与定性描述	Schaeffer 等(2013)
	欧洲水电	综合评估模型	van Vliet 等(2013)

气候变化通过影响可再生能源禀赋来影响可再生能源的利用。Lucena 等(2010，2009)分别研究了巴西水力发电和生物质能利用、风能开发面临的气候变化脆弱性，总结了巴西不同可再生能源生产地面临的气候变化脆弱性变化趋势。Wang 等(2014a)运用灰色预测模型和计量经济学模型对中国水力发电面临的气候变化脆弱性进行分析，认为中国西南地区的水电生产面临的气候变化脆弱性高于其他地区。Wang 等(2014c)建立了我国可再生能源脆弱性范围图，运用灰色聚类和主成分分析方法研究了我国可再生能源脆弱性的区域特征与驱动因素，给出了我国可再生能源脆弱性三维示意图。Mukheibir(2013)从径流增加、径流减少、平

均温度上升、温度峰值上升等维度分析了气候变化对水电生产的影响，绘制了能源供应与气候变化的双向反馈示意图，结合气候变化趋势、气候极端事件总结了间接气候变化影响与经济启示，最后给出了潜在的适应措施。Schaeffer 等(2013)研究了亚马孙地区水力发电面临的气候变化影响，提出了亚马孙地区水电管理应考虑气候变化的影响。Pryor 和 Barthelmie(2013)从风力发电当前状态及基础、风力资源运营的时空特征、风电产业的相关极端事件、风电产业潜在的气候变化脆弱性等方面分析了欧洲及美国大陆风电面临的气候变化脆弱性，并指出了其他地区风电脆弱性研究的重要性。

气候变化及其极端事件通常会对可再生能源发电设施造成破坏，进而影响可再生能源的利用。国内对气候极端事件对发电设施脆弱性影响的研究相对较少。基于国内外研究现状，张礼达和任腊春(2007)详细分析了低温与结冰、台风与雷击等恶劣自然条件对风力发电机组的影响，并就此提供了适应措施。风电机组的环境适应性分析表明，温度、湿度、盐雾、低气压、大风、雷电等环境因素对风力发电设备的性能有重要的影响(李婵等，2013；王帅，2009)。葛珊珊和张韧(2010)通过对全球气候变化特点和我国气候极端事件的分析，探讨了气候变化对海上风电建设的潜在影响。

1.2.3 可再生能源发展的影响因素研究综述

影响可再生能源发展与利用的关键因素主要分为经济要素、能源要素、政治因素。正如 1.1 节所述，可再生能源发展在应对气候变化、保障能源安全、减少环境污染、发展战略性新兴产业、推动经济发展方式转变和能源转型等方面可以发挥巨大的作用。因此，这些因素将会成为可再生能源利用的重要推动力。但是可再生能源发展既具有国际通行的发展机制，又存在各国内部在发展路径、政策执行上的差别，本节对可再生能源发展的主要影响因素归纳如下。

经济要素是发展可再生能源的前提条件，这表现在价格因素、收入水平、能源消费、其他政策因素上。首先，传统化石能源价格并没有包含环境成本，因此不能反映实际利用的总成本，进而导致其价格具备较强的竞争力，故需要对可再生能源的利用进行补贴(van Ruijven and van Vuuren，2009；Menz and Vachon，2006；Bird et al.，2005)。上网电价无疑是从价格方面增强可再生能源竞争力的主要政策，其为欧洲地区多个国家的风能发展提供了稳定利润的市场(Trypolska，2012；Rodriguez and Haas，2012)。其次，其他政策，如英国的可再生能源义务制、美国州立层面的配额制等支持政策，都需要经济基础作为其政策实施的根本(Shrimali and Kniefel，2011；Carley，2009)。最后，以经济实力为基础的清洁能源基金也是支持可再生能源发展的经济保障(Bolinger et al.，2005)。

能源要素主要包含以下几个方面：可再生能源自身禀赋的影响、传统能源对可再生能源的阻碍或促进作用和能源安全形势对可再生能源的促进作用。Bird 等(2005)认为市场因素在增加风电成本有效性方面发挥着作用，并用美国天然气价格的变化例证了传统能源电力价格的变化对可再生能源电力消费的影响。Langniss 和 Wiser(2003)发现稳定的装机容量要求是一项有效的政策机制来促进可再生能源发展。

政治因素主要指国家或地区政府在可再生能源发展上的态度，主要的政治要素就是各国应对气候变化、保障能源安全问题(Gan et al.，2007)的态度。目前，气候变化问题引起了国际社会的广泛关注，世界各国也积极表态会参与到应对气候变化的行动中，而可再生能源作为一种温室气体排放较少的能源，成为世界各国应对气候变化的重要举措(Menyah and Wolde-Rufael，2010)。因此，气候变化因素被广泛纳入可再生能源发展影响因素分析中(Sadorsky，2009)。

1.2.4 可再生能源配额制研究

作为一种强制性市场政策，可再生能源配额制政策设计考虑的是可再生能源的特殊性。一方面，从产业发展的角度出发，相比于传统能源行业，可再生能源行业的发展还较落后，开发利用的成本很高，市场需求比较有限，不能用发展传统能源的思维去发展可再生能源。另一方面，与传统能源相比，可再生能源具有清洁、可再生、可持续的特点，日益为社会公众所接受，符合当前应对气候变化、治理环境污染、可持续发展的时代背景。因此，从未来人类社会可持续发展的角度出发，必须对处于弱势的可再生能源给予政策支持。其关键在于通过扩大可再生能源市场的容量，利用规模效应来降低开发成本，而强制性的配额制则通过规定能源生产或能源消费中的可再生能源占比来促进可再生能源的大规模利用。

目前针对配额制的研究多集中在讨论配额制是否可有效促进可再生能源发展上，即配额制实施的有效性，而对于配额制的政策设计、配套机制和利益主体博弈的研究相对较少。对国外配额制实施经验的分析占据我国配额制研究的绝大部分。谢旭轩等(2012)研究了美国配额制实施的最新进展，并从四个典型案例出发探讨了美国州立配额制对我国的启示。陈和平等(2000)从国际实施经验的角度讨论了可再生能源发电配额制政策在我国实施时需要注重的要点。Nasiri 和 Zaccour (2010)对可再生能源发电端的利益主体博弈进行建模分析，得到了影响发电侧决策行为的关键因素。任东明(2004)将国外经验运用到我国实际的研究中，研究了强制性市场政策(MMS)对可再生能源发展的实现方式，阐述了各自的适用范围。王白羽(2004)从适用范围、责任主体、配额目标等视角分析了可再生能源配额制在中国的应用问题。任东明(2013)从配额制的概念、国内外研究综述、国际经验、立法保障、政策设计、协调机制、绿色证书、成本效益等维度对我国配额制的具体实施进行了详细、深入的分析与研究。

1.3　全书的内容体系

中国目前是世界上最大的碳排放国和能源消费国，国际社会迫切希望我国能够参与到国际气候治理中。随着经济的快速发展，中国碳排放也迅速增长，低碳发展成为我国未来经济发展的方向，生态文明变得尤为重要。因此，发展可再生能源成为我国能源转型的重要方向，且近十年来，我国可再生能源产业取得了迅猛发展，但面临如下风险：①气候变化脆弱性使可再生能源系统面临的自然风险增大，可再生能源系统将会是未来受气候变化影响较大的部门之一，这是由可再生能源利用的自然禀赋属性决定的；②政策制定与实际发展进程存在滞后，需引导发展路径，配额制有助于解决当前消纳能力不足和弃风限电等发展困境，但存在着巨大的不确定性；③效益分析有助于公众更好地了解可再生能源，提高可再生能源行业的全社会参与度，可再生能源领域的国际合作有利于进一步促进行业发展。

本书面向国家应对气候变化重大战略需求和能源发展政策建模研究的国际国内前沿，从风险、可再生能源发展政策风险、社会认知风险三个维度对可再生能源系统风险评估建模方法及其应用进行研究。分别从国际、国家、地区三个层次建立可再生能源系统风险评估模型，以期达到以下研究目的。

(1) 建立可再生能源气候变化脆弱性评估模型，分析气候变化与可再生能源发展之间相互依赖、相互反馈的影响路径。基于气候变化脆弱性评估模型，模拟分析不同可再生能源类型、不同区域的脆弱性状态，提出针对不同区域的适应能力管理策略。

(2) 分析政策实施风险，找到最佳的政策选择路径，促进可再生能源产业健康发展。针对当前可再生能源发展困局，分析配额制政策在中国实施的具体框架以及电网建设的未来规划，剖析不同利益相关者的决策依据，为中国进一步实施促进可再生能源发展的产业政策提供理论和数据支撑。

(3) 评估可再生能源发展的社会效益，实现全社会共同参与。在综合评估可再生能源在应对气候变化、保障能源安全和缓解能源贫困中的作用的基础上，探索一条符合中国国情的全社会共同参与的可再生能源发展之路，真正做到收益共享、责任共担，这是促进可再生能源健康持续发展的重要途径。通过可再生能源影响因素分析模型，研究国内外可再生能源政策模式、投融资模式、国际合作模式，全面推动可再生能源持续健康发展。

本书中可再生能源系统风险评估所涉及的可再生能源仅包括水能、风能、太阳能和生物质能，并依据不同的研究主题选择可再生能源的研究范围。可再生能源系统风险评估中的风险主要聚焦于可再生能源利用过程中的气候变化风险（即气候变化及其极端事件的风险)、可再生能源发展过程中的政策风险(主要讨论未来的发展路径问题)和可再生能源消费过程中的认知风险(通过社会效益评估来普及和推广可再生能源)。这里的风险都与可再生能源领域的投资密不可分，因为可再生能源领域的投资收益和可再生能源利用技术的发展与国际合作交流、激励政策的变化、整个社会对可再生能源的接受度等息息相关。

可再生能源的发展不仅仅是一个技术问题，也是经济问题，更是社会发展问题。随着人们生活水平的提高，人们对于优质、环保、清洁能源的需求也会不断增长。而可再生能源的初步发展阶段的投入大、成本高、风险大，既需要政府财政支持和社会金融支持，也需要全社会的支持与参与，更需要可再生能源领域的国际合作，既需要考虑当前发展过程中面临的瓶颈，也需要注意未来气候变化对其产生的潜在影响。

本书依据上述研究问题，建立可再生能源影响因素分析模型、可再生能源气候变化脆弱性评估模型、配额分配与电力最优调配模型、基于博弈思想的多主体决策分析模型和可再生能源发展效益评估模型，从气候风险、发展路径、效益评估三个方面研究我国可再生能源的发展路径并进行综合评价，同时梳理国际可再生能源发展的经验和主要政策模式，简述主要的可再生能源国际合作方式和投融资模式。

(1) 从国际上来看，哪些因素影响可再生能源的发展？发达国家和发展中国家经验对比对我国的可再生能源发展有何启示？国内外主要的可再生能源发展政策模式是怎样的？

(2) 在应对气候变化的背景下，气候模式的改变如何影响我国的可再生能源发展？我国区域可再生能源发展面临的气候变化脆弱性如何？各区域应该采用怎样的适应策略？

(3) 在我国可再生能源产业发展遇到消纳不足、弃风限电的背景下，如何构建可再生能源发展政策框架体系以期进一步促进可再生能源产业健康发展？

(4) 在我国可再生能源发展基金紧缺、财政支持趋向紧张的背景下，如何评估可再生能源发展的社会效益，以期提高可再生能源发展的全社会参与度和知识普及度？

全书主要研究内容的技术路线如图 1.6 所示。

根据上述技术路线，本书设计了 9 章的研究内容。第 1 章是全书绪论，后续各章分国际经验、风险管理、社会效益、国际合作四个部分较为全面地探讨可再生能源系统面临的各种风险。全书详细章节结构安排如下。

第 1 章，绪论，主要介绍可再生能源发展的基本特征及其发展过程中面临的气候变化风险、政策风险、社会认知风险，综述可再生能源发展风险的相关研究成果，阐述了全书的研究内容和技术路线。

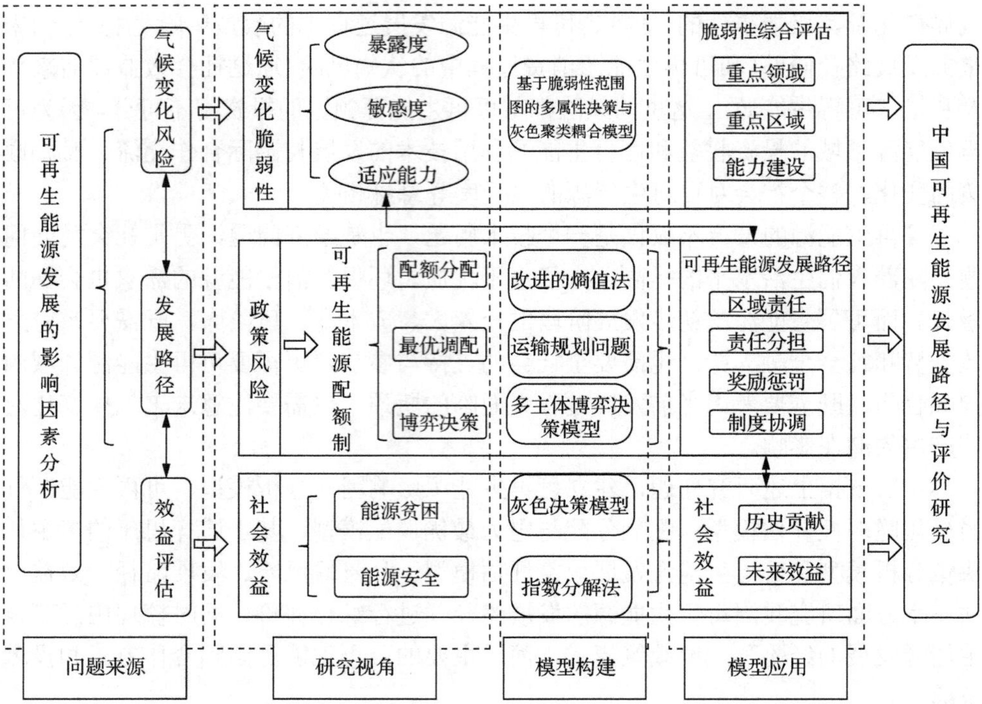

图 1.6　全书技术路线

第 2 章，可再生能源发展国际经验研究，在分析国际可再生能源发展趋势、国际可再生能源发展政策的基础上，从国际主要可再生能源发展国家入手，依据文献分析，采用面板数据模型和灰色关联分析，试图找到影响可再生能源发展的驱动因素以及各驱动因素与可再生能源的相关关系，以期对下一步可再生能源风险研究提供借鉴。

第 3 章，可再生能源气候变化风险：脆弱性综合评估，在理清气候变化与可再生能源之间的反馈关系的基础上，依据脆弱性范围图，运用多属性决策理论和聚类分析方法综合评估我国区域间可再生能源系统面临的气候变化脆弱性，最后就降低可再生能源系统的气候变化脆弱性和系统适应能力建设提供政策建议。

第 4 章，可再生能源配额制机制设计研究，在分析国外的可再生能源发展机制，特别是配额制实施的背景基础上，对我国当前被披露的配额制方案进行分析，总结配额制系统框架的关键问题以及电力体制改革对配额制实施的影响。随后，就配额分配方案进行建模，并在配额分配方案的基础上，构建可再生能源电力最优调度模型，为配额制中的配额分配与未来电网建设提供一定的决策建议。

第 5 章，可再生能源配额制利益主体博弈决策研究，在分析各利益相关者对于配额制的博弈决策行为基础上，建立可再生能源配额制的利益主体博弈决策概念模型，分析影响利益相关者进行博弈决策的关键因素，重点讨论如何制定奖励惩罚配套措施来提高各利益相关者的参与度，此外，还探讨其他可再生能源激励措施与可再生能源配额制的协调机制，并就其内在机理进行经济学分析。

第 6 章，可再生能源投融资风险研究。可再生能源行业属于资金密集型产业，其不同发展阶段的投融资需求不同，行业的可持续发展离不开有效的金融支持和相应的激励鼓励与政策保障。本章分析国际可再生能源投融资的基本特征和我国当前可再生能源投融资面临的不确定性，并就完善我国可再生能源投融资体系提出相关对策建议。

第 7 章，可再生能源发展：减缓能源贫困，从能源贫困的视角出发，分析可再生能源与能源贫困之间的关系，以国际能源机构(IEA)能源发展指数为基础，构建区域清洁可再生能源发展评估体系，采用灰色决策模型全面评估可再生能源发展在缓解我国能源贫困中的实际作用。

第 8 章，可再生能源发展：保障能源安全，从能源安全的视角出发，对可再生能源在能源使用安全和能源供应安全中的作用进行全面分析，运用对数平均指数分解和灰色关联分析混合模型分析可再生能源发展在保障能源安全中的贡献，采用情景分析法预测未来可再生能源与能源安全之间的共生反馈关系。

第 9 章，可再生能源国际合作。我国已逐步从可再生能源利用大国向可再生能源技术产业强国迈进。然而，这个过程仍面临来自政策、资金、技术、市场、政治保护主义等方面的挑战，给可再生能源的发展带来了不利影响。面对挑战我国应该在科技和政策等方面加强国际合作，拓展国际交流。

1.4　本 章 小 结

可再生能源发展不仅仅是一个技术问题，也是经济问题，更是社会发展问题，与气候变化、能源安全、低碳发展、能源转型等社会热点问题密切相关。随着生活水平的提高，人们对于优质、环保、清洁能源的需求也会不断增长。但发展可再生能源面临着诸多风险，需要依据国际经验、贴合我国实际，找到评估我国可再生能源发展风险的理论方法和模型，解决我国目前可再生能源发展面临的问题，对潜在的风险进行识别并采取适应措施。

本书面向国家应对气候变化与能源转型重大战略需求和可再生能源风险管理研究国际前沿，对可再生能源系统风险评估及其应用进行综合研究，采用运筹学、计量经济学、博弈论、多准则决策、灰色系统理论以及文献计量等理论与方法，分别从国际、国家以及地区三个层次研究可再生能源发展国际经验、气候变化风险、政策风险和社会认知风险，模拟社会经济、可再生能源发展和气候变化之间的复杂关系。本书所讨论的是可再生能源利用、技术推广过程中面临的气候变化风险、政策风险和社会认知风险的识别、度量、评估与管理问题，其出发点是如何更好地发展可再生能源，其目的是对可再生能源面临的各类风险进行有效管理，以期对可再生能源发展知历史、明现状、画未来。

(1) 忆往昔。回顾世界可再生能源发展的历史，厘清不同阶段国际可再生能源发展的影响因素，阐述可再生能源发展的国际模式。构建可再生能源发展影响因素定量分析模型，探索不同的收入水平、发展阶段、社会发展进程、能源安全形势、能源消费总量、碳排放形势对可再生能源发展的影响机理和在不同国家差异化的影响机制。回顾我国近年来可再生能源行业的大发展，归纳我国不同阶段可再生能源政策的变化，对比分析可再生能源政策的国际模式，总结我国可再生能源发展的经验和教训。

(2) 看今朝。构建可再生能源配额制初始配额分配模型，引入公平、效益、责任、能力四大原则，提出可再生能源配额方案；构建配额制下的可再生能源电力调配模型，力图破解消纳难题；建立配额制利益主体博弈决策模型，从行为学角度为破解当前配额制出台难题进行深入分析并提出配额制关键参数设置的参考依据；从经济学视角分析其他政策与配额制在发展可再生能源过程中的协调，为做好配额制与固定上网电价、碳排放交易市场机制之间的有效衔接和规避超额补贴提供决策参考。

(3) 展未来。未来可再生能源发展面临着发展机制、国际经济形势、气候变化谈判上的不确定性，增加了可再生能源行业投融资的风险，投融资模式亟待创新。此外，可再生能源利用受自然要素影响，与气候变化问题高度相关。通过构建可再生能源气候变化脆弱性评估模型来探索脆弱性范围图和可再生能源系统适应能力建设方案。构建可再生能源发展的社会效益评估模型，为科学认识可再生能源利用的贡献、普及效益共享和实现责任共担的社会参与模式提供重要依据。

第一部分　国际经验篇

世界范围内可再生能源产业得到了快速的发展，世界能源体系在最近半个世纪发生了巨大的变化，清洁化能源体系的建立是世界能源发展的主旋律。20世纪70年代相继爆发的石油危机成为第一个推动可再生能源产业发展的动力，环境污染和气候变化问题极大地促进了可再生能源产业的持续发展。进入21世纪，可再生能源产业已经成为新的经济增长点，可再生能源技术创新与交流推动了世界各国开展能源转型的步伐。

在世界各国推动可再生能源发展的进程中，不同经济发展水平、居民收入水平、技术条件、能源禀赋等要素都会对可再生能源的发展产生重要影响。研究世界主要可再生能源发展国家在促进可再生能源发展中的经验对于持续推动我国乃至其他国家的可再生能源产业的发展至关重要。本部分旨在研究以下问题。

(1) 国际可再生能源发展格局如何？可再生能源政策实施的国际经验有哪些？

(2) 影响国际可再生能源发展格局的主要因素有哪些？各自的作用有多大？

(3) 不同要素对于国际可再生能源发展的影响机理是怎样的？这些要素对我国可再生能源的高质量发展有何启示？

第 2 章　可再生能源发展国际经验研究

2.1　国际可再生能源发展的主要特征

2.1.1　国际可再生能源的分布与变化趋势

从国际能源发展历史来看，许多因素驱动着可再生能源的发展。其一，自 20 世纪 70 年代石油危机以来，世界各国都把保障能源安全列入国家战略的首要领域。大力发展非化石能源，促使可再生能源的利用方式从传统的直接燃烧逐渐向现代科技利用转变，如风力发电、太阳能光伏发电以及生物质液体燃料等技术，已成为发达国家保障能源安全的重点措施(魏一鸣等，2014)。其二，传统化石能源的稀缺性、世界能源需求的不断增长促使世界各国寻找可替代的能源。而可再生能源的发展是重要方向。IPCC 预计到 2050 年世界可再生能源技术可利用潜力的 2.5%可满足 80%的世界一次能源需求(IPCC，2011)。其三，传统化石能源利用所导致的环境污染、气候变化等问题的出现也进一步促使世界各国加快了可再生能源利用的步伐，这对世界能源格局产生了深远的影响。最后，可再生能源在解决现代能源服务的可获得能力、偏远地区的能源利用等方面可起到关键作用，为解决能源贫困问题提供重要支撑。

可再生与清洁能源的发展在改变能源格局、解决能源安全问题的同时，可有效解决能源贫困问题(魏一鸣等，2012；IEA，2012)。首先，巨大的世界能源需求迫切需要可再生能源的发展，使得可再生能源在提供电力服务有效性方面发挥作用。其次，可再生能源与清洁能源代表着能源利用更加清洁、健康、环境友好，有助于解决利用传统生物质能进行炊事与供热取暖的能源贫困问题，兼顾环境效益(魏一鸣等，2014)。最后，分布式能源的使用可有效提高电网覆盖薄弱区域的电力获得能力。本节从世界可再生能源的空间分布、发展进程等角度探析可再生能源的主要分布与变化趋势，了解国际可再生能源发展现状。

从世界范围来看，21 世纪的第一个 10 年是可再生能源发展最迅速的时间段。总体来说，欧洲和北美地区的可再生能源发展居于世界前列，中国、巴西和印度等发展中国家的可再生能源利用取得迅猛发展。可再生能源在发展中国家具有广阔的应用前景，对发展中国家解决能源贫困问题、保障能源安全等具有重要的现实意义，但需要资金和政策的支持才能发挥更大的社会价值。可再生能源利用的空间分布发生了重大变化，其发展的主要市场逐渐向发展中国家转移。

图 2.1 显示了不同时期下世界上主要可再生能源发展大国的可再生能源(包括水能、风能、生物质能、太阳能、地热能等)发展情况。从图 2.1 中可以看出，2010 年中国与巴西的可再生能源消费量居于前列，取代了其他各个时期下居于世界前列的欧洲国家。发展中国家的可再生能源发展在改善能源服务和满足电力需求等方面发挥重要作用。值得注意的是，在进入 21 世纪之前，欧美发达国家一直是可再生能源利用的典范，在可再生能源技术研发与利用等方面取得了重要突破，为可再生能源在发展中国家的应用做出了开创性的贡献。总之，欧美发达国家可再生能源技术条件较成熟，利用程度居世界领先水平；中国等发展中国家的可再生能源开发潜力巨大，技术研发不断取得突破；世界可再生能源发展的重心正从欧美发达国家向发展中国家转移，但欧美发达国家的可再生能源发展经验值得借鉴。

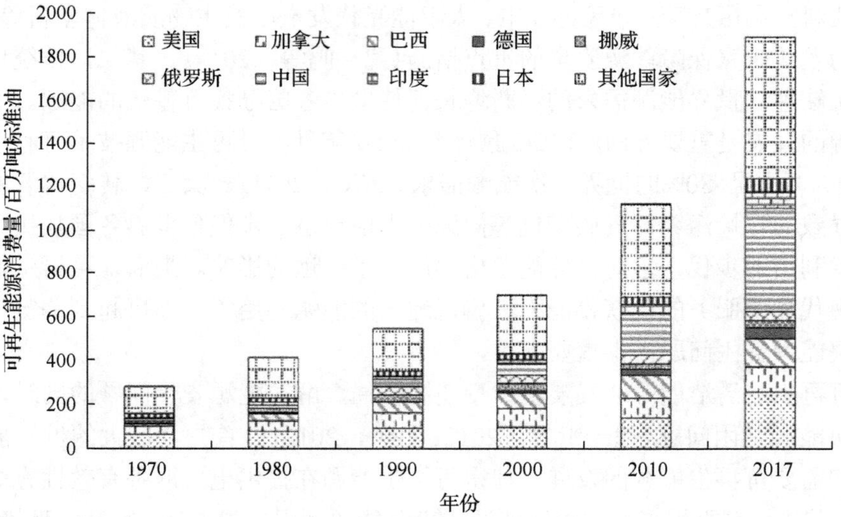

图 2.1　世界可再生能源发展的区域分布

资料来源：BP(2018)

2.1.1.1　水能利用在解决亚洲地区能源问题中发挥重要作用

通过水电站进行水力发电是水能利用的常用形式，也是目前发展最为完善的可再生能源利用形式，其历史可以追溯到 1878 年法国建立的世界上第一座水电站。到 20 世纪 80 年代，一些工业发达国家的水能资源已几近全部开发，此后其水能利用量基本没有发生变化，如瑞士、瑞典和法国等(BP，2018)。法国水能利用连同核能发展也对解决其经济发展中的能源问题产生了重要影响。

表 2.1 揭示了世界上主要水能利用国家在不同时期的发展情况，水能利用首先在北美与欧洲地区得到广泛利用，且利用程度不断提高。21 世纪以来，以中国、

巴西、印度为代表的发展中国家的水能利用量快速增长，并开始超过欧美国家居于世界前列。值得一提的是，20 世纪世界装机容量最大的水电站是巴西和巴拉圭合建的伊泰普水电站，目前世界上最大的水电站是中国的三峡水利工程。中国与巴西的水能发展及其在电力结构中的重要地位表明水能利用在解决两国能源问题中具有重要意义。

表 2.1　主要水能利用国家的能源发展情况　　(单位：太瓦时)

年份	1970	1980	1990	2000	2010	2017
美国	253.49	282.00	295.82	272.76	257.27	296.51
加拿大	155.32	222.51	295.79	356.76	351.38	396.89
巴西	39.81	128.93	206.75	304.4	403.29	369.45
挪威	57.85	83.98	121.41	141.82	116.75	141.42
俄罗斯	132.10	156.40	166.85	164.08	166.48	183.28
中国	24.04	58.22	126.74	222.41	711.38	1155.77
印度	30.44	55.44	66.40	76.99	108.74	135.65
总计	693.05	987.48	1279.76	1539.22	2115.29	2678.97
世界	1175.59	1699.67	2164.91	2654.95	3435.91	4059.87
七国所占比重	58.95%	58.10%	59.11%	57.98%	61.56%	65.99%

资料来源：BP(2018)。

在发达国家中，加拿大的水能利用对加拿大清洁电力的生产起到了重要作用。加拿大能源统计数据显示，水力发电在该国电力生产结构中所占比例长期维持在61%～63%，在 11 个拥有水电装机的行政区中有 5 个行政区的水力发电量占总电量的比重超过 90%(Canadian Hydropower Association，2018)。加拿大南部地区丰富的水能资源对该国能源的可持续发展、清洁能源服务的现代化发挥了重要作用。此外，加拿大各电力公司优先满足本地区的电力需求，在电力供给盈余的情况下，才会将电通过电网输送到美国。这种优先政策一方面满足了本地区的工业电力需求，另一方面也为本区域的居民电力部门提供了优质电力，节约了电力成本(Hydro-Quebec，2013)。

2.1.1.2　风能利用力助欧洲地区能源转型

风力最早为人类利用的主要形式是风车，欧洲的荷兰和丹麦至今都有令人印象深刻的风车景色。而风力发电可以追溯到 20 世纪 80 年代初在美国的加州兴起的风力发电场。整体来说，风能的集中利用要晚于水能利用。从 BP 统计数据(BP，2018)可以看出，风能的统计资料是从 1990 年开始的，当时只有美国、丹麦、德国和荷兰四国的风能消费数据被统计在册，而最新数据则收录了 47 个国家的风力发电的详细数据，显示了风能在最近二十多年的大规模开发利用。

表 2.2 揭示了世界上主要风能利用国家在不同时期的发展情况。表中揭示：风能首先在美国、欧洲地区得到利用，且利用程度不断提高。21 世纪以来，中国的风能利用量快速增长，目前已居于世界前列，且发展前景广阔。此外，发达国家中，西班牙、德国、丹麦等国的风能利用对该国的清洁电力生产起到了重要的作用。典型案例是丹麦，其在风电历史、技术研发、风电利用水平等方面均居于世界领先地位。2017 年底，丹麦风电装机达到 5.3 吉瓦，全年发电量为 14.78 太瓦时，占全国发电总量的 43.6%，创历史新高。丹麦政府制定了到 2025 年风力发电占全部电力供应量一半的风能发展目标，丹麦海上风电利用也处于世界领先水平，且世界上 90%以上的海上风机由丹麦的公司生产。

表 2.2 主要风能利用国家的能源发展情况 （单位：太瓦时）

年份	2000	2006	2012	2014	2017
美国	5.65	26.86	141.50	183.63	256.82
丹麦	4.28	6.17	10.37	13.21	14.78
德国	7.55	30.71	46.00	55.97	106.61
西班牙	4.72	23.25	49.15	52.26	49.12
英国	0.95	4.24	20.71	31.61	49.61
中国	0.59	3.71	100.40	158.43	286.08
印度	1.58	9.55	31.20	38.42	52.62
总计	25.32	104.49	399.33	533.53	815.64
世界	29.48	133.23	521.27	706.17	1122.75
七国所占比重	85.89%	78.43%	76.61%	75.55%	72.65%

欧洲引领海上风电建设，中国海上风电尚处于示范阶段。全球风能理事会的全球风能发展报告显示，相比常规风电，海上风电建设起步晚、发展缓慢，主要集中在北欧地区与中国东部的几个示范性项目中。海上风电有风速高、湍流少、受环境制约小的优势，尤其适合在以主要港口城市为首的用电量大的沿海地区或某些离岸海岛进行大规模建设。海上风电一方面可提高海岛能源自给自足率，另一方面可有效解决沿海大型港口城市的电力短缺问题，并有助于解决长距离电力输送的高投资问题。

2.1.1.3 其他可再生能源利用在解决局部地区的能源问题中尚处示范阶段

除水能和风能之外，其他可再生能源的发展也对部分国家的能源贫困问题产生了重要影响。非洲及中美洲的太阳能建设目前正如火如荼，在解决能源贫困中发挥了重要作用。委内瑞拉在 IEA (2012) 能源发展指数的评价当中居于第二位，已逐步摆脱能源贫困的困境。其政府实施的太阳能路灯照明节能计划使得首都加拉加斯的玻利瓦尔大道成为拉美国家中第一条拥有太阳能路灯的街道。此外，其政府制定了电力工业发展规划，到 2030 年，水力发电比重提高到 41%，风力发电与光伏发电比重达到 21%，火力发电则下降到 38%。由此可见，其能源贫困的现况必将发生改变，而可再生能源在其中发挥着重要作用。

南美洲生物质能利用取得了重要进展，在消除能源贫困、满足能源供应中产生了重要影响。巴西的可再生能源发展取得了巨大的成功，其一半的能源消费来自于可再生能源，以乙醇为主的生物质能利用居于世界前列。巴西政府从法律建设、价格机制、税率政策、汽车等配套产业政策等方面对生物质能的发展给予了大力扶持。从 IEA 发布的巴西能源发展指数的变化来看，其能源发展取得了巨大进步，可再生能源的作用不言而喻。

世界分布式能源的发展对偏远地区能源贫困现状的改善起到了关键作用。分布式发电是指位于用户所在地附近的发电系统，所生产的电力除由用户自用和就近利用外，多余电力可接入当地配电网的发电设施、发电系统或有电力输出的多联供系统。国际分布式能源联盟的资料显示，分布式能源的历史可追溯到 1882 年爱迪生在纽约建立的珍珠街电站，其为一平方英里(1 英里=1.609344 千米)区域内的住户提供电能和热能。2004 年，美国、加拿大、英国、澳大利亚等国相继发生的大规模停电事故深刻说明了传统能源供应形式存在着严重的技术缺陷，进而推动了分布式能源的大规模商业应用。现今，这一能源利用方式在可再生能源领域取得突破，可有效解决偏远地区电力服务质量差、炊事用能电力化等方面的难题。分布式能源系统的全面发展在很大程度上可以减轻发电和输配电部门的压力，是集中供电的一种有益补充，特别是在电网无法覆盖的边远地区和其他公用事业领域。

2.1.1.4　可再生能源发展进程促进亚太地区解决能源困境

可再生能源发展的历史进程揭示了可再生能源的发展对缓解世界各地，特别是亚太地区的能源贫困问题产生的深远影响。首先，历史进程推动了可再生能源的发展：石油危机的爆发使得能源安全问题引人注目，传统化石能源的稀缺性促进了可再生能源的发展；核能安全问题引起了各国民众的担心，其全面发展面临挑战；气候变化议题与环境污染问题的产生进一步为可再生能源的发展铺平道路；其他能源价格上涨使得可再生能源利用更具经济性。其次，可再生能源的持续性、环保性以及利用形式的多样性等都是解决能源贫困的重要突破口，必将为解决能源贫困问题提供重要支撑。

图 2.2 显示了五个地区可再生能源的历史发展情况。由图可知，随着时间的推移，亚太地区与中南美洲地区可再生能源所占比重不断增加，逐渐追上欧洲与

北美洲，成为可再生能源发展的新兴市场。原因可能在于以下几个方面：首先欧美地区的可再生能源的开发程度较高，在清洁能源生产、解决能源贫困中已发挥着重要作用，但可开发潜力已相对较低；亚太地区、中南美洲等新兴市场可再生能源开发潜力大，伴随着技术不断成熟，规模化应用的速度相对较快，其在解决能源贫困问题中的作用将会进一步提升。

图 2.3 显示了各种可再生能源消费量随时间变化的趋势。从图中可以看出，

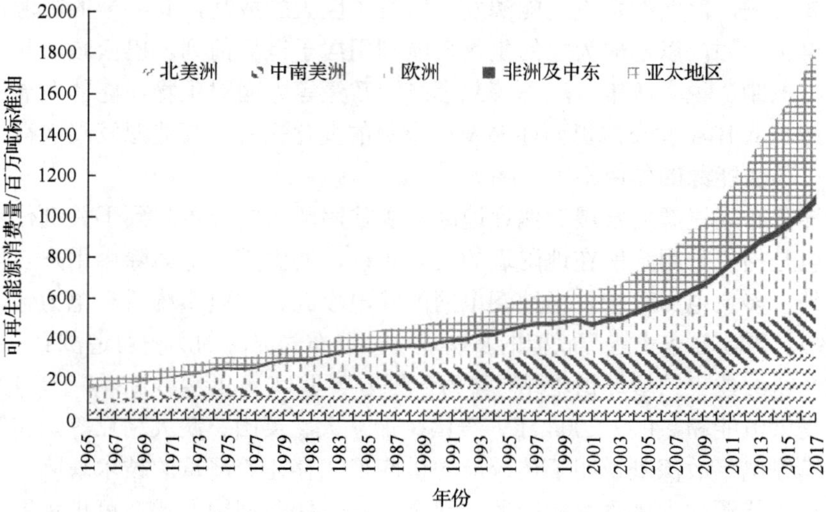

图 2.2　世界五个地区可再生能源发展变化趋势（1965～2017 年）

资料来源：BP (2018)

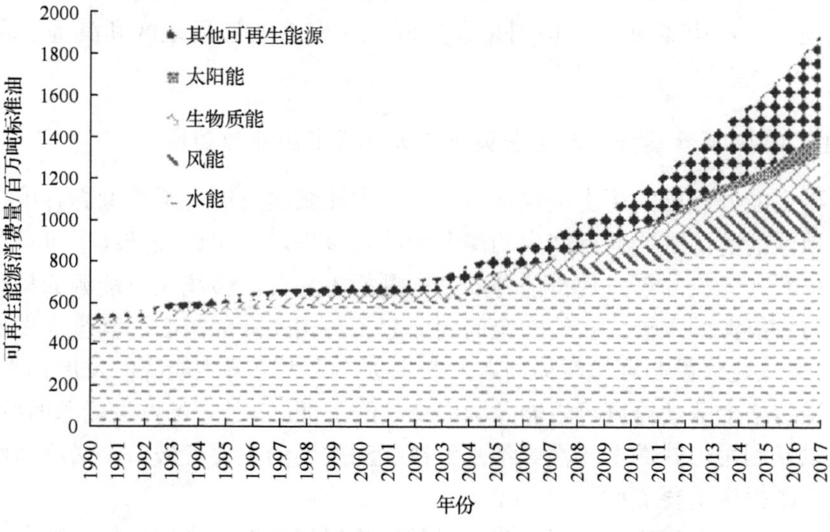

图 2.3　可再生能源消费量变化趋势（1990～2017 年）

资料来源：BP(2018)

水能是目前利用最为广泛、所占比重最大的可再生能源。近年来，风能与生物质能逐渐得到推广，其比例不断增大。自 2000 年以来，太阳能消费量的年平均增长率为 45.69%，风能和生物质能次之，分别为 27.04%和 16.97%。而水能利用增长率只有 2.72%，占可再生能源消费总量的比重由 2000 年的 92%下降到 2012 年的 78%。2000～2012 年，新增可再生能源消费量主要集中在中国、巴西、美国、德国和印度等国。可见近年来中国可再生能源的发展是世界可再生能源增长的主要动力，为我国解决能源安全、能源贫困、环境污染等问题发挥了一定的作用。

国际经验表明：从空间发展来看，可再生能源在世界各国的清洁能源发展、保障能源安全、应对气候变化、解决能源贫困问题等方面发挥了重要作用。特别是近年来，可再生能源技术的不断发展与成熟使其在发展中国家解决能源贫困、满足能源需求中发挥了日益重要的作用。从时间上来讲，20 世纪 90 年代以来，可再生能源产业开始起步，并在 21 世纪初期得到了迅速发展，在世界一次能源结构中的占比不断增加，为世界各国的清洁能源生产、能源贫困改善等做出了巨大贡献。

2.1.2　典型国家和地区可再生能源发展

前面对世界可再生能源发展进行了分析，本节主要就可再生能源发展大国和地区的能源发展情况进行介绍，遴选的主要国家和地区包括欧盟、美国、日本、中国、巴西和印度，如图 2.4 所示，数据来源为 BP(2018)。

因能源消费和碳排放总量巨大，部分国家和地区将面临一定的能源安全问题。中国、美国、欧盟、日本、印度等都面临着能源安全问题，因为它们都是世界上油气进口较多的国家和地区。同时，其能源消费量和碳排放总量巨大。这些原因都导致可再生能源成为其能源发展的方向。2017 年欧盟可再生能源占能源消费比重约为 15%，从各类别来看，其水电开发已经非常成熟，水电市场仍保持活力。自 20 世纪 90 年代以来，美国在可再生能源领域取得了重要发展，在非水可再生能源的总发电量方面一直处于世界首位，总装机容量仅次于中国；在光伏、生物质能和风能利用方面，美国都居于世界前三位。可见，欧盟和美国在可再生能源发展中占据重要地位。

可再生能源发展目标明确，激励政策体系完善。通过整理数据资料发现，这些主要的可再生能源发展国家和地区都制定了其可再生能源发展目标。2010 年 3 月，欧盟委员会公布了欧盟发展的“欧盟 2020 战略”，提出欧盟未来十年的发展重点之一就是实现可再生能源占终端能源消费比例达到 20%的目标。2012 年，欧盟委员会发布《2050 能源路线图》，规划欧盟 2050 年可再生能源占能源消费比

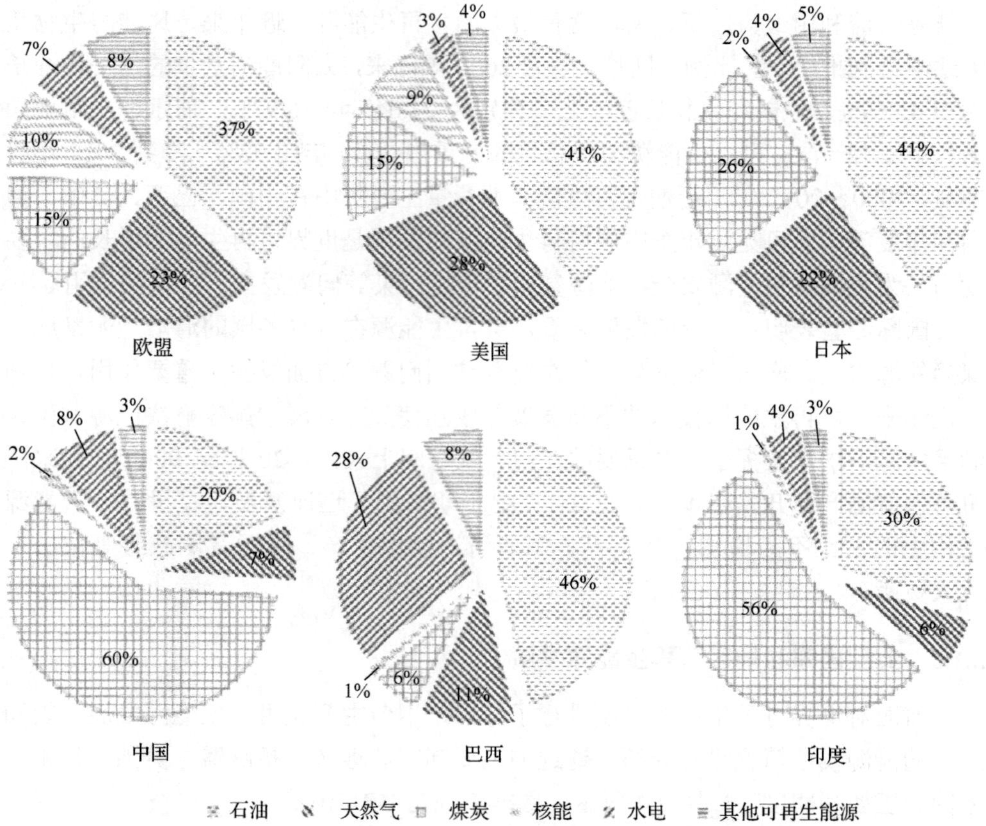

图 2.4　世界主要国家和地区能源发展情况(2017 年)

重最低达到 55%。就美国而言，《2009 年美国复苏与再投资法案》要求到 2020 年可再生能源和改进能效的供电能力应达到总量的 20%，其中风能、太阳能占总量的 15%(第三次气候变化国家评估报告编写组，2015)。巴西出台了一整套促进可再生能源发展的政策、目标与规划，典型案例有支持生物质能源发展的专项信贷、规定生物柴油的添加比例等(李仁方和单郸，2013；沈丹云，2011)。

本章在分析国际可再生能源发展趋势、典型国家可再生能源发展态势、可再生能源支持政策的基础上，试图找到影响可再生能源发展的驱动因素，以期为进一步促进可再生能源的发展提供政策支持。

2.2　可再生能源发展政策的国际模式

与传统化石能源的利用相比，可再生能源的利用并不具有较强的竞争力。从经济学来讲，具备成本优势的产品具有很强的价格竞争性。相对于传统能源，可再生能源利用需要大量的前期研发投入，因而并不具备价格竞争性。从实用性来讲，影响可再生能源发展的另外一个因素就是可再生能源电力的相对间歇性。电网公司认为风电、太阳能发电调控难度较大。从技术层面看，可再生能源上网一般要配置一定容量的电池储能电站并要求具备一定的电网调峰能力来进行调节。因此，可再生能源在电力、供热与制冷、交通等领域的应用需要政策的支持。REN21(2018)报告显示，目前世界上 146 个国家或地区发布了其可再生能源支持政策，179 个国家存在可再生能源发展目标。图 2.5 揭示了世界可再生能源发展政策的发展态势。

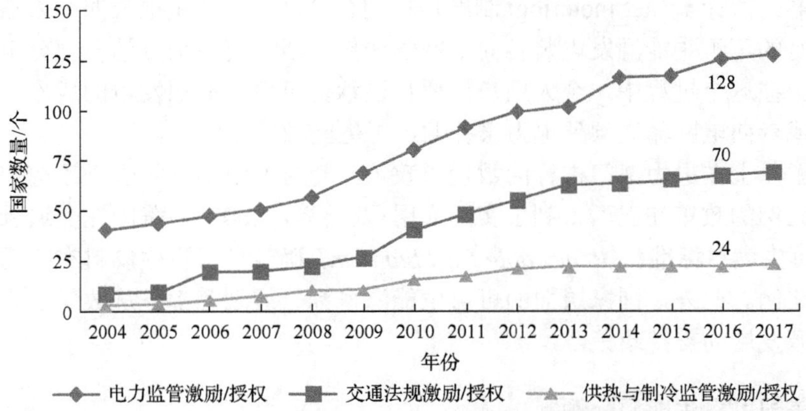

图 2.5　2004～2017 年国际可再生能源监管政策

资料来源: http://www.ren21.net/status-of-renewables/ren21-interactive-map

从政策渠道的角度来看，促进可再生能源发展的政策可分为直接性的政策和间接性的政策两大类。间接性的政策包括排放政策、燃料税收补贴政策、国际合作政策等。例如，《联合国气候变化框架公约》下的清洁发展机制对发展中国家的可再生能源发展起到了一定的促进作用。

直接性的政策具体分析如下。

价格类的激励政策主要表现形式为上网电价。可再生能源上网电价是一种针对可再生能源发电的价格补贴机制，目前常见的是固定上网电价，即对某类可再生能源发电形式的上网电价进行规定。英国最新的电力体制提出了差价合约的上网电价制度，即在差价合约下，发电商像往常一样通过电力市场出售电力产出，然后获得电力售价与执行价之间的差价补偿支付。当电力市场价格高于执行价时，发电商需要返还电力售价与执行价之间的差别，从而避免对发电商的过度支付。社会拍卖(public competitive bidding/tendering)制度则是上网电价的另外一种形式，通过引入拍卖机制来形成竞争性电价。无论固定上网电价、差价合约，还是社会拍卖制度，本质上都是从电力价格上进行补贴来促进可再生能源的利用。区别在于固定上网电价确定了发电商生产电力的上网电价，其收益等于固定电价减去生产成本；差价合约则是在合约中规定了电力商只能获得“履约价”(反映投资某种低碳技术成本的电力价格）和“参考价”（电力市场的平均电价）之间的差价补贴，即明确了发电商的利润。社会拍卖制度则是参与拍卖活动的各生产商根据各自的生产成本决定是否竞拍。

数量类激励政策代表形式为配额制。可再生能源配额制是从数量上促进可再生能源发展的典型机制，目前已经在美国、英国等国家得到了广泛应用。配额制度与可再生能源证书一起形成了可再生能源配额分配与交易体系，这与碳排放权交易市场（简称碳交易市场）有异曲同工之妙，可以用最小的经济代价完成清洁电力的生产。净计量（net metering）制度是指拥有允许双向计量电表的个人消费者根据其拥有的可再生能源发电装备向电网输送额外清洁电力来抵消一部分电力支出的制度。在这个过程中，个人用户需要自己承担可再生能源发电的成本，通过自己消费或者向电网输送额外电力来补贴可再生能源发电成本。

除了以上在电力部门推行的数量类政策，交通部门推行的生物乙醇和生物燃料添加比例的政策在巴西得到了实际应用（夏芸等，2007），美国在交通领域采用的《可再生燃料标准》（*Renewable Fuel Standard*）确定了可再生燃料在交通燃料中的混配比例。此外，国家层面的可再生能源目标、规划等都是从数量上来促进可再生能源发展的支持政策。

2.2.1　美国可再生能源配额制

根据 REN21 的研究报告，世界上 87 个国家和地区制定了可再生能源占一次能源或最终能源份额的目标（REN21，2018）。作为一种比较典型的以立法为基础的强制性政策，配额制首先在美国提出并得到了广泛应用。虽然没有实施联邦层面的可再生能源配额制，但美国多个州实施了各自的配额制，每个州的配额制也各具特点，各有千秋，既有众多成功的案例，取得了较好的实施效果，也有失败的教训。张永伟和柴沁虎（2009）从管理性政策、经济性政策两个维度分析了美国支持可再生能源发展的一揽子政策，并就其对中国的启示给予了政策建议。谢旭轩等（2012）概述了美国州立配额制的最新进展，通过对 4 个典型案例州的分析，为我国实施配额制提供了政策启示。基于前人研究的对比分析结果，这里主要从美国地区层面配额制的实施基础入手，对北美电力系统架构、配额制的最新进展、可再生能源证书交易体系进行详细分析，目的是获得配额制政策设计和实施过程中的实践经验与教训，为我国实施可再生能源配额制政策提供借鉴。

2.2.1.1　美国电力系统架构

相互连通的电力输送网络。整个北美地区的电网组织架构是相互连通的，为可再生能源电力的传输、交易提供了重要保障。以美国为中心，南边与墨西哥电网互联，北边与加拿大电网连接。具体而言，从组织架构上看，从上到下可分为四级：北美电力可靠性公司(NERC)、各区域可靠性监管机构(如西部电力协调委员会(WECC)、可靠性公司国家电力监管委员会(SERC)等)、各地区独立电网运营公司(如美国中西部独立电网运营机构(MISO)、加州独立电网运营机构(CAISO)、独立系统运营商 PJM 等)、局部地区电力公司(太平洋燃气与电力公司(PG&E)等)。

制度完善的可靠性保障体系、电力网络与管理构架为可再生能源接入电网提供了可靠性的保障。如图 2.6 所示，北美电力系统架构顶层是北美电力可靠性公司(NERC)，其总部目前设在美国佐治亚州亚特兰大市，是一个非营利性质的公司，重组于 2006 年 3 月 28 日，其前身是成立于 1968 年 6 月 1 日的北美电力可靠性委员会。无论之前的可靠性委员会还是如今的可靠性公司，其使命都是确保北美电力系统运行的可靠性，保障安全运营，目前受到美国联邦能源管理委员会与加拿大主管部门的监督。

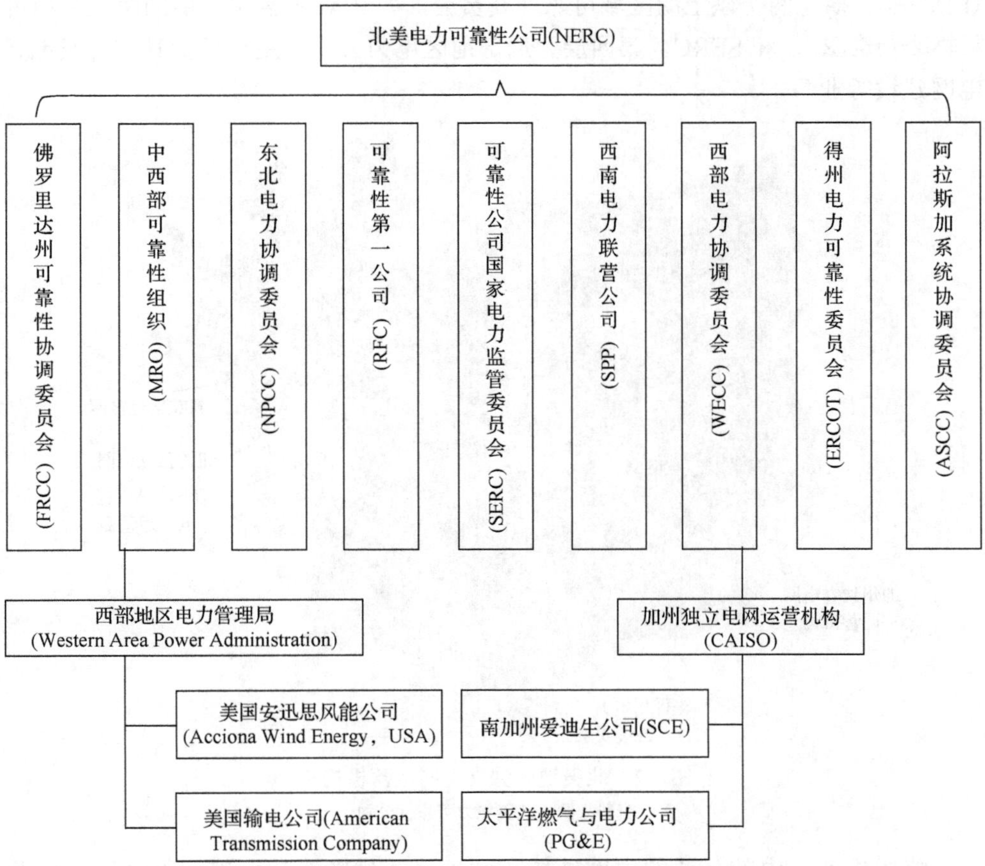

图 2.6　北美电力系统架构示意图

区域可靠性委员会各司其职，力促电网平衡。北美电力可靠性公司下属 9 个区域可靠性委员会，按地域划分为：佛罗里达州可靠性协调委员会(FRCC)、中西部可靠性组织(MRO)、东北电力协调委员会(NPCC)、中部的可靠性第一公司(RFC)、东南部的可靠性公司国家电力监管委员会(SERC)、西南电力联营公司(SPP)、西部电力协调委员会(WECC)、得州电力可靠性委员会(ERCOT)和阿拉斯加系统协调委员会(ASCC)。需要说明的是阿拉斯加系统协调委员会是北美电力可靠性公司的附属会员单位，鉴于它处于孤立电网的位置，所以一般不考虑在北美电力互联网络中。

电力架构的第三层为地区层面的独立电网运营商，这些电网运营商可能属于某一个区域可靠性委员会，如加州独立电网运营机构(CAISO)，主要负责加州地区层面电网运行的稳定(图 2.7)；其他知名的独立运营机构包括美国中西部独立电网运营机构(MISO)、美国 Pennsylvania-New Jersey-Maryland 独立系统运营商(PJM)等，横跨两个以上的区域可靠性委员会，如 PJM 覆盖第二层的两大区域可靠性委员会 RFC 和 SERC。第四层为局部地区电力公司，主要负责具体的发电、电网建设等业务。

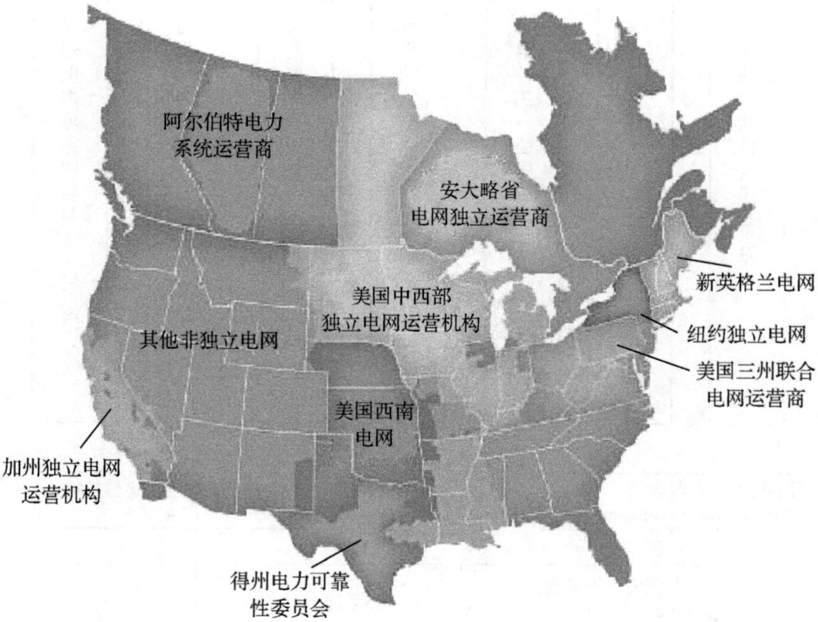

图 2.7　北美地区独立电网运营机构图

资料来源：北美电力可靠性公司

整体相连、内部互通的电网结构有利于可再生能源的发展。整体而言，北美地区电网主要包含四大联合电网区域(图 2.8)，分别为东部联合电网(Eastern

Interconnection)、西部联合电网(Western Interconnection)、得克萨斯联合电网(Texas Interconnection)、加拿大的魁北克联合电网。另外还包括孤立的阿拉斯加电网。早期的美国电网由私有公司和公有公司根据各自的负荷与电源条件组成一个个孤立电网。在互利原则的基础上多个电网通过双边或多边协议，或联合经营等方式相互联网，同步运行，逐步形成了目前美国的三大联合电网，美国中西部高耸入云的洛矶山脉隔断了东西部电网的直接相连，导致其东西相分。

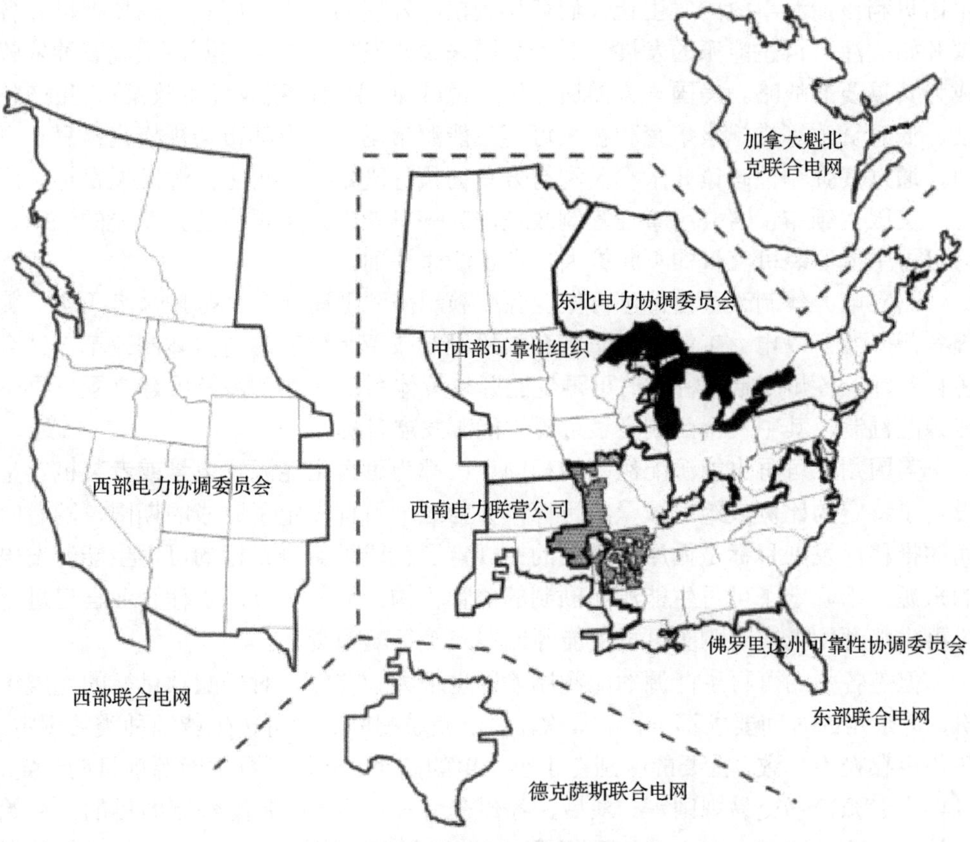

图 2.8　北美地区联合电网地域分布

资料来源：北美电力可靠性公司

东部联合电网通过六条直流联络线与西部联合电网相连，与德克萨斯联合电网有两个直流连接站，通过四条联络线和一套变频变压器与北部的加拿大魁北克联合电网也形成了电力互联。在东部联合电网中，一共有六大电力可靠性管理机构，分别是 FRCC、MRO、NPCC、RFC、SERC、SPP。

西部联合电网与得克萨斯联合电网没有直流连接，南与墨西哥下加州电网相接，北与加拿大西部电网相连。WECC 是西部联合电网的唯一电力可靠性监管机构。此外，得克萨斯联合电网除了与东部联合电网相连，南边还与墨西哥电网连通，由得州可靠性协调委员会(TRE)负责参与协调和保障得克萨斯联合电网的可靠性。TRE 是 ERCOT 的独立部门。

2.2.1.2 形式多样的州立配额制

能源安全问题的出现使得美国可再生能源发展迎来契机。20 世纪 70 年代开始的石油危机爆发促使核能和可再生能源迎来了发展契机。1986 年 4 月 26 日切尔诺贝利核泄漏事故的发生让人们意识到核能发展的安全性问题，也使得世界各国开始关注可再生能源的发展。对于美国来说，发展可再生能源，摆脱石油依赖成为其重要的战略。美国一方面通过生产税减免(主要的税收优惠政策)、生产补贴、低息贷款等措施来培育和扩大可再生能源市场，使得其市场规模化；另一方面，通过其强制性政策要求相关利益方贯彻执行既定的可再生能源发展目标。同时，美国也颁布了《公用事业管制政策法》等早期支持可再生能源发展的法律，为可再生能源装机容量的不断扩大奠定了法律基础。

州立电力体制改革使得可再生能源配额制得到迅速推广。从 1994 年开始，美国各州开始了以电力工业资产重组和放松管制改革为代表的电力体制改革，结合各自实际，各州制定了特有的可再生能源政策体系，33 个州或特区建立了可再生能源配额制，其中 9 个州制定了可再生能源发展目标。

美国州立可再生能源配额制的相同点：都为可再生能源发电量或者装机容量设定了特定的比例或绝对数量的目标，并为这一目标设定了完成的期限，随着时间的推移，发展目标是循序渐进式的；规定了完成配额制目标的可再生能源发电的来源；都确定了可再生能源配额制的监管机构，允许配额制责任企业自己进行可再生能源发电或者购买可再生能源证书来履行配额责任。

但是各州的可再生能源的配额制差别也很大。首先，对于配额目标的完成年份，每个州的时间要求不一样。其次，对于完成配额制的可再生能源种类的规定，各州也存在不一致，主要的区别在于小水电的归类、外州可再生能源项目的认定、可再生能源证书交易规则等。最后，各州在引入可再生能源配额制的目的、初始配额的制定上也不相同，如亚利桑那州初始目标为 0.2%(2001 年)，加州初始目标是 13%(2003 年)。

2.2.1.3 可再生能源证书交易体系

对于可再生能源证书(REC)的定义，本书认为它是指由可再生能源生产得到的 1 兆瓦时电力，是一种可交易性的环境商品，同时具备物理与环境双重属性(Michael et al.，2015)。一方面，它的物理属性表现为可再生能源电力在提供电力服务方面与其他来源的电力一样，为消费者提供单位电力带来的服务与效用；另一方面，它的环境属性表现为它的发电模式相对清洁、可持续，可减少污染物和温室气体的排放，具有一定的环境效益。这种双重属性决定了可再生能源电力是具备环境效益的公共物品。

可再生能源证书交易体系能够建立的基础是随着人们对于环境与气候问题的关注，环保意识和绿色低碳发展意识的增强，电力消费者对于可再生能源电力的市场需求在不断增强。因此，可再生能源证书交易体系的建立过程也是消费者对可再生能源电力需求的培育过程，需要提高社会公众对于可再生能源的支持。另外，从可再生能源电力的供应来看，需要通过降低生产成本向社会公众供应负担得起或愿意负担的可再生能源证书。

目前，美国、英国、澳大利亚和印度都建立了其可再生能源证书交易系统。这里主要对美国的可再生能源证书交易系统进行分析。

美国可再生能源证书交易系统的交易渠道多样。从交易主体来看，可再生能源证书可在发电企业与供电企业、发电企业与电力用户、供电企业与电力用户之间进行交易。这种交易主体之间的行为可以达到如图 2.9 所示的效果。从图 2.9 中可以看出，发电企业可以通过出售配额证书来降低生产成本，促进其进行可再生能源发电；供电企业通过购买证书完成配额责任，也可以通过售卖证书来获取收益，间接推动可再生能源电力行业的发展；电力用户(其他企业或个人)可通过购买可再生能源证书来履行其企业社会责任或获得个人社会荣誉，从而有利于调动全社会参与可再生能源开发利用的积极性。

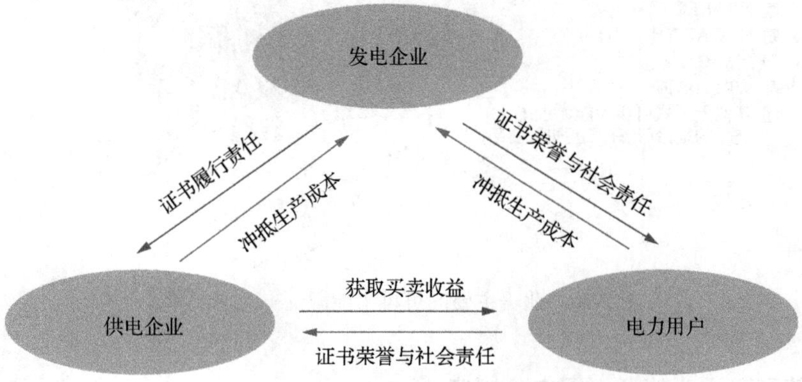

图 2.9　可再生能源证书交易的利益分配

从跨区交易来看，美国各州的可再生能源证书交易系统基本上允许其责任承担方通过购买域外的可再生能源证书来履约。这些举措增加了各州完成配额的灵活性，弥补了可再生能源分布不均的问题，通过证书的有偿转让和灵活机制，可使资源禀赋不高的地区通过购买证书来履约，并为资源丰富的地区开发可再生能源提供额外补偿。如图 2.10 所示，北美主要的可再生能源证书交易机构(2015 年 5 月更新)包括德州电力可靠性委员会(ERCOT)、密歇根可再生能源证书系统(MIRECS)、中西部可再生能源跟踪系统(M-RETS)、北美可再生注册所(NAR)、北卡罗来纳可再生能源跟踪系统(NC-RETS)、新英格兰电力混合信息系统(NEPOOL-GIS)、内华达可再生能源跟踪系统(NVTREC)、纽约电力追踪系统(NYGATS，建设中)、PJM EIS 地区电力追踪系统(PJM-GATS)、西部可再生能源发电信息系统(WREGIS)。目前，两个可再生能源证书系统可以相互进行交易的通道包括：NAR 到 NC-RETS；NC-RETS 到 NAR；NAR 到 MIRECS；MIRECS 到 NAR；M-RETS 到 NAR；M-RETS 到 MIRECS；PJM-GATS 到 MIRECS 和 NC-RETS；WREGIS 到 NAR；WREGIS 到 NC-RETS；ERCOT 到 NC-RETS 等(Michael et al.，2015)。

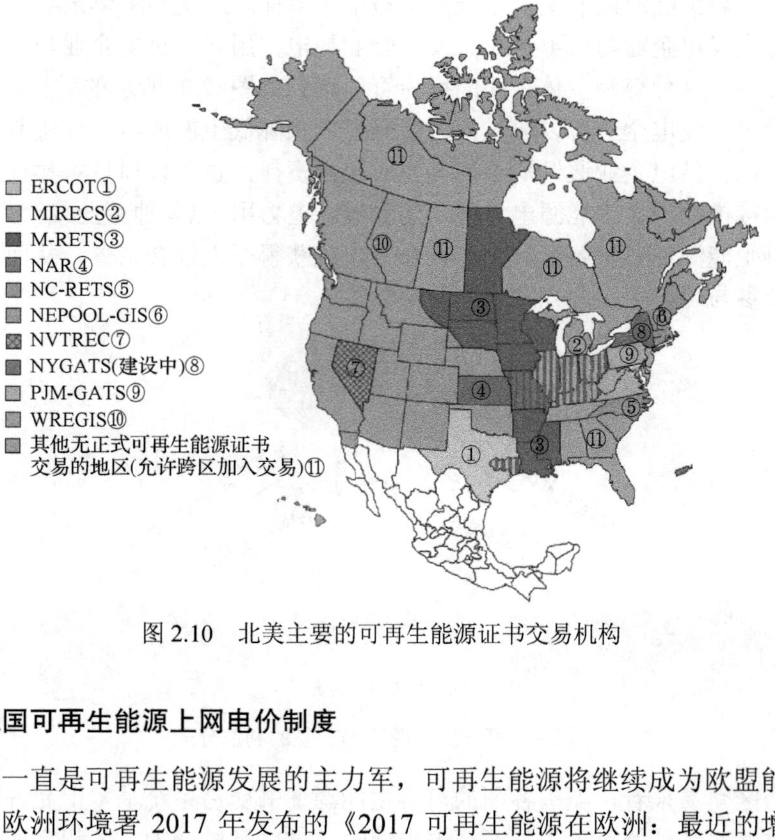

图 2.10　北美主要的可再生能源证书交易机构

2.2.2　德国可再生能源上网电价制度

欧盟一直是可再生能源发展的主力军，可再生能源将继续成为欧盟能源战略的重点。欧洲环境署 2017 年发布的《2017 可再生能源在欧洲：最近的增长和连锁效应》报告显示，可再生能源是整个欧洲能源转型的主要贡献者，在缓解欧盟应对气候变化的压力中发挥着重要作用。可再生能源在一次能源消费中的比例将在 2030 年提高到 32%。当前欧洲可再生能源以风电和太阳能发电为主。德国是欧洲风电装机容量最大的国家，光伏发电发展也较为迅速，其实施的可再生能源电力上网电价政策也是国际上可再生能源发展政策的典型代表。因此，本节选取德国的价格类激励政策进行深入分析。

2.2.2.1　德国促进可再生能源发展的举措

德国的可再生能源激励政策的实施与整个欧盟内的政策环境是相互协调的。欧洲各国虽由于政治传统、政策框架的不同导致可再生能源上网电价政策模式不统一，但从应用范围来看，政府强制要求电网企业在一定期限内按照一定电价收购电网覆盖范围内可再生能源发电量的固定上网电价政策是普遍模式。此外，强制入网、消费者承担、政府调控等保障措施的实施也促进了可再生能源的发展。

固定上网电价政策起源于德国，其初始模式是政府直接明确规定可再生能源电力的上网电价。随着时间推移，可再生能源电源也能与其他常规电源一样参与竞价上网，政府在结清其电价的基础上，对单位上网电量给予一定的补贴。不同版本的上网电价政策在欧盟 20 多个国家实施。德国可再生能源电力与市场挂钩的定价方式和固定上网电价的方式并存了很长一段时间，并允许可再生能源发电企业每个月选择一次。可再生能源固定上网电价机制具体包括定价机制和调整机制两个方面内容。第一，定价机制主要考虑发电项目的实际成本，与资源状况、装机容量、新技术应用等因素有关，重点是体现公平原则。第二，调整机制既反映发电成本的变化，也与市场变化、本国规划目标、成本控制目标相一致，其目标是建立激励政策退出路径，实现本国可再生能源的均衡、有序发展。

德国《可再生能源法》还规定了其他保障可再生能源电力利用的措施。强制本国可再生能源电力入网、补助最终由用户买单、政府为可再生能源发展提供法律和金融支持、持续推动技术创新降低可再生能源电力成本等举措都在其可再生能源相关法律中得到了体现。

2.2.2.2　德国可再生能源电力上网价格演变进程

德国可再生能源发展政策演变与其可再生能源发展阶段密切相关。德国《可再生能源法》的修订反映了德国可再生能源激励政策的变化历程，德国的《可再生能源法》(EEG)是促进和管理可再生能源发展的专门法律，从 1990 年颁布以来，分别在 2000 年(EEG2000)、2004 年(EEG2004)、2009 年(EEG2009)、2012 年(EEG2012)和 2014 年(EEG2014)进行了五次修订，其条款数目从最初的 5 条增加到 2014 年版本的 104 条，对于可再生能源发展政策进行了逐步完善和修改。

德国初始版本的可再生能源固定上网电价机制极大地促进了可再生能源电力装机的增加。电网运营商必须优先以较高的指定价格收购可再生能源电力，多出的成本由消费者和政府承担。激励政策促进了装机容量的不断扩大，但没有考虑电力消费者的实际需求。这一初始机制在鼓励发展可再生能源的同时，不断推高电价。

德国《可再生能源法》在2014年进行了大修订，将上网电价政策调整为溢价补贴模式，被称为《可再生能源法》2.0版。主要内容为对各类可再生能源严格限定年度新增规模；成本分摊注重保护本国工业竞争力和公平；对可再生能源项目全面引入市场机制，即溢价补贴机制，其中，2014年8月1日起500千瓦以上新建设备必须采用溢价补贴机制；2016年1月1日起100千瓦以上新建设备必须采用溢价补贴机制；2017年起，将通过招标的方式确定可再生能源的补贴额度。这种逐步调整和过渡的机制最终落实为通过招标的方式进行可再生能源电力的补贴。溢价补贴机制的特点是可再生能源电力按照电力市场规则与其他电源无差别竞价上网，承担与常规电源相似的电力平衡义务，在此基础上政府为可再生能源电力提供溢价补贴。这一设计，一方面有利于可再生能源电力发挥其低边际成本的价格优势，实现优先消纳；另一方面，引入电力市场零电价或负电价，及时传达电力市场供需平衡信息，也避免了可再生能源的过度投资，有利于可再生能源市场稳定。

德国《可再生能源法》在2017年再次进行了修订，主要规定了采用招投标模式来确定可再生能源补贴额度的新的发电上网政策，并对免予招投标程序的各种例外情况也做出了具体界定，被称为《可再生能源法》3.0版。这次修订是2014年修订的延续，因为根据欧盟2014年可再生能源政策的新要求，德国《可再生能源法》2014年版本有效期仅到2016年底，2017年需要出台新版法案。这一新修订法案为租户用电模式和本地用电模式等分散式电力供应商提供了机会。招投标模式的特点是通过全面引入发电招标制度，全面推进可再生能源发电价格市场化。这标志着基于固定上网电价的政府定价机制正式结束。

从发展历程来看，德国可再生能源电力上网价格机制经历了固定上网电价初始版本(EEG2000)、固定上网电价完善版本(EEG2004)、固定上网电价调减机制和自发自用激励机制版本(EEG2009)、固定上网电价调减机制和自发自用激励机制修订版本(EEG2012)、上网电价溢价补贴机制版本(EEG2014)、可再生能源发电招投标模式版本(EEG2017)等六个阶段。德国可再生能源电力定价由政府制定逐步回归到市场定价的模式，补贴力度逐步减小直到完全无补贴。德国可再生能源电力上网正被推向市场化驱动。

2.3　可再生能源发展影响因素分析模型①

2.3.1　可再生能源发展影响因素

前面介绍了世界和主要国家的可再生能源发展现状，以及当前主要的可再生能源发展支持政策。分析和探索促使可再生能源发展的内部机理与影响机制成为学术界的关注热点。可再生能源发展驱动力的研究对于可持续发展尤为重要(Golusin et al.，2013)，其已经被纳入农业(Bardi et al.，2013)和矿产业(Mclellan et al.，2012)的可持续发展研究框架中。

能源利用的可持续问题对可再生能源的驱动作用十分显著。首先，国家整体的能源可持续性衍生了能源安全问题，如何保证能源供应多元化成为世界各国能源发展的主要方向，其中可再生能源成为战略选择之一。魏一鸣等(2012)从不同层面分析我国的能源安全问题，探讨了可再生能源发展在解决能源安全中的作用。其次，国家内部的能源可持续性，特别是能源服务的可持续性，产生了能源贫困问题。可再生能源的发展有助于解决偏远地区的能源贫困问题，同时给大都市提供清洁电力(IEA，2012)。Bhide 和 Monroy(2011)在分析印度当前的能源发展现状的基础上，提出了采用可再生能源技术消除其能源贫困问题的可持续方法。最后，能源，特别是化石能源的使用带来了诸多环境问题，这种能源使用安全问题的产生推动了可再生能源的进一步发展，其中最具代表性的就是气候变化问题。IPCC(2011)特别报告专门分析了可再生能源在应对气候变化方面的机遇与挑战，指出其发展前景广阔，但需克服发展瓶颈，增加政策支持。基于长期能源替代规划模型，Sapkota 等(2014)分析了不同可再生能源技术在尼泊尔农村地区气候变化适应行动中的应用前景，综合考虑了不同技术的能源效率、社会经济和环境效益，得出生物沼气的二氧化碳减排效果最为显著。

当前存在很多针对能源消费影响因素的研究，而可再生能源影响因素的研究相对较少，少量研究集中在美国、欧洲或者七国集团(G7)等国家或集团层面。Sadorsky(2009)分析了 G7 国家的 CO_2 排放、国内生产总值(GDP)、石油价格与可再生能源消费之间的关系，得出 CO_2 排放与 GDP 是影响可再生能源消费的关键因素。基于面板数据模型，Marques 等(2010)研究了 24 个欧洲国家可再生能源发展的驱动因素，从政治因素、经济因素、国别特定要素三个方面总结了影响可再生能源发展的驱动力，得出能源安全问题驱使欧洲国家大力开发可再生能源。随后，Marques 和 Fuinhas(2011)检验了可再生能源发展的市场因素，结果认为传统能源对可再生能源的发展存在阻力，而可再生能源的发展并不是由市场决定的。

---

① 本节核心内容已于 2018 年发表在 SCI 期刊 *International Journal of Hydrogen Energy* 第 43 卷(Wang et al.，2018a)。

Menz 和 Vachon (2006) 通过建立回归模型研究了不同政策架构对于美国 30 个州风电发展的影响。然而，目前缺少对于发展中国家可再生能源发展驱动因素的实证研究，这与当前可再生能源逐步在发展中国家得到广泛应用的现实形成巨大差距。尽管欧盟和美国在可再生能源市场中居于领导地位，但中国、巴西、印度等发展中国家的可再生能源也取得了飞速发展。发展中国家可再生能源发展的内部机制以及其与发达国家的对比分析有利于人们了解世界可再生能源发展的驱动机制。

能源是一个经济导向型的战略部门，需要政治和政策的引导。当前世界社会经济系统是基于传统化石能源构建而来的，但是也不能忽视可再生能源的潜力。相比传统能源，开发利用可再生能源首先需要经济政策支持 (Johnstone et al., 2010; Frondel et al., 2010)，归根结底是社会发展问题。在可再生能源市场中，经济学原理可以发挥一定的促进作用，当这只“看不见的手”发挥失效时，需要政府监管这只“看得见的手”来纠正市场失灵。前面主要介绍了固定上网电价、净计量电力等经济激励措施。除了经济政策，可持续发展的需求和全社会对于可再生能源的认同都是推动可再生能源利用的重要因素 (Wüstenhagen et al., 2007)。

2.3.2 可再生能源发展影响因素分析框架

2.3.2.1 影响因素

(1) 经济因素。经济因素是可再生能源发展的重要推动力。相比传统能源，可再生能源的利用需要经济激励，如财税政策的补贴。这些都与一国或者地区的经济实力密切相关。毫无疑问，脱离了经济激励的支持来发展可再生能源是行不通的。随着可再生能源的不断发展，财政负担不断加重，发展可再生能源的责任需要全社会共同承担，此时社会公民的支付意愿将发挥重要作用。而收入在很大程度上影响着社会公民的支付意愿 (Horowitz et al., 2003)。因此，本书用人均 GDP 来反映经济因素对可再生能源发展的影响 (Marques and Fuinhas, 2011; Johnstone et al., 2010)。

(2) 传统能源因素。传统能源对可再生能源存在天花板效应 (lobby effect)，极大地限制了可再生能源的利用 (Marques et al., 2010)。这是由于在不考虑传统能源使用造成的环境损失时，其对可再生能源的利用具有很强的经济优势，且利用成本较低。例如，2014 年下半年开始的油价暴跌连同煤炭领域的一蹶不振使得美国可再生能源领域的投资相对变少。因此，鉴于传统化石能源价格的可获得性，选择德克萨斯州中质原油价格、布伦特原油价格和迪拜原油价格的均值来代表传统能源对可再生能源利用的影响。

(3) 气候变化与环境因素。可再生能源的发展过程是人类环境意识不断觉醒的过程。随着可再生能源利用成本的下降、民众环保意识的觉醒，可再生能源竞争力将逐步加强，并可能摆脱现有的补贴依赖。21 世纪以来，人类对于气候变化问题的关注不断加强，世界各国普遍认为气候变化是人类史上最严重的挑战。气候变化问题极大地促进了可再生能源的发展(Wüstenhagen et al.，2007)。因此，这里选取人均 CO_2 排放作为气候变化对可再生能源的影响因素考虑到模型中。

(4) 其他影响因素。通过文献综述来选取其他可能影响可再生能源发展的因素作为控制变量放到本模型中。其中，社会发展进程，包括工业化和城镇化，作为揭示社会发展进程中对清洁能源服务需求的变量被纳入影响因素中。此外，能源强度、能源消费总量、能源进口分别作为技术进步、能源供给(Sovacool，2009；Huang et al.，2007)、能源安全(Gan et al.，2007)的代理变量来反映各自对可再生能源发展的影响。

2.3.2.2　分析框架

本节从七大方面来考虑可再生能源利用的影响因素，依据已有文献和数据可获得性选取相应的代理变量，应用面板数据模型和灰色关联分析来研究可再生能源发展的国际经验，以期为国际可再生能源发展和我国的具体实践给予决策支持。研究框架如图 2.11 所示。

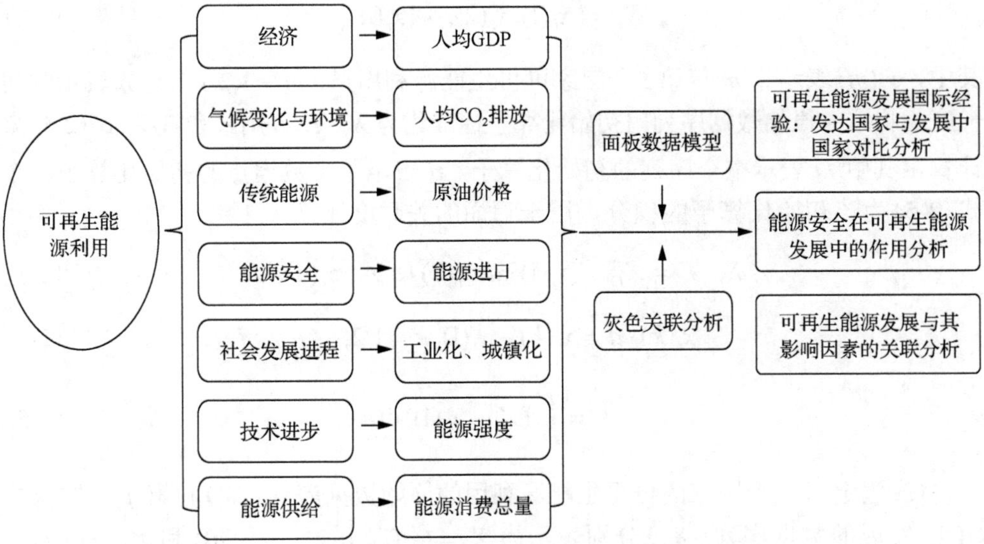

图 2.11　可再生能源影响因素分析框架

2.3.3　可再生能源发展影响因素分析：基于面板数据模型和灰色关联分析

依据选取的影响因素和所构建的研究框架，本节建立的面板数据模型如下：

$$\mathrm{RE}_{it} = \alpha_{0i} + \alpha_{1i}\mathrm{GDP}_{it} + \alpha_{2i}\mathrm{CO}_{2it} + \alpha_{3i}\mathrm{OP}_{it} + h(\upsilon_{1,it}, \upsilon_{2,it}, \cdots) + \varepsilon_{it} \tag{2-1}$$

其中 $i = 1, 2, \cdots, 32$ 表示所选取的 32 个国家；$t = 1980, 1981, \cdots, 2011$ 表示时间范围；RE_{it}、GDP_{it}、CO_{2it}、OP_{it} 分别表示第 i 个国家第 t 年的人均可再生能源发电量、人均 GDP、人均 CO_2 排放、石油价格；h 为控制变量特定函数；$\upsilon_{k,it}$ 表示本书选取的控制变量，用来反映其他特定因素对可再生能源利用的影响；ε_{it} 假设为独立同分布的随机变量。关于变量的具体含义与数据来源将会在 2.3.4 节详细介绍。本面板数据模型是在 EViews 7 软件下运行。

灰色系统理论起源于邓聚龙等的先创性研究并不断得到发展（刘思峰等，2010），是处理贫信息、少数据、区间值分析的工具之一，目前其已在能源与环境政策研究领域得到了广泛应用（Wang et al.，2014c；Lin et al.，2011）。例如，Feng 等（2011）用灰色关联分析和消费者生活方式理论研究了居民消费对中国能源使用和碳排放的影响，认为居民收入水平对于居民能源使用和碳排放是比较关键的影响要素。Wang 等（2014a）采用灰色预测回归模型研究了中国水力发电的气候变化脆弱性问题，发现了我国较为贫困地区的水力发电面临着较高的气候变化脆弱性。下面将对灰色关联分析理论方法进行描述。

（1）假定 X_i 是第 i 个国家可再生能源利用的原始数据序列，可以表述为式（2-2）。

$$X_i = \left(x_i(1), x_i(2), \cdots, x_i(n) \right) \tag{2-2}$$

其中，$x_i(m)$ 表示第 m 年第 i 个国家可再生能源利用量，$m = 1, 2, \cdots, n$；n 表示时间长度。将这一原始数据序列用初始化算子标准化为 $X_i \cdot D$，用式（2-3）和式（2-4）来计算，其中 D 表示整个序列的初始化算子，d 表示单个数据点的初始化算子。令式（2-5）为该初始化算子的积分，用于后面的关联度计算。

$$X_i \cdot D = X_i^0 = (x_i(1) \cdot d, x_i(2) \cdot d, \cdots, x_i(n) \cdot d) \tag{2-3}$$

$$x_i(k) \cdot d = x_i(k) - x_i(1), k = 1, 2, \cdots, n \tag{2-4}$$

$$s_i = \int_1^n (X_i - x_i(1))\,\mathrm{d}t \tag{2-5}$$

（2）假定第 i 个国家的可再生能源利用的原始数据序列（X_i）和第 j 个国家的 GDP 发展的数据序列（X_j）分别表示为 $X_i = (x_i(1), x_i(2), \cdots, x_i(n))$ 和 $X_j = (x_j(1), x_j(2), \cdots, x_j(n))$，用式（2-3）分别计算对应的初始化算子为 $X_i \cdot D$ 和 $X_j \cdot D$。通过前面列出的初始化算子的积分，令两个序列初始化算子的差值积分为 s_i–s_j，可以表述为式（2-6）。

$$s_i - s_j = \int_1^n (X_i^0 - X_j^0)\,\mathrm{d}t \tag{2-6}$$

那么，第 i 个国家的可再生能源利用和第 j 个国家的 GDP 发展之间的灰色绝对关联度为 ε_{ij}，计算方法如式(2-7)所示。其中，关联度越大，两个数据序列关系越紧密。

$$\varepsilon_{ij} = \frac{1+|s_i|+|s_j|}{1+|s_i|+|s_j|+|s_i - s_j|} \tag{2-7}$$

灰色绝对关联度的计算可用软件 GTMS 3.0 来实现，其结果可以用来检验面板数据模型结果的鲁棒性。

2.3.4　数据来源

依据 EIA 的可再生能源发电数据，本节选取了 32 个典型国家作为样本，选取依据为国家可再生能源利用量所占世界比例超过 2%。国家名单包括加拿大、巴西、挪威、俄罗斯、日本、中国、印度、瑞典、委内瑞拉、丹麦、西班牙、意大利、法国、葡萄牙、德国、印尼、越南、巴基斯坦、澳大利亚、瑞士、土耳其、芬兰、奥地利、秘鲁、巴拉圭、智利、哥伦比亚、阿根廷、墨西哥、新西兰、英国、美国。其中，在数据集的时间范围内，德国统一前的数据是由民主德国和联邦德国的数据相加而成，1980～1989 年俄罗斯的数据是由俄罗斯在 1990 年的比例与苏联时期的可再生能源利用量相乘而来。图 2.12 显示了所选取的 32 个国家可再生能源发电量的比例情况。如图所示，所选取的 32 个国家的可再生能源发电量占世界比例在 88%左右波动，由此可见本书所选取的样本具有很好的代表性。

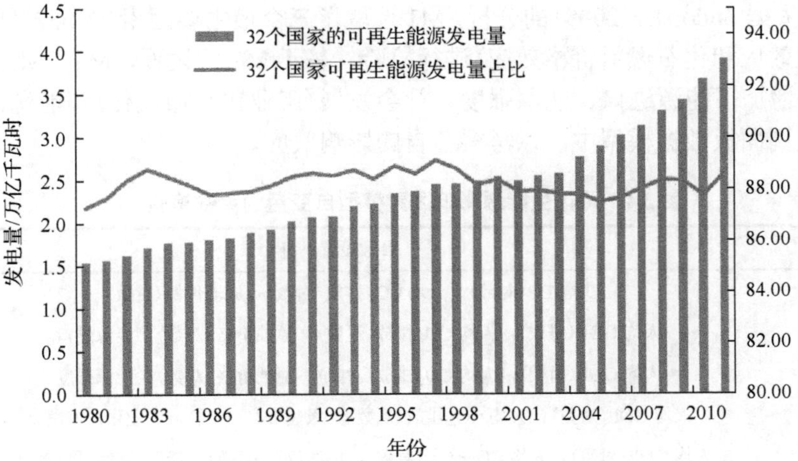

图 2.12　典型国家可再生能源发电量及占比情况

依据 2.3.2 节的影响因素，其数据来源如表 2.3 所示。能源进口、工业增加值、城镇化率、CO_2 排放、能源强度数据来自于世界银行网络数据库，可再生能源和人口的数据来自于 EIA，人均 GDP 数据来源于联合国统计署。

表 2.3　面板数据模型参数说明(部分)

变量	含义	数据来源	单位
可再生能源利用	可再生能源电力消费量	EIA①	10 亿千瓦时
人口	人口数量	EIA①	百万人
能源进口	净能源进口比例	世界银行②	%
工业化	工业所占比重	世界银行②	%
城镇化	农村人口所占比重	世界银行②	%
收入水平	人均 GDP	联合国统计署③	美元(2011 年不变价)/人
气候变化	人均 CO_2 排放	世界银行②	千吨/人
能源消费总量	人均能源消费	世界银行②	千克油当量/人
能源强度	单位能源消费的 GDP 产出	世界银行②	美元(2011 年不变价)/千克油当量

① http://www.eia.gov/cfapps/ipdbproject/IEDIndex3.cfm；② http://data.worldbank.org；③ http://unstats.un.org/unsd/snaama/dnlList.asp。

2.4　实证结果分析与讨论

2.4.1　经济因素、气候变化因素对可再生能源消费的影响

这里应用参数检验来判断各影响因素在面板数据模型分析中参数设置的稳健性，采用了如表 2.4 所示的 5 个面板数据模型来分析各变量对可再生能源发展的影响力。依据 Sadorsky(2009)的分析，M1 选取了三个最主要因素(经济发展水平、气候变化效应和化石燃料价格效应)进行检验。基于 M1 的设置，M2、M3、M4、M5 分别增加了能源进口、能源强度、社会发展(工业化、城镇化)和能源消费总量等变量到面板数据模型中，以考察各自的影响效应。

表 2.4　可再生能源影响因素模型自变量的参数检验

模型	参数设置
M1	人均 GDP(对数)，人均 CO_2 排放(对数)，原油价格(对数)
M2	人均 GDP(对数)，人均 CO_2 排放(对数)，原油价格(对数)，能源进口
M3	人均 GDP(对数)，人均 CO_2 排放(对数)，原油价格(对数)，能源强度
M4	人均 GDP(对数)，人均 CO_2 排放(对数)，原油价格(对数)，工业化，城镇化
M5	人均 GDP(对数)，人均 CO_2 排放(对数)，原油价格(对数)，能源消费总量(对数)

注：模型的因变量是可再生能源消费的自然对数形式。

将基于混合最小二乘(PLS)法的回归模型和固定效应(FE)模型分别对表 2.4 的 5 个模型进行检验，结果如表 2.5 所示。采用这两种估计方法进行对比，主要检查可再生能源收入效应、碳排放效应和传统化石能源效应，以及其他特定因素对可再生能源利用的影响。

表 2.5　可再生能源影响因素实证分析结果

影响因素	M1		M2		M3		M4		M5	
	PLS	FE	PLS	FE	PLS	FE	PLS	FE	PLS	FE
人均 GDP	0.815***	1.036***	1.083***	1.256***	3.077***	0.514***	0.888***	0.904***	0.375***	1.319***
人均 CO_2 排放	−0.305***	−0.050	−0.924***	−0.428***	−2.156***	0.368	−0.609***	−0.156	−2.156***	0.368
原油价格	0.086*	0.019	0.117	0.069*	0.139*	−0.015	0.088	−0.032	0.139*	−0.015
能源进口			−0.001	−0.020***						
能源强度					−2.702***	0.805***				
城镇化							0.016***	0.029***		
工业化							0.050***	0.006		
能源消费总量									2.702***	−0.804***
常量	1.730***	−2.191***	4.100***	−0.764	37.793***	−13.136***	2.493***	0.802	0.463	−2.020***
拟合优度	0.375	0.915	0.428	0.937	0.548	0.917	0.439	0.918	0.548	0.917
样本数量	1024	1024	672	672	1024	1024	1024	1024	1024	1024

* $p<0.05$，*** $p<0.001$。

收入效应假说。一般认为，随着收入水平的不断提高，国家对于清洁能源服务和环境质量的要求也会相应增长，也更有经济资本实力投入可再生能源产业发展中，因此收入对可再生能源具有正向促进作用。在表 2.5 的结果中，所有模型都显示了人均收入(人均 GDP)对可再生能源消费具有显著的正向效应，从而证明了收入效应假说是成立的。这一结论也表明在可再生能源发展中需要综合考虑经济实力，做到量力而行。

温室效应假说。CO_2 排放所引起的温室效应成为气候变化的主要原因，因此，随着 CO_2 排放的不断增加，气候变化问题不断引起重视，可再生能源发展将会作为应对气候变化的手段而得到广泛应用，即一般来说碳排放对可再生能源的影响也应该是正向的。从表 2.5 的结果可以看出，大部分模型结果显示了温室效应(人均 CO_2 排放)对可再生能源的负面作用，且大部分负面影响都通过了显著性检验。这一结果不支持温室效应假说，从另一方面表明通过可再生能源发展来应对气候变化的认识还需要不断加强，国际气候谈判的压力对可再生能源发展的促进作用还有待挖掘。

传统化石能源效应。可再生能源在能源替代中能够发挥重要作用，因此，其与传统化石能源是相互竞争的关系。基于此原理，经济理论普遍支持传统化石能源价格越高，可再生能源的竞争力将会越明显，因而可以促进可再生能源的利用。本书中的大部分结果都支持这一假说，但是这种正向促进作用并没有全部通过显著性检验，而且大部分正向促进作用都较小。这一结果表明可再生能源的价格机制比普通商品的价格机制更为复杂，即不是简单的传统化石能源价格越高，可再生能源利用量越多。当然，在本书中，传统化石能源价格仅仅考虑石油价格，其变化既受到市场因素的影响，也受到政治、投机等其他因素的影响。而且，由于各国的能源结构不同，原油价格并不能完全体现所有国家的传统化石能源价格，因此这里考虑的原油价格不能够完全表示传统化石能源效应，需要深入研究。

其他因素，包括社会发展进程（城镇化和工业化）、能源安全、能源强度和能源消费等，对可再生能源发展也会产生影响。其中，城镇化和工业化对可再生能源具有较为显著的正向作用，但相比其他要素，其促进作用较小。结果显示，能源消费总量与能源强度对可再生能源的影响不具有明显的一致性，可能在本书的时间范围内其对可再生能源发展的影响存在国家差别，这需要进一步研究。

2.4.2 能源安全与可再生能源发展之间的关系

能源安全是国家制定能源战略需要考虑的重要因素（Leung et al.，2014；Wu et al.，2012）。一般而言，对于一个具有很高的能源对外依存度的国家，其能源投资往往集中在替代能源领域，而可再生能源是其中重要的投资方向之一（Gan et al.，2007）。由于不同国家在能源安全形势上面临的境况不一样，将所选择的 32 个可再生能源国家都纳入面板数据模型中进行分析是不适当的。因此，本节从前面 32 个国家中挑选了其中能源进口较多的 21 个国家（奥地利、巴西、瑞士、智利、中国、德国、丹麦、西班牙、芬兰、法国、英国、意大利、日本、印度、巴基斯坦、秘鲁、葡萄牙、瑞典、土耳其、新西兰、美国）进行研究。

如表 2.5 所示，M2 检验了能源安全对可再生能源利用的影响，结果表明与其他要素相比，能源安全对可再生能源发展存在较小的负面作用。国际上的类似研究（Menyah and Wolde-Rufael，2010；Marques and Fuinhas，2011）在讨论能源安全对可再生能源利用的影响作用时呈现出不一致的结论。本书的结果可能表明由于可再生能源在提供稳定的电力供应上存在不足，能源安全政策较少关注于依靠可再生能源来保持能源供应的稳健性。

2.4.3 可再生能源发展经验的国际对比

基于世界货币组织的国家分类（IMF，2014），本书将所选择的 32 个国家分成发达国家组和发展中国家组来进行可再生能源发展经验的对比研究。对比研究除了能进一步分析经济水平对可再生能源利用的促进作用，也能弥补当前大多数可再生能源发展影响因素研究只关注于发达国家经济体、较少关注到发展中国家的不足。因此，本书可以适应当前国际可再生能源发展整体向发展中国家转移的趋势和背景，便于从发达国家和发展中国家不同的可再生能源发展轨迹来为世界可再生能源的进一步发展提供借鉴。

表 2.6 的结果显示 PLS 法具有相对较好的鲁棒性。模型结果表明人均 GDP 和工业化对可再生能源利用具有显著的正向推动作用，且在发达国家中的推动作用更大。与表 2.5 的结果不同，城镇化水平(模型中用农村人口所占比例表示)在可再生能源利用中的作用在发达国家和发展中国家群组中出现了差别，在发达国家中是显著的正向作用，而在发展中国家是负向的作用，这表明不同城镇化发展进程中对于可再生能源的需求是截然不同的。相对来说，发达国家的城镇化进程要先于发展中国家，其对于可再生能源的需求相对高于低城镇化的发展中国家。从这里可以预见，随着未来城镇化进程的不断推进，我国对于可再生能源的需求将会相应增加。

表 2.6　发达国家和发展中国家可再生能源发展影响因素对比

影响因素	发达国家		发展中国家	
	PLS	FE	PLS	FE
人均 GDP	4.503***	1.547***	2.191***	0.216
人均 CO_2 排放	–3.281***	–0.729**	–1.691***	0.950***
原油价格	0.275***	–0.022	0.084	–0.160***
能源强度	–4.429***	0.830**	–2.134***	0.196
城镇化	0.042***	0.020*	–0.038***	–0.047***
工业化	0.056***	0.020**	0.009*	0.008*
拟合优度	0.550	0.894	0.708	0.944
样本数量	544	544	480	480

注：$*p<0.10$，$**p<0.05$，$***p<0.01$。17 个发达国家包括加拿大、挪威、日本、瑞典、丹麦、西班牙、意大利、法国、葡萄牙、德国、澳大利亚、瑞士、芬兰、奥地利、新西兰、英国、美国；15 个发展中国家包括越南、巴西、哥伦比亚、阿根廷、委内瑞拉、俄罗斯、墨西哥、印尼、巴基斯坦、土耳其、中国、秘鲁、巴拉圭、智利、印度。

2.4.4　不同国家可再生能源发展与其影响因素的关联

依据灰色关联分析理论，可以计算出不同国家可再生能源发展与其影响因素之间的相关关系，结果如表 2.7 所示。表中最后一栏是所有国家关联度的平均值，可以看出能源安全、城镇化和工业化与可再生能源利用的关联度较低。这个结果揭示了与其他要素相比，能源安全问题的关注和社会发展进程与可再生能源的相关关系不是很紧密，间接地印证了表 2.5 的结果和 2.4.2 节的分析结论。

表 2.7　不同国家可再生能源发展与影响因素之间的关联度

国家	人均 GDP	人均 CO_2 排放	能源强度	能源进口	能源消费总量	城镇化	工业化
阿根廷	0.580	0.635	0.767	0.504	0.739	0.511	0.514
澳大利亚	0.571	0.668	0.603	0.500	0.692	0.522	0.503
奥地利	0.835	0.831	0.963	0.658	0.823	0.658	0.522
巴西	0.564	0.596	0.609	0.509	0.652	0.517	0.521
加拿大	0.721	0.950	0.714	0.502	0.621	0.520	0.510
瑞士	0.642	0.692	0.786	0.503	0.736	0.502	0.504
智利	0.847	0.724	0.518	0.522	0.850	0.578	0.846
中国	0.896	0.808	0.932	0.685	0.707	0.538	0.681
哥伦比亚	0.752	0.557	0.701	0.502	0.570	0.528	0.752
德国	0.720	0.901	0.816	0.522	0.913	0.837	0.515
丹麦	0.540	0.522	0.545	0.523	0.507	0.683	0.740
西班牙	0.689	0.853	0.620	0.510	0.698	0.523	0.514
芬兰	0.800	0.622	0.662	0.518	0.653	0.533	0.557
法国	0.765	0.682	0.991	0.503	0.984	0.517	0.509
英国	0.742	0.570	0.732	0.557	0.520	0.598	0.538
印度尼西亚	0.747	0.733	0.548	0.512	0.706	0.541	0.731
印度	0.667	0.649	0.880	0.519	0.784	0.526	0.547
意大利	0.589	0.871	0.684	0.512	0.656	0.546	0.503
日本	0.603	0.906	0.705	0.507	0.691	0.510	0.507
墨西哥	0.611	0.546	0.531	0.564	0.615	0.523	0.941
挪威	0.840	0.539	0.891	0.500	0.875	0.534	0.612
巴基斯坦	0.995	0.848	0.615	0.528	0.913	0.545	0.626
秘鲁	0.639	0.783	0.796	0.506	0.910	0.525	0.552
葡萄牙	0.883	0.786	0.864	0.570	0.753	0.517	0.577
巴拉圭	0.510	0.546	0.509	0.523	0.516	0.641	0.592
俄罗斯	0.881	0.879	0.531	0.533	0.893	0.641	0.563
瑞典	0.771	0.718	0.994	0.503	0.972	0.603	0.525
土耳其	0.840	0.942	0.533	0.523	0.822	0.517	0.545
美国	0.605	0.877	0.594	0.506	0.887	0.509	0.505
委内瑞拉	0.598	0.542	0.602	0.508	0.514	0.549	0.606
越南	0.729	0.697	0.644	0.531	0.590	0.688	0.733
新西兰	0.660	0.632	0.999	0.502	0.628	0.525	0.507
发展中国家	0.724	0.699	0.648	0.531	0.719	0.558	0.650
发达国家	0.705	0.742	0.774	0.523	0.742	0.567	0.538
全部平均	0.714	0.722	0.715	0.527	0.731	0.563	0.591

从发达国家和发展中国家的结果可以看出，发展中国家的可再生能源利用与人均 GDP、能源进口和工业化的紧密程度高于发达国家。在人均 CO_2 排放、能源强度和工业化与可再生能源利用的相关关系方面，发达国家和发展中国家的差距较大，因此 2.4.3 节的针对不同国家组群的分析是十分合理的。基于此，未来能源安全和社会发展进程可能对发展中国家可再生能源的开发利用产生重要的影响，需要引起足够的重视。

2.5　本 章 小 结

可再生能源发展的影响因素分析是推动可再生能源行业发展的重点。很多学者从经济、环境、能源等角度选取了相关的影响因素进行研究，且这些研究主要集中在发达国家，对发展中国家的研究相对较少。本章聚焦于国际可再生能源发展的经验，综述了国际上可再生能源发展政策的典型模式，并选取了 32 个可再生能源领域的代表性国家，从经济发展、气候变化、能源安全、社会发展、技术进步等方面探讨了各因素在不同国家群组中对可再生能源发展的影响，运用面板数据模型和灰色关联模型分析不同影响因素在不同国家组群中对可再生能源发展的作用，从模型分析结果可以得到如下几点结论与启示。

(1) 经济发展为可再生能源发展提供了重要的发展基础，而气候变化问题未能充分发挥其在推动可再生能源发展中的作用。书中的结果支持了收入效应假说，而温室效应假说在本书范围内不成立。此外，研究结果部分支持了传统化石能源效应假说，但传统能源价格并没有起到很大的促进作用。这表明可再生能源行业并不完全是市场驱动，其他因素也对其产生影响，对这部分影响因素需要进一步研究。化石能源的稀缺性和可再生能源的经济竞争力在促进可再生能源利用方面还有待进一步发挥其作用，社会对气候变化和碳减排的关注不足以成为促进传统能源转型的刺激因素。

(2) 在本书研究范围内，其他要素对可再生能源的作用主要表现在：社会发展进程对可再生能源发展的正向促进作用较弱，而能源安全则呈现负向的作用。社会发展进程的作用较低预示着在未来发展中国家城镇化进程和工业化进程加快发展的背景下，其促进作用有可能不断增强。而通过国家的细化分类研究，能源安全的促进作用未能得到证实。能源强度和能源消费总量在可再生能源发展中的作用还有待进一步研究。

(3) 通过对发达国家和发展中国家的对比研究，发现除了城镇化，无论发达国家还是发展中国家，各要素对可再生能源利用的方向大部分都是一致的。城镇化对可再生能源的利用在发达国家是正向的促进作用，而在发展中国家中则相反。这表明在不同的城镇化发展阶段，国家对于可再生能源的需求是不一样的，较高城镇化的发达国家对于清洁能源服务的需求较高，而广大发展中国家则相对较低，未来发展中国家城市化进程需充分考虑这一变化趋势。

综上所述，国际社会对于气候变化问题的关注并没有成为推动可再生能源利用的主要动力，国际应对气候变化需要进一步在可再生能源发展领域开展工作。价格机制，即传统化石能源价格，并没有在可再生能源发展中成为关键因素，这表明市场机制在可再生能源应用中不能完全发挥作用，还需要政策的支持。能源安全等其他社会因素在推动可再生能源利用过程中的作用还有待挖掘。本书研究结果为国际可再生能源发展和我国可再生能源发展路径提供了科学依据。以上研究结论可为世界和我国可再生能源发展提出了如下的政策建议。

(1)提高可再生能源在能源消费结构中的比重和促进可再生能源电力生产稳健性是相互促进的统一整体。这一政策主要是基于与能源安全相关的结论而得出。首先，提高可再生能源电力生产的稳健性可消除能源安全形势较为严峻的国家在引入可再生能源时的疑虑，为提高可再生能源在能源消费结构中的比重和保障能源安全贡献力量。其次，可再生能源电力生产稳健性的增强可提高可再生能源在能源电力服务上的竞争力，推动可再生能源电力在能源行业中的渗透，有利于促进其持续健康发展。

(2)发达国家与发展中国家在促进可再生能源发展上需要采取因地制宜的措施。经济发展水平为可再生能源发展提供了重要的发展基础。因此，发展中国家需要找到经济发展与可再生能源利用的契合点，发展低碳经济的同时促进能源可持续发展。此外，当前国际社会对气候变化问题的关注还不足以促进国际可再生能源的发展，因此，可再生能源在应对气候变化和碳减排中的作用需要在社会公众层面进行普及宣传。广大发展中国家需要根据各自的社会化发展进程而制定相应的支持可再生能源发展的政策。

(3)政策制定方面。我国在 2009 年制定了风电标杆上网电价机制，极大地促进了我国风电的规模化发展，太阳能光伏发电标杆上网电价也在 2011 年开始实施，随后我国又制定了分布式光伏电价补贴政策。但我国可再生能源发电固定上网电价机制还需要进一步改进和完善。首先，固定上网电价需要与发电成本相一致，具体体现在资源状况、装机容量、新技术应用等方面的差异。风电和光伏发电固定上网电价已经实现资源区的差异化政策，体现了区域间资源禀赋差异性，未来还需逐步建立分资源区、分装机容量的可再生能源电力竞争上网电价机制。其次，应建立上网电价灵活调整机制。随着技术进步和开发规模的扩大，可再生能源发电成本呈下降趋势，应逐渐降低电价补贴力度，直至补贴政策最后完全退出。随着风电项目造价大幅下降和光伏电池及组件成本快速下降，风电与光伏发电成本已逐步降低，但相应的上网电价政策并未设计实时调整机制以逐步实现可再生能源电力平价上网。

第二部分　风险管理篇

可再生能源利用方式依赖于气候要素的大小及其稳定性，导致其易受到气候要素变化的制约而面临气候变化风险。这一风险是可再生能源本身所固有的风险类型。而且，可再生能源发展的持续性依赖于政策的大力支持，这些政策可分为数量政策和价格政策。目前国际上大部分国家都采用价格政策，如上网电价制度，来推动可再生能源发电的普及。然而，价格政策本身只从生产端对可再生能源发电给予补贴或支持，电力传输和消费端无法适应这一变化，从而导致了严重的弃风、弃光、弃水等现象。因此，围绕可再生能源发展的政策体系急需优化和调整，配额制可从电力传输和消费端促进可再生能源电力的消纳，有利于可再生能源在电力领域发挥更加重要的作用。但这一机制本身存在巨大的不确定性和外部制约，涉及多个利益主体的博弈和可再生能源行业的投融资问题。因此本篇将从以下几个方面对可再生能源发展面临的风险进行度量和评估。

(1) 气候变化对于可再生能源的影响机理是怎样的？如何进行度量和评估？

(2) 如何建立一个公平有效的可再生能源配额制？如何平衡各个利益主体的诉求？

(3) 可再生能源领域投融资风险和面临的主要障碍是什么？

第 3 章　可再生能源气候变化风险：脆弱性综合评估①

3.1　气候变化脆弱性与可再生能源

气候变化对人类社会及自然系统都存在巨大的潜在风险（Wei et al.，2015）。根据 IPCC 第五次评估报告，人类活动对气候系统的影响是明确的，全球变暖将很有可能产生“严重的、普遍的且不可逆的”后果。从风险（risk）的角度出发，气候风险被定义为气候事件发生的概率与气候事件一旦发生后的后果的乘积（IPCC，2014）。而气候变化是气候系统内部的自然变率与人类社会活动相互作用的结果。世界银行研究结果认为气候变化风险是“特定领域气候变化或气候变异后果的不确定性”（World Bank，2010）。薛澜等（2014）从气候变化的不同层次总结了气候变化的自然风险和政策风险，并认为相比自然风险，政策风险较少引起学术界的关注。

气候变化是当今人类生存和发展面临的严峻挑战，其与环境污染问题一起成为我国社会发展普遍关心的重大问题。当前，我国能源系统的资源禀赋特点是煤多、油气少。长期以来，能源结构以煤为主，煤的占比为 60%～70%，煤的燃烧造成空气、环境严重污染，已严重影响到人民的生活和身体健康。而我国生态环境脆弱、气候条件复杂，经济发展水平较低，极易受气候变化的不利影响。因此，应对和适应气候变化事关我国经济发展全局，直接影响我国各地区的生存环境和发展条件，关系到我国的经济安全、能源安全、生态安全、粮食安全以及生命财产安全，关系到我国全面建设小康社会目标的实现。气候变化影响机理研究对于全面协调可持续发展、推进生态文明建设、减缓和适应气候变化有着重要的指导意义。

脆弱性评估已成为有效防范未来气候变化风险、开展气候变化影响机理研究的主要方式。在气候变化领域，脆弱性或者易损性（vulnerability）是与气候变化风险密切相关的术语。IPCC（2014）在对脆弱性的定义（Vulnerability is the propensity or predisposition to be adversely affected）中说明了其与风险之间的关系，认为风险来源于灾害、脆弱性和暴露度的相互作用（图 3.1）。脆弱性主要是指系统受到气候变化负面影响的可能性，包括敏感度和有限的适应能力两个维度。本书将暴露度

---

① 本章部分核心内容已于 2014 年发表在期刊 *Renewable and Sustainable Energy Reviews* 第 40 卷（Wang et al., 2014c）。

纳入脆弱性评估的框架中，得到：脆弱性主要包括暴露度、敏感度和适应能力三个方面。强调有限的适应能力是因为如果系统的适应能力较强，则其受到气候变化负面影响的概率相对较小，其脆弱性往往较低，也就无须进行评估。因此，在脆弱性评估中，阈值理论是解决脆弱性识别的重要方法，而阈值的选择则与评估时间、评估区域等因素密切相关，是一个相对的概念。

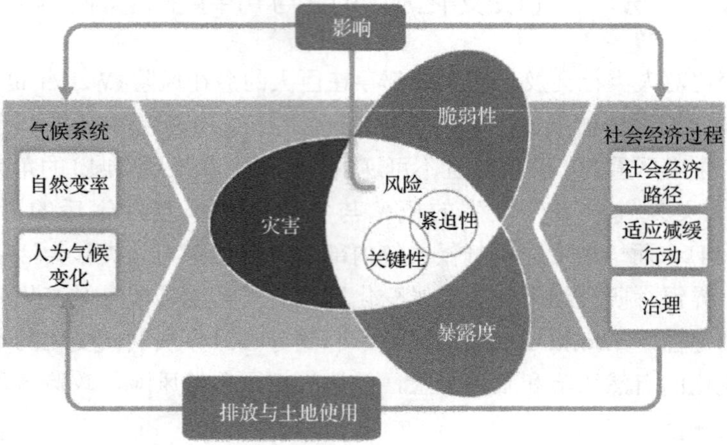

图 3.1　风险、灾害、脆弱性与暴露度在气候系统和社会经济系统中的作用原理图

资料来源：IPCC（2014）

国际气候谈判形势需要我国展开社会经济领域的气候变化脆弱性研究。随着我国经济、能源消费、碳排放总量的不断增长，我国在国际气候谈判进程中面临越来越大的压力，压力产生的根源在于国际社会对我国参与全球气候治理的期待超出了我国的能力。同时，也应看到我国是世界上受气候变化影响较为严重的国家之一（国务院，2007）。在这种形势下，气候变化脆弱性研究有利于厘清气候变化对我国未来可能的影响，便于我国确立在国际气候治理中的地位。《第三次气候变化国家评估报告》显示，针对农业、水资源、海岸带、森林生态、冰冻圈、重大工程等领域的气候变化影响的研究相对比较丰富，但社会经济、能源系统等领域的气候变化脆弱性研究相对较少（Wang et al.，2019）。因此，针对社会经济系统开展气候变化脆弱性研究是十分重要的。

气候变化波及范围的全球性与气候治理的区域性是造成国际社会应对气候变化谈判过程错综复杂、波折与分歧不断的主要原因之一。气候变化脆弱性研究是评估未来全球性气候变化问题在区域层面上的实际反映的主要方法，同时具备全球气候变化与区域具体实践的双重属性，同时，其与风险、影响等概念紧密相连，是整个气候变化风险研究领域的重要组成部分。本书聚焦于可再生能源系统受到的气候变化影响产生的脆弱性问题，这是因为可再生能源系统是一个与气候系统密不可分的能源系统，其发展依赖于气候要素的大小、稳定性等因素（王兵，2014）。IPCC（2011）发布专门报告评述了可再生能源发展与气候变化减缓之间的关系，但是没有关注到气候变化本身是影响可再生能源利用的重要因素。因此，在已有研究的基础上，针对我国可再生能源面临的气候变化脆弱性问题展开研究十分必要。

3.2　区域可再生能源气候变化脆弱性综合评估模型

开发利用可再生能源已成为世界各国保障能源安全、加强环境保护、应对气候变化的重要措施（Keles and Bilgen，2012；Panwar et al.，2011）。我国政府高度重视可再生能源发展，相继发布了可再生能源发展中长期发展规划、“十二五”规划、“十三五”规划，明确了未来我国可再生能源发展的宏伟目标。由此可见，中国可再生能源的快速发展为保障能源供应、调整能源结构、应对气候变化，以及促进可持续发展已经并将继续做出更加重要的贡献（魏一鸣等，2012）。然而，可再生能源的发展受气候变化要素的影响日益显著，形成了既依赖于气候变化要素（降雨、风速、日照等），又是应对气候变化主要措施的双重关系。例如，全球气候变暖、海平面上升、气候极端事件等与气候变化相关的事件也极大地影响了可再生能源的发展（IPCC，2012）。除此之外，可再生能源技术及经济性是其发展面临的重要问题，管理体系和市场机制的不完善成为制约其发展的重要因素。这些主要体现在水电发展移民与生态保护；风电发展与周边环境；光伏发电布局及建筑太阳能建设；其他可再生能源发电的经济性与环境效益等方面。

随着气候变化问题日益引起国际社会的广泛关注，作为其主要的应对措施，开发利用可再生能源已成为国际共识。随之，与气候变化相关的可再生能源脆弱性问题也得到了国内外学术同行的广泛研究。针对发达国家的可再生能源脆弱性研究包括欧洲风能（Breslow and Sailor，2002）、美国电力（Mideksa and Kallbekken，2010）、北美风电（Yao et al.，2012；Pryor and Barthelmie，2010；Sailor et al.，2008）等。而发展中国家的可再生能源气候变化脆弱性研究包括中国水电（Wang et al.，2014a）、巴西水电与生物质能（Lucena et al.，2009）、巴西风电（Pereira et al.，2013；Lucena et al.，2010）、拉脱维亚生物质能（Rivza et al.，2012）等。

Wang 等（2014a）重点讨论了水力发电面临的气候变化脆弱性，这是由我国水力发电的重要地位和我国的具体实情决定的。当前，西南地区的干旱加剧，而这些地区是我国水力发电的主力和水电输出大省，因此研究我国主要水力发电大省的水力发电气候变化脆弱性有非常重要的现实意义，能够在抗旱和电力供应预警等方面发挥重要作用。而且，随着我国其他非水可再生能源的快速发展，特别是风能和太阳能利用的大规模开展，研究区域可再生能源系统的气候变化脆弱性问题的紧迫性凸显。因此，在可再生能源脆弱性文献分析（Wang et al.，2014c）的基础上，本节构建了中国可再生能源气候变化脆弱性评价体系，利用灰色关联聚类与加权决策耦合方法验证了所选的评价体系的合理性，分析了我国各区域可再生能源脆弱性的暴露度、敏感度、适应能力三个维度的实际情况，为未来可再生能源系统减缓气候变化提供科学依据。

本节首先介绍了可再生能源脆弱性概念及其评价体系，然后采用耦合模型来研究区域可再生能源气候变化脆弱性问题，即运用灰色关联聚类验证了所建气候变化脆弱性评估体系的可行性，并应用多属性决策方法对区域间可再生能源系统面临的气候变化脆弱性进行分析与讨论，最后对模型结果进行深入分析和讨论，并为可再生能源系统适应气候变化提出可行方案。

3.2.1　可再生能源系统脆弱性指标选取

3.2.1.1　脆弱性研究定义与分类

国内外对于脆弱性的定义存在很多研究（Adger，2006；Luers，2005）。Metzger 等（2005）在引入 IPCC 的脆弱性定义的基础上，将暴露度与敏感度合并为新的潜在脆弱性指标，并以此绘制脆弱性地图。其他定义包括：脆弱性是指系统受到影响因子负面影响而无力应对的程度，涉及易损受体和易损源（Füssel，2004）。Füssel（2007）通过梳理气候变化脆弱性的发展脉络，建立了适用于气候变化脆弱性研究的一般概念框架。对于气候变化而言，IPCC 对于气候变化脆弱性定义如下：气候变化脆弱性是指地球物理、生物和社会经济系统受到气候变化不利影响却无力应对的程度（IPCC，2014）。对任何系统中的关键脆弱性及其可能造成损失的估算取决于受影响程度（气候变化的速率和幅度）、敏感度（部分取决于待评价系统的发展状况）和适应能力。某些关键脆弱性或许与各项阈值有关。Polsky 等（2007）认为脆弱性是暴露度、敏感度、适应能力的复合函数，强调了系统对于易损因子有限的适应能力，建立了可比较的脆弱性评估方法——脆弱性范围图，并将其应用于项目案例研究中，指出了脆弱性评估是可持续科学的重要组成部分。

根据以上关于脆弱性的定义，本书将气候变化对可再生能源的脆弱性定义为可再生能源系统受到气候变化的影响而无力应对的程度，分为可再生能源暴露度、可再生能源敏感度和可再生能源适应能力三大方面（Adger，2006）。具体而言，可再生能源暴露度是指可再生能源对气候变化的暴露度以及由此产生的其他系统的暴露度；可再生能源敏感度是与可再生能源暴露度密切相关气候变化敏感因子；可再生能源适应能力是可再生能源系统本身所具有的适应气候变化能力。

3.2.1.2　可再生能源暴露度

可再生能源暴露度为各地区可再生能源系统发展受气候变化(气候变异及其极端事件)的影响度，即气候变化对可再生能源发展所需要的经济、人力、土地、环境状况(极端气候)的影响。在此不考虑可再生能源系统发展所需要的气候要素的变化情况，这将在敏感度因素中考虑。

具体而言，可再生能源暴露水平分为经济暴露水平、人口暴露水平、气候极端事件、能源结构暴露水平、土地利用五个部分。经济暴露水平和人口暴露水平是用各地区单位面积 GDP 与人口密度乘以各自的可再生能源消费比例，因此，这里将能源结构暴露水平隐含到经济暴露水平和人口暴露水平中，分别得到脆弱性GDP和脆弱性人口两个指标。另外，经济暴露水平还包括可再生能源投资。气候极端事件情况指的是极端暴雨、洪涝灾害发生频率和极端风速、冰冻(气温低于 0 摄氏度以下的比例)发生频率(以月极度气温低于 0 摄氏度的天数计算)。能源结构暴露水平用各地区可再生能源所占比例来表示，但是不作为单一指标体现在可再生能源暴露度中，而是将其融入经济暴露水平和人口暴露水平当中。土地利用的变化主要通过影响风电和水电利用来改变可再生能源暴露度。

3.2.1.3　可再生能源敏感度

可再生能源敏感度可定义为各地区对于可再生能源的依赖度以及可再生能源系统发展所依赖的气候要素的变化情况，主要包括与可再生能源发展息息相关的降雨、风速、日照、温度、湿度五个气候要素以及各地区对可再生能源的依赖水平，用可再生能源发电装机比重来表示。

本书用各种可再生能源受气候变化影响的气候要素来表征可再生能源敏感度，原因在于可再生能源的利用离不开这些气候要素，水力发电、风力发电、太阳能发电等可再生能源利用形式与气候要素息息相关。而各种可再生能源利用的当前规模往往受到这些气候要素的变化的影响，而敏感于气候变化。

3.2.1.4　可再生能源适应能力

适应能力可看作一个地区在面临气候风险时可再生能源系统乃至整个地区社会经济系统有效应对和处理风险的能力。就可再生能源适应能力而言，表 3.1 将其分为资产能力、学习能力、灵活变通能力、社会组织能力四个方面(Ferraris et al.，2013；Cinner et al.，2009）。

表 3.1 本书研究所采用的适应能力指标

类别	指标	含义	数据来源
资产能力	人均 GDP	经济能力	《中国统计年鉴(2012)》
	能源基础设施投资	基础设施	《中国能源统计年鉴(2012)》
	可再生能源装机容量	自然资产	《中国电力年鉴(2012)》
学习能力	入学率	一般教育水平	《中国统计年鉴(2012)》
	初中师生比	一般教育水平	《中国统计年鉴(2012)》
灵活变通能力	基尼系数	收入不平衡性	GINI 指数研究(陈昌兵，2007；田卫民，2012)
	传统能源储量	能源应急储备	《中国统计年鉴(2012)》
社会组织能力	政府效率指数	社会监管能力	北京师范大学管理研究院
	气象管理能力	可再生能源管理能力	《中国气象灾害统计年鉴(2012)》

(1)资产能力。资产，即地区面临气候风险时能够支配的支持可再生能源系统(主要指电力系统)的各项资源，包括经济能力、基础设施、自然资产。资产之所以能够作为适应能力的组成部分，是因为它们代表了一个国家或地区在能源系统遭遇气候风险时投入资源或者本身所具备的能力。

具体而言，经济能力用各省(区、市)人均 GDP 的百分比来表示。可再生能源系统基础设施的建设是各地区在面临气候风险时有效降低预期损失的重要手段，可用可再生能源领域投资来表示，具体体现为各省(区、市)基础建设数据，涵盖各省(区、市)水利、环境和公共设施管理业投资额。自然资产是指各省(区、市)不同可再生能源装机水平的规模对于气候变化的不同适应能力，用各省(区、市)可再生能源装机容量百分比表示。

(2)学习能力。学习能力是适应能力的一部分，因为它反映了一个国家在特殊情况下应对突发情况的能力(Striessnig et al.，2013)。本书选取入学率、初中师生比两个指标来表示各地区的学习能力。

(3)灵活变通能力。灵活变通能力反映了一个国家或地区在面临气候变化风险时为满足足够的能源供应可供选择的替代资源潜力。作为适应能力的一部分，灵活变通能力体现了某地区通过资源有效替代补充和调整的能力。

具体而言，本书选取各地区传统能源储存量和基尼系数来表示各地区的灵活变通能力，前者意指当可再生能源供应出现急剧下降时各地区自有能源的替代潜力。后者作为收入不公平的指标，可间接反映一个地区的灵活变通能力。这里假定具有基尼系数越大的地区，在调整能源供应能力上面临的困难越大，反之亦然。

(4) 社会组织能力。社会组织能力体现了国家或地区机构组织社会力量应对风险或本身具备的预测风险的能力。本书选取气象管理能力、政府效率指数来表征某地区的社会组织能力。具体用各省市监测人员数和监测天文站数目两组指标来衡量气象管理能力，一般认为监测人员数和监测天文站数目越多，其预测能力越强。此外，本书采用北京师范大学管理研究院发布的各地区政府效率指标表征各地区的综合管理能力。

3.2.2　脆弱性范围图及脆弱性综合评估方法

3.2.2.1　研究框架

依据以上定义以及相关参考文献(Polsky et al., 2007)，图 3.2 显示了可再生能源气候变化脆弱性范围图。从图 3.2 可以看出，本书对可再生能源脆弱性先进行暴露度、敏感度、适应能力三个维度的一级分类，然后从这三个方面进行了二级指标的选择，各二级指标分别选取三级指标表示，三级指标的选择遵从文献代表性、数据可获得性、易操作性三个规则。

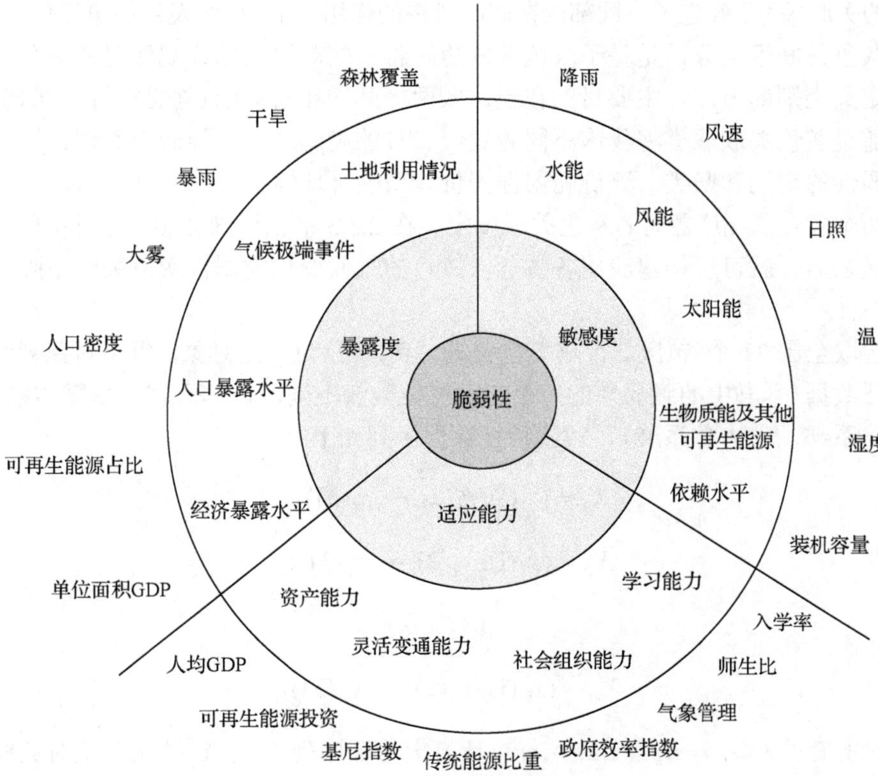

图 3.2　可再生能源气候变化脆弱性范围图

基于图 3.2 所示的可再生能源气候变化脆弱性范围图，本书利用灰色关联聚类分析方法对我国省际层面的可再生能源脆弱性进行聚类分析，利用聚类结果验证了脆弱性评估框架的合理性，采用多属性决策方法进一步综合分析区域间存在脆弱性差异的原因，并就适应能力建设提出相应对策。

3.2.2.2 可再生能源气候变化脆弱性的灰色关联聚类分析

可再生能源气候变化脆弱性问题涉及很多要素的综合影响，多种要素共同作用的结果决定了系统的脆弱性。传统的回归分析、方差分析、主成分分析等都是用来进行系统分析的工具。但灰色关联分析方法能够弥补以上方法对于数据要求高、样本需满足特定分布等方面的缺憾，并在国内外得到了有效应用。Lu 等(2008)利用灰色关联聚类分析捕捉交通系统不同发展阶段影响因子的动态特征和相对重要性，得到经济的稳定增长与车辆能源消费强度正相关。Jiang 等(2012)利用扩展的灰色关联聚类分析方法研究中国农业干旱脆弱性，得出西部地区农业脆弱性最高，中部地区次之，东南沿海地区最低，形成了一整套农业干旱脆弱性评估体系。Lin 等(2007)使用灰色关联聚类分析研究了经济发展、能源利用、CO_2 排放之间的关联关系，确定了不同部门在碳减排中的作用，为可持续发展决策提供支持。

灰色关联聚类分析是基于灰色关联矩阵将一些观测指标或观测对象划分成若干可定义类别的方法，主要目的在于比较两序列的相对影响(刘思峰等，2010)。本书通过灰色关联聚类将我国不同省(区、市)的脆弱性划分为若干类别，以便进行脆弱性的识别和归类，评价脆弱性评价体系的合理性。

两个省(区、市)之间的灰色关联度定义在 2.3.3 节已详细介绍。在对灰色关联度定义之后，就可以构建我国各省(区、市)的气候变化脆弱性灰色关联矩阵，方法如下。

选取全国 31 个省(区、市)(不包含港、澳、台)为观测对象，每个对象观测 m 个特征数据(本书中的脆弱性的每个方面特征数量不同，具体而言，暴露体系=7，敏感体系=6，能力体系=8)，得到特征数据序列如下：

$$X_1 = (x_1(1), x_1(2), \cdots, x_1(31))$$

$$X_2 = (x_2(1), x_2(2), \cdots, x_2(31))$$

$$\vdots$$

$$X_m = (x_m(1), x_m(2), \cdots, x_m(31))$$

对所有的 $i \leqslant j$ ， $i, j = 1, 2, \cdots, m$ ，计算出特征序列 X_i 与 X_j 的灰色绝对关联度 ε_{ij} ，得到上三角矩阵，称为特征变量关联矩阵，如式(3-1)所示：

$$A=\begin{bmatrix}\varepsilon_{11} & \varepsilon_{12} & \cdots & \varepsilon_{1m} \\ & \varepsilon_{22} & \cdots & \varepsilon_{2m} \\ & & \ddots & \vdots \\ & & & \varepsilon_{mm}\end{bmatrix} \tag{3-1}$$

根据所定义的灰色绝对关联度以及性质，可得到可再生能源气候变化脆弱性三个层面的灰色关联矩阵。这里选定聚类标准 $r=0.9$，即当 $\varepsilon_{ij}\geqslant 0.9$ 时，X_i 与 X_j 为同一类，这样就可以得到聚类分析结果。

3.2.2.3　可再生能源气候变化脆弱性综合评估方法

从 3.2.2.1 小节已经得到可再生能源系统气候变化脆弱性的评价框架，将脆弱性分为三个维度，假设维度间是可以相互替代的，采用式(3-2)将各维度的三级指标标准化为 0～1 的各个指标标准值，取平均值可以得到脆弱性三个维度二级指标的标准值，再次对二级标准值利用等权平均可得到脆弱性三个维度的指标值，假定脆弱性三个维度的变化范围为 10～100，使用式(3-3)对其进行变换，利用式(3-4)可以计算得到各地区可再生能源系统面临的气候变化脆弱性，其中 E、S、AC 分别代表暴露度、敏感度和适应能力。

$$x=(X-X_{\min})/(X_{\max}-X_{\min}) \tag{3-2}$$

$$y=10+\frac{(Y-Y_{\min})}{Y_{\max}-Y_{\min}}\times 90 \tag{3-3}$$

$$V=(E+S)-\mathrm{AC} \tag{3-4}$$

其中，X 表示脆弱性三个维度的二级和三级指标；Y 表示综合得到的脆弱性三个维度的指标值。

假定脆弱性各要素指标赋值为[0,1]，所以按式(3-4)可以得到脆弱性的取值范围为[–1,2]，经数据整理后，可得到脆弱性取值范围为[0,3]。这些数值只在对比的环境下才是有意义的，当脆弱性取值较高时，其含义为与其他地区相比，其面临的脆弱性较高。此外，可利用主成分分析方法计算脆弱性综合指标被三个子指标解释的情况(Jolliffe，1986)。

3.2.2.4　数据来源

各个研究指标见表 3.2，其数据主要来自：经济数据来自《中国统计年鉴 2011》(国家统计局，2011)，并结合各省(区、市)统计年鉴进行补充；能源数据来自《中国能源统计年鉴 2011》(国家统计局能源司，2011)，《中国电力年鉴 2012》(中国电力年鉴编辑委员会，2012)提供我国的电力相关数据。监测能力数据和极端事件的数据分别来自《中国气象年鉴 2011》(中国气象局，2011a)和《中国气象灾害年鉴 2011》(中国气象局，2011b)，可再生能源相关数据来自《中国新能源与可再生能源年鉴 2010》(中国可再生能源学会，2010)、《中国环境统计年鉴 2011》(国家统计局和环境保护部，2011)、《中国农业统计年鉴 2013》(国家统计局农村社会经济调查司，2013)；教育数据来自《中国教育统计年鉴 2013》(教育部发展规划司，2013)。

表 3.2　可再生能源气候变化脆弱性评价体系指标

脆弱性	要素	指标
可再生能源暴露度	经济暴露水平	脆弱性 GDP、可再生能源投资(Polsky et al., 2007; Yüksel, 2008)
	人口暴露水平	脆弱性人口(Polsky et al.，2007)
	气候极端事件	冰冻、暴雨等发生频率(Mideksa and Kallbekken，2010)
	土地利用情况	森林覆盖率
可再生能源敏感度	水能敏感度	降雨、温度(Lucena et al.，2009；Schaeffer et al.，2012)
	风能敏感度	风速(Lucena et al.，2010)
	太阳能敏感度	日照(Zhao et al.，2012)
	生物质及其他可再生能源敏感度	日照、湿度(Lucena et al.，2009；Zhao et al.，2012)
可再生能源适应能力	经济能力	GDP 百分比、可再生能源投资(Polsky et al., 2007; Yüksel, 2008)
	基础设施能力	各省(区、市)水利、环境和公共设施管理业投资额
	监测能力	单位面积气象台数、单位面积气象部门人数
	自然资产/依赖水平	可再生能源电力装机容量(Tu et al.，2011)
	教育水平	15 岁及以上文盲比例、普通高中师生比、人均教育经费(Polsky et al.，2007)

可再生能源脆弱性评价体系(表 3.2)分为三类一级指标，分别为可再生能源暴露度、可再生能源敏感度、可再生能源系统适应能力。各一级指标有二级指标，具体而言，可再生能源暴露度分别为经济暴露水平、人口暴露水平、气候极端事件和土地利用情况。经济暴露水平和人口暴露水平是用各地区 GDP 与人口乘以各自的可再生能源消费比例。气候极端事件指的是极端暴雨和洪涝灾害发生频率以及极端风速、冰冻发生频率(以月极度气温低于 0 摄氏度的天数计算)。

可再生能源敏感度用各种可再生能源受气候变化影响的气候要素来表征，主要包括降雨、风速、日照、湿度、温度等。可再生能源系统适应能力包含以下五个方面：经济能力、基础设施能力、监测能力、规模效应以及教育水平。具体而言，经济能力用各省(区、市)GDP 的百分比来表示。基础设施数据是各省(区、市)基础建设数据，主要包括各省(区、市)水利、环境和公共设施管理业投资额。监测能力用两组指标来衡量，分别为各省(区、市)监测人员数和监测天文站数目。

自然资产体现的是各省市不同可再生能源装机规模大小，同时也可作为各地区对可再生能源的依赖水平的指标。教育水平用 15 岁及以上文盲比例、普通高中师生比和人均教育经费三个指标表示。

以上指标当中，存在一些指标(如 GDP 相关指标、可再生能源电力装机容量等)既可以表征某省(区、市)的适应能力，也意味着面临较高的脆弱性时会带来较高的损失。所以可通过引入风险偏好来衡量不同决策者的风险态度，分为风险追求、风险中立、风险厌恶(岳超源，2003)。例如，经济实力可以作为各省(区、市)应对气候变化能力的体现，但一旦发生气候风险，其面临的损失可能也越大，所以也可以作为经济暴露水平的体现。对于持风险追求态度的决策者来说，这里假定这类决策者认为某省(区、市)经济实力(人均 GDP)的绝大部分(如 80%)可作为其适应能力的体现。对于持风险中立态度的决策者来说，这里假定这类决策认为某省(区、市)经济实力(人均 GDP)的 50%可以作为其适应能力的体现。因此，可通过模型验证风险偏好对于决策方案的影响，以期为决策者提供借鉴。

3.3　实证结果分析与讨论

3.3.1　中国可再生能源发展现状与脆弱性

在能源需求旺盛、环境污染严重、碳减排压力剧增的情况下，我国化石能源的利用面临较大挑战，这使得大力发展清洁能源和可再生能源成为我国发展的战略选择。在市场的推动和国家政策的支持下，我国可再生能源得到了迅速发展。我国水能、风能、太阳能、生物质能等可再生能源发展的分布呈现明显的区域性特征。可再生能源发展分布的区域性将会影响其脆弱性的三个维度。

我国水能利用主要集中在西南地区、中部及东南沿海地区的长江流域，而西藏和华北大部分地区水能利用量匮乏。我国风能主要集中在“三北”地区和东部沿海地区，四川等西南地区风能可利用量较低。太阳能可利用光照时间分布揭示出太阳能丰富地区主要位于西北和华北地区，太阳能欠丰富地区可适用于分布式或太阳能光热利用。我国生物质能的分布与中国主要粮食作物产区密切相关。

3.3.2　风险偏好对模型结果的影响

通过引入风险偏好来衡量不同风险偏好对决策结果的影响，可以得到不同风险偏好下的脆弱性评估结果。结果显示，决策人的风险态度对于可再生能源气候变化暴露水平的聚类结果影响很小，不同风险偏好下聚类结果基本相近。

表 3.3 列出了不同风险偏好下北京与其他省(区、市)灰色关联度的变化情况。从表 3.3 中可以看出，风险偏好的变化影响了每个灰色关联度值的大小，但是在本书的聚类分类标准不变的情况下，与北京市相关的分类结果没有发生变化。

表 3.3 不同风险偏好下北京市与其他省(区、市)气候变化暴露水平灰色关联度的相对变化

省(区、市)	风险爱好	风险中立	风险规避
天津	0.9178	0.9434	0.9326
河北	0.8589	0.8633	0.8431
山西	0.8060	0.8307	0.8387
内蒙古	0.7393	0.8080	0.8207
辽宁	0.7636	0.8398	0.8474
吉林	0.7828	0.8115	0.7982
黑龙江	0.8440	0.8562	0.8292
上海	0.8870	0.9203	0.9204
江苏	0.5118	0.7177	0.6946
浙江	0.7644	0.7763	0.7557
安徽	0.6198	0.8726	0.8055
福建	0.5116	0.7554	0.7636
江西	0.7878	0.8884	0.8816
山东	0.6838	0.6807	0.6802
河南	0.7103	0.8920	0.8239
湖北	0.6432	0.7615	0.7678
湖南	0.6647	0.8022	0.8238
广东	0.8636	0.7012	0.6709
广西	0.7984	0.8387	0.8664
海南	0.6301	0.5893	0.5863
重庆	0.8789	0.8524	0.8423
四川	0.7857	0.8126	0.7894
贵州	0.8665	0.8493	0.8492
云南	0.8559	0.8878	0.8523
西藏	0.5468	0.5260	0.5245
陕西	0.6160	0.8131	0.8410
甘肃	0.8228	0.7331	0.7489
青海	0.6514	0.6185	0.6410
宁夏	0.5183	0.5576	0.5660
新疆	0.7252	0.7174	0.7262

综上所述，在聚类标准不变的情况下，决策者的风险偏好基本不影响聚类分析的结果，原因可能在于书中选取的灰色绝对关联度的偏移不变性，即各指标发生同等幅度的变化，灰色绝对关联度值基本不发生变化。

3.3.3　可再生能源脆弱性的聚类特征

1) 区域可再生能源气候变化暴露度

中国经济发展的区域分布、人口的集中度以及不同类型的气候极端事件发生的区域分布和频率分布决定了我国可再生能源对于气候变化的暴露度分布。中国可再生能源气候变化暴露度存在一定的地域分布特点。

具体而言，第一类地区经济暴露度与人口暴露度较低，这里所考虑的可再生能源利用所面临的灾害风险相对较小，但是由于这些地区位于沙漠或半沙漠地区，可再生能源利用面临的风险也较高，可以作为后续研究范畴。第二类地区属于经济发达地区，经济暴露度较高，其气候极端事件发生频率较低，包括北京、上海、天津等地区。

人口暴露水平高、容易受到干旱影响是第三类地区的主要特点，包含山西、山东、河南、河北四省。第四类地区属于内陆地区，本书研究中所考虑的气候极端事件影响不大，经济暴露度也较低。第五类地区主要位于我国中部地区，气候极端事件影响小，经济暴露度不高。第六类地区包括内蒙古、黑龙江、辽宁、吉林，这些地区属于冰冻型极端事件频发地区，同时经济暴露度、人口暴露度较低。第七类是东南沿海风电基地，来自海上的气候极端事件影响较大，包括浙江、福建、广东、江苏、安徽、海南等。

2) 区域可再生能源气候变化敏感度

大力发展可再生能源是应对气候变化的主要措施，但可再生能源的利用又依赖于气候要素，特别是降雨、风速、日照等。这些气候要素的分布具有地域性，直接导致我国可再生能源敏感度聚类存在很强的地域特征。本书模型结果将全国划分为多个类别，每个类别具有其气候要素分布特性。

第一个类别：以内蒙古和东北三省为主的我国风电基地地区对风速敏感，其次冰冻等气候极端事件对风能利用也存在较大影响，这导致这些地区敏感度具有一定的相似性。第二个类别：青藏高原及其附近地区日照时间长，太阳能可利用量大，降雨量处于较低水平。第三个类别：我国西南及中部地区属于我国水电基地，对降雨较为敏感。此外，东部沿海地区的聚类特征存在一定的分散性，原因可能在于南北纬度差异直接导致气候要素存在差异；来自海上的气候要素变化在极大程度上影响东南沿海地区的可再生能源利用；长江三角洲地区的气候条件相似度较高等三个方面。

3) 区域可再生能源系统适应能力分析

可再生能源系统的适应能力不仅仅体现在经济实力和基础设施建设等方面，区域教育水平、监测能力、装机规模效应也是其能力的体现。以下按不同分类来分析区域间适应能力的差别。

具体而言，第一类地区包括北京、上海、浙江、天津，属于经济能力强、基础设施齐全的地区，这些区域经济实力、教育水平、监测能力等各项指标位于全国前列，具有提供资金和技术转让的能力。第二类地区均属于风能和太阳能两大可再生能源开发核心集中地区，同时是经济欠发达地区，主要包括内蒙古、河北、新疆、吉林、甘肃、江苏等七大千万千瓦的风电基地(其中内蒙古有 2 个基地)和青海、宁夏、西藏等太阳能发电集中开发地区。

第三类地区虽然不属于可再生能源重点开发地区，但是具备较强的消纳能力，同时比较靠近可再生能源开发核心集中地区，这些条件有利于可再生能源的消纳。水电基地是第四类地区的主要特征，同时教育水平处于中间位置，基础建设投资较少。第五类地区在资源条件、经济发展水平、电力输送成本等方面不具有优势，教育水平较低，可再生能源投资少，监测能力低于平均水平，相应地，其适应能力也处于较低水平。

3.3.4　区域可再生能源系统气候变化脆弱性

各区域脆弱性分值变化范围为 0～199.20(附录 1)，其中，广东省可再生能源系统面临的脆弱性最高，原因在于其具有较高的敏感度和暴露度，气候极端事件频发，而适应能力相对而言难以应对气候变化的负面影响；脆弱性最低的是上海市，其适应能力较强，而敏感度和暴露度较低，可再生能源系统能够有效应对气候变化。单一指标的协整分析结果表明敏感度、暴露度与脆弱性综合得分之间具有相对较强的相关关系，而主成分分析结果则揭示了暴露度、敏感度和适应能力对脆弱性综合得分的解释份额分别为 40.61%、32.25%和 27.14%。鉴于暴露度对脆弱性综合得分具有较强的影响力，对暴露度进行具体分析发现，广东、江苏和山东的数值最大(分别为 100.00、84.14 和 75.45)，其可再生能源气候变化暴露水平最高。

下面对不同可再生能源类型的区域脆弱性分别进行分析。图 3.3～图 3.5 分别就水电大省、风电大省和太阳能发电大省的脆弱性进行了展示。图 3.3 揭示了这些水电大省的适应能力有限，而敏感度处于较高水平，暴露度的数值差别很大。对于风电大省而言，脆弱性三个维度指标数值的差别不是很大，甘肃和内蒙古的敏感度水平较高。从图 3.5 可以看出，太阳能发电大省脆弱性三维指标的数值变化较大，江苏在这些太阳能发电大省中适应能力最强，同时其暴露度也最高。

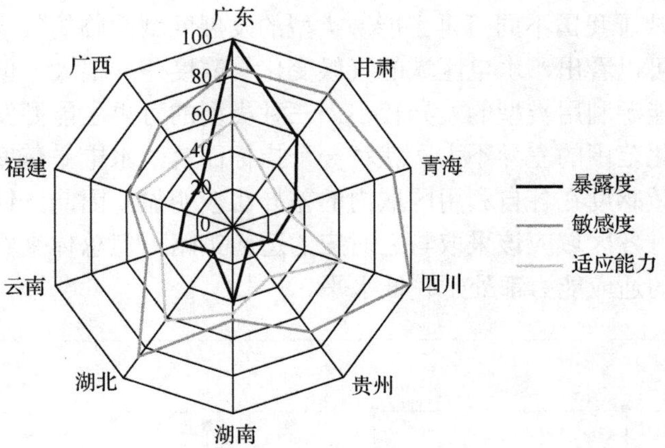

图 3.3　水电大省在脆弱性三个维度的表现

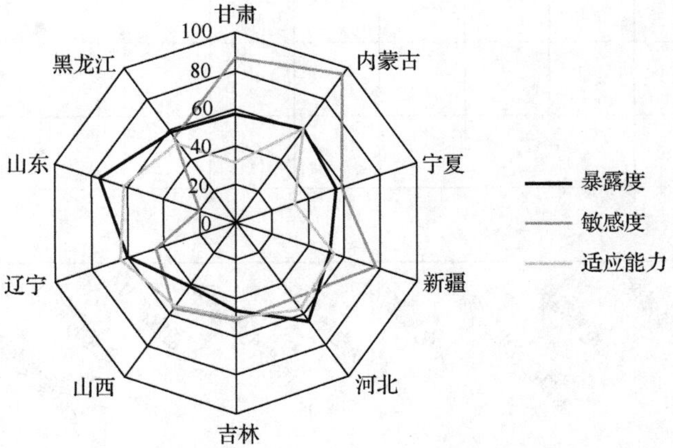

图 3.4　风电大省在脆弱性三个维度的表现

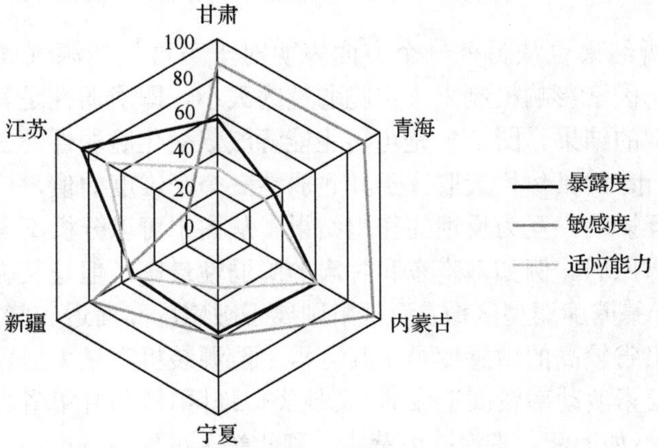

图 3.5　太阳能发电大省在脆弱性三个维度的表现

图 3.6 反映了我国不同可再生能源类型的发展区域面临的气候变化脆弱性的差异。从图中可以看出，水电区域的气候变化暴露度差异很大，但其敏感度相较于其他可再生能源利用类型的差异较小。三种类型的可再生能源发展区域在适应能力方面的变化范围的差异不大。就每一个指标而言，水电暴露度、风电敏感度和太阳能发电敏感度在各自利用区域内的差异比较明显。因此，针对不同可再生能源利用类型，各区域应该采取与之对应的适应策略，但总体来看，这些可再生能源利用大省的适应能力都处于较低水平。

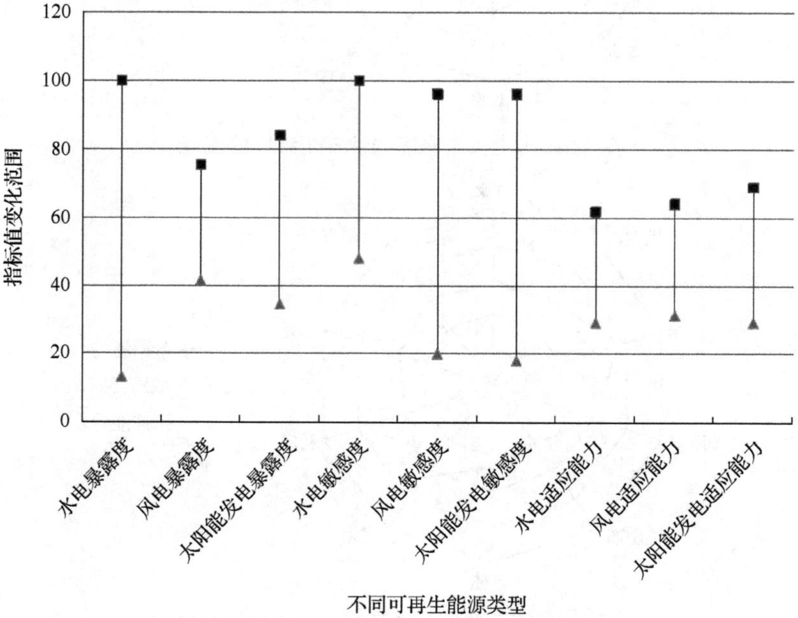

图 3.6　我国不同可再生能源类型的区域气候变化脆弱性比较

主成分分析结果也从另外一个方面表明对于可再生能源气候变化脆弱性而言，不存在单一因素影响机制来决定脆弱性的大小，即脆弱性是其三个维度相互影响、互为反馈的结果。图 3.7 是可再生能源气候变化脆弱性的三维度示意图，图中各省(区、市)的具体位置取决于其脆弱性三个子维度的值，这也体现了脆弱性三个维度相互影响、互为反馈的作用结果。从图中可以分析不同省(区、市)脆弱性高低的具体原因。例如，广东和甘肃的脆弱性最高，但是其脆弱性机制不尽相同：广东属于暴露脆弱型区域，而甘肃则属于敏感度高而适应能力较弱的区域。具体而言，甘肃省较高的敏感度是由其可再生能源装机容量大但可再生能源利用所依靠的气候要素波动率较高造成的。其他类似地区(即与甘肃省具有相近的敏感度分值的区域)，如西藏、青海、内蒙古、湖北等，虽然敏感度高，但受其暴露度和适应能力的影响而呈现不同的脆弱性水平。西藏虽具有较高的敏感度，但其暴露度与适应能力都处于较低的水平，而湖北正好与之相反，其适应能力相对较强。

一部分西部地区(如青海、宁夏和新疆等)的脆弱性高于全国平均水平，这是因为其适应能力较低，而敏感度和暴露度高于平均水平。其他的高脆弱性区域，如海南、广西、贵州等，则属于敏感度较高，而暴露度和适应能力都较低。特别地，四川虽具备高于全国平均的适应能力，但由于其敏感度处于最高水平，所以面临较高的脆弱水平。

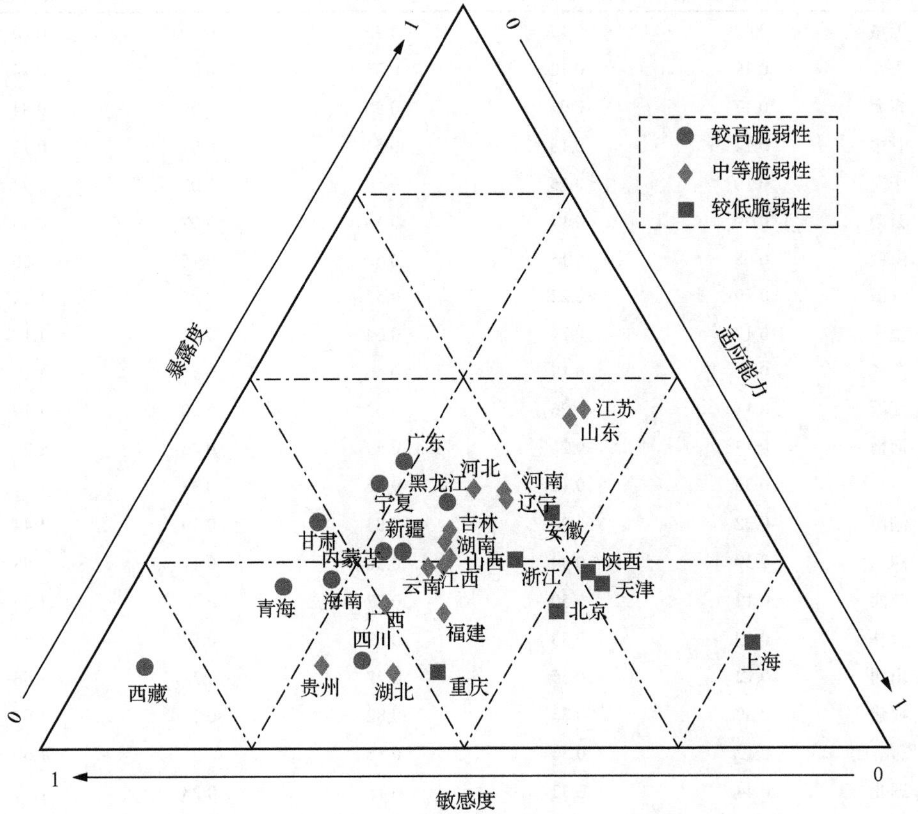

图 3.7　可再生能源气候变化脆弱性三维图

从上述分析可以看出，适应能力在脆弱性的三个维度中居于非常重要的位置。因此，对适应能力内部指标的深入分析有助于找到提升适应能力的关键点。表 3.4 列出了各区域适应能力四个内部指标的数值。首先，从社会组织能力来看，各区域的分值在 0.00～0.76，且 25 个省(区、市)的分值都在低于 0.38，差别相对较小。其次，灵活变通能力的分值变化范围为 0.06～0.64。资产能力与学习能力是在区域内部产生适应能力差别的主要因素。具体而言，适应能力最低的西藏和适应能力最高的上海，各自在资产能力、学习能力的分值分别为 0.02、0.23 和 0.67、0.85。在区域内部来说，西藏、贵州、青海、甘肃、宁夏、云南、海南在适应能力的 4 个子指标(资产能力、灵活变通能力、学习能力、社会组织能力)上变化范围分别是 0.02～0.29，0.06～0.18，0.23～0.62，0.00～0.15，显而易见，变化幅度最大的子指标是资产能力与学习能力。因此，提高适应能力的工作可以从这两个方面着手。

表 3.4　各区域适应能力子指标分值

区域	资产能力	灵活变通能力	学习能力	社会组织能力	总得分
西藏	0.02	0.15	0.23	0.00	0.40
贵州	0.19	0.12	0.36	0.07	0.74
青海	0.17	0.06	0.55	0.06	0.84
甘肃	0.14	0.18	0.54	0.07	0.93
宁夏	0.10	0.16	0.58	0.09	0.93
云南	0.29	0.17	0.46	0.07	0.99
海南	0.08	0.15	0.62	0.15	1.00
安徽	0.09	0.22	0.56	0.25	1.12
重庆	0.17	0.24	0.64	0.12	1.17
广西	0.22	0.19	0.60	0.17	1.18
江西	0.11	0.26	0.62	0.20	1.19
河南	0.13	0.26	0.59	0.26	1.24
广东	0.36	0.12	0.56	0.33	1.37
湖南	0.22	0.20	0.83	0.19	1.44
四川	0.39	0.44	0.58	0.17	1.58
陕西	0.12	0.50	0.77	0.20	1.59
吉林	0.19	0.33	0.92	0.19	1.63
山西	0.12	0.55	0.77	0.22	1.66
福建	0.30	0.33	0.82	0.22	1.67
黑龙江	0.12	0.50	0.86	0.21	1.69
湖北	0.44	0.32	0.75	0.23	1.74
河北	0.18	0.47	0.83	0.28	1.76
新疆	0.11	0.64	0.91	0.14	1.80
内蒙古	0.35	0.50	0.79	0.16	1.80
山东	0.23	0.39	0.76	0.48	1.86
浙江	0.36	0.32	0.76	0.48	1.92
辽宁	0.26	0.46	0.89	0.36	1.97
江苏	0.31	0.32	0.86	0.61	2.10
天津	0.59	0.50	0.98	0.45	2.52
北京	0.42	0.50	1.00	0.65	2.57
上海	0.67	0.47	0.85	0.76	2.75
平均	0.24	0.32	0.71	0.25	1.52

从以上脆弱性三个维度和适应能力的子指标分析来看，针对这些高脆弱性地区的应对气候变化的策略需要因地制宜、抓住重点、区别对待。第一，广东应该进一步提高其处理气候极端事件和应急管理的能力来降低其暴露度，同时有利于提高其适应能力。第二，对于西部地区，如西藏、新疆、青海等我国未来光能利用大省而言，提高其适应能力是关键，但不同省(区、市)其适应能力改善的侧重点不一样。西藏需要提高所有适应能力的子维度，而新疆则需要着重在资产能力与社会组织能力两方面改进，青海适应能力提升需要关注灵活变通能力和社会组织能力。第三，宁夏、甘肃、内蒙古等既是风电利用基地，也是潜在的太阳能利用基地，促进其气象管理和电力就近消纳方面的能力建设有助于降低其可再生能源利用面临的脆弱性。

3.4　本 章 小 结

可再生能源是能源体系的重要组成部分，具有资源分布广、开发潜力大、环境影响小、可永续利用的特点，是有利于人与自然和谐发展的能源资源。此外，水力发电、风力发电、太阳能发电、太阳能热利用在能源生产过程中不排放污染物和温室气体，而且可显著减少煤炭消耗，并可相应减少煤炭开采的生态破坏和燃煤发电的水资源消耗。利用工业废水、城市污水和畜禽养殖场沼气生产清洁能源，有利于环境保护和可持续发展。农林生物质从生长到最终利用的全生命周期内不增加 CO_2 排放，生物质发电排放的二氧化硫、氮氧化物和烟尘等污染物也远少于燃煤发电。由此可见，可再生能源利用的环保效益高，可以替代大量化石能源的消耗，进而减少 CO_2 排放。

然而，可再生能源的发展也受到气候变化的影响。暴雨、冰冻、暴风等气候极端事件以及温度、降雨等气候要素的变化都会对可再生能源的发展产生重要影响。如果可再生能源开发布局和采取的措施不合理，则其开发对生态环境也可能产生不利影响，进而影响到整个地区的气候条件。因此，中国可再生能源气候变化脆弱性研究对于制定可再生能源长期发展规划、规避气候变化风险、保障能源安全是至关重要的。

3.4.1　区域可再生能源气候变化脆弱性评估的主要结论

(1) 可再生能源禀赋决定了我国可再生能源布局为南方水电、北方及东南沿海风电、西北太阳能发电、粮食主产区生物质能利用，同时决定了可再生能源系统面临的气候变化的敏感度。我国季风气候的特点决定了我国东部沿海和东北地区气候事件风险较高，内陆地区所受到的气象灾害较少，这与脆弱性中的暴露度密切相关。此外，由于我国经济发展的不均衡性，东南沿海、京津等地区经济能力较高。以上几个特征为可再生能源气候变化脆弱性评价体系的建立提供了参考依据。

(2) 聚类分析结果揭示了敏感度与可再生能源的资源禀赋相呼应，而适应能力和暴露度则相对比较复杂，分类结果相对较为离散。可再生能源气候变化敏感度聚类结果的地域特征最为明显，暴露度次之，可再生能源系统的适应能力分类则是经济实力、可再生能源利用规模等要素相互综合作用的结果。部分地理位置相近的省(区、市)面临的气候风险、气候要素变化水平较为相似，使这些地区聚类特征相近而归为一类。从分类结果来看，西南地区在敏感度聚类中为一个整体。

(3) 广东、海南和西部地区可再生能源系统气候变化脆弱性较高，北京、天津、上海、重庆、陕西和安徽等的可再生能源系统气候变化脆弱性相对较低。聚类方法本身为我国进行进一步决策分析提供了理论依据和支持，依据所选评价体系的合理性，进行区域间可再生能源气候变化脆弱性比较研究，区分我国可再生能源气候变化高脆弱性地区，从而更好地规避风险。

(4) 可再生能源系统脆弱性的分维度评估结果显示：①适应能力脆弱性方面，我国东部沿海地区所具备的经济、教育、基础设施、监测能力较强，面临的适应能力脆弱性较低，而西南地区面临的主要是来自经济和教育方面的高脆弱性；②暴露度脆弱性方面，北京、上海、广东等由于经济发达而经济暴露度高，河南、山东、河北等由于人口总量大而面临的人口暴露度高，此外，东南沿海面临的气候极端事件高发而导致其暴露度脆弱性增大；③敏感度脆弱性方面，聚类结果呈现较强的地域特征，水能丰富地区、风能和太阳能丰富区、可再生能源匮乏区具有较强的敏感区分度。分类结果表明本书所选的可再生能源脆弱性指标具有较好的区分度和代表性，可以作为脆弱性综合决策评估模型的指标体系进行决策分析和区域脆弱性对比分析。

3.4.2　气候变化脆弱性管理的政策启示

本书建立的我国可再生能源气候变化脆弱性评估模型揭示了可再生能源的发展对于未来我国的经济社会可持续发展战略的实施至关重要，而气候变化即将或者已经成为制约我国可再生能源发展的关键因素。模型结果反映了以下重要启示。

(1) 应对气候变化与适应能力建设并重是有效规避中国可再生能源发展中气候变化风险的重要策略。由于资源禀赋、经济能力、教育水平的差别，不同地区可再生能源发展所面临的气候变化脆弱性存在较大差距。例如，我国“三北”地区是风电发展基地，其面临的冰冻等自然灾害、风电消纳能力不足是影响其风电发展的主要因素。

(2) 中国可再生能源利用的地域分布决定了中国各区域可再生能源系统应对气候变化风险的方式。例如，西南和中部大型水能利用区一方面应积极做好水利基础设施建设和提高防灾减灾等能力，另一方面其经济发展和教育水平值得提高。东部沿海城市由于经济水平、教育程度较高，其面临的主要是来自海上自然灾害的风险，可大力开发其可利用的可再生能源，通过消纳提高其他区域的适应能力。降低脆弱性的决策研究需找到我国可再生能源发展面临的气候变化高脆弱性的地区，为决策者从众多备选方案中选择最佳方案提供依据。

(3) 降低气候变化脆弱性的区域方案应因地制宜、区别对待。脆弱性的三个维度(暴露度、敏感度、适应能力)是一个相互统一的有机整体，往往降低暴露度和敏感度的措施本身也在提高适应能力。对于脆弱性较高的省(区、市)，其采取的适应措施不尽相同。例如，就适应能力而言，西部地区，如西藏、新疆、青海等我国未来太阳能利用大省，提高其适应能力是关键。但不同省(区、市)的适应能力改善的侧重点不一样。西藏需要提高所有适应能力的子维度，而新疆则需要着重在资产能力与社会组织能力方面改进，青海适应能力提升需要关注灵活变通能力和社会组织能力。

目前的脆弱性研究工作还存在一些不足之处，尚待进一步深入研究。区域可再生能源系统气候变化脆弱性综合评估是一个静态评估，未来可以对我国进行脆弱性动态评估，以追踪气候变化对可再生能源系统的动态影响。模型采用的简单加权与灰色聚类耦合法，特别是简单加权法还有待改进。脆弱性范围图的框架体系可以从指标细化、阈值选择等方面进行深入完善。通过设立能源气候耦合系统模块，运用一般均衡模型来模拟未来气候变化如何通过对能源系统施加影响来作用于社会经济发展是未来进一步建模分析的关键。气候变化如何通过对水循环的影响来影响能源系统，特别是电力系统，还有待未来研究。

第 4 章　可再生能源配额制机制设计研究①

4.1　可再生能源配额制的发展

一系列激励政策力促中国可再生能源飞跃式发展。2005 年 2 月 28 日，《中华人民共和国可再生能源法》通过，从法律上高度明确了发展可再生能源的重要性和必要性，我国可再生能源的发展处于刚刚起步的阶段(中华人民共和国中央人民政府，2005)。此后，我国可再生能源发展进入快速车道。可再生能源产业首先在风电领域取得了迅猛发展，上网电价等激励政策的支持对于加快可再生能源的发展起着关键作用。其中，《可再生能源发电价格和费用分摊管理试行办法》为可再生能源电力的上网价格、补贴机制等提供了管理依据。

未来一段时间中国还将迎来可再生能源发展的黄金时期。早在 2009 年，中国政府就对外公布了碳强度减排目标，同时规划了 2020 年非化石能源占比 15%的目标。2014 年 11 月 22 日，中美正式对外发布了《中美气候变化联合声明》，指出了 2030 年非化石能源占比达 20%的目标，为 2020 年以后的非化石能源发展指出了方向(新华社，2014)。2015 年 6 月 30 日，中国政府向《联合国气候变化框架公约》秘书处提交了应对气候变化国家自主贡献文件——《强化应对气候变化行动——中国国家自主贡献》，确定了到 2030 年的自主行动目标：CO_2 排放 2030 年左右达到峰值并争取尽早达峰；单位国内生产总值 CO_2 排放比 2005 年下降 60%～65%；非化石能源占一次能源消费比重达到 20%左右，森林蓄积量比 2005 年增加 45 亿立方米左右(新华社，2015)。因此，我国未来可再生能源行业的发展存在着巨大的潜力。

然而，随着可再生能源的大规模发展，与之对应的可再生能源电力输送通道不畅、就近消纳能力不足等问题导致了我国可再生能源电力领域出现了较为严重的弃风、弃光、限电现象。2012 年，风电发展进程受阻，弃风现象严重，平均弃风率为 17.12%；2015 年弃风现象这一长期痼疾再度恶化，第一季度全国弃风电量为 107.43 亿千瓦时，平均弃风率为 18.6%，弃风问题再度成为我国大规模推进风电建设的拦路虎(国家能源局，2015d)；2018 年全年弃风电量为 277 亿千瓦时，平均弃风率为 7%，弃风限电状况明显缓解(国家能源局，2019)。2018 年 10 月 30 日，国

①本章部分核心内容已于 2018 年发表在 SCI 检索期刊 *Applied Energy* 第 232 卷(Wang et al.，2018a)。

家发展改革委与国家能源局发布了《清洁能源消纳行动计划(2018—2020 年)》，规定了 2018～2020 年我国可再生能源消纳的主要任务，制定了到 2020 年基本解决清洁能源消纳问题的目标(国家发展和改革委员会，2018)。因此，推行强制上网政策和研究与实施可再生能源电力配额制成为进一步促进可再生能源高效利用的重要保障性政策。从 2014 年 6 月开始，媒体对可再生能源配额制的关注与报道剧增，并在同年 9 月初披露了《可再生能源电力配额考核办法》，且电力行业认为这一试行办法有望从根本上解决可再生能源电力接入困难和限电问题(21 世纪经济报道，2015)。

针对配额制的研究，国家发展改革委能源研究所任东明研究员做了系统而深入的研究工作。任东明(2013)从配额制的概念、国内外研究综述、国际经验、立法保障、政策设计、协调机制、绿色证书、成本效益等维度对我国配额制的具体实施做了详细深入的分析与研究。本章对其所发表的其他 30 多篇研究配额制的期刊论文也进行了梳理与总结。在分析这些已有研究的基础上，本章内容更新了国外配额制政策的最新进展，对最新被披露的配额制草案进行了分析；在我国电力体制改革的背景下，研究并讨论了我国配额制的具体分配方案，并结合分配方案给出了以运输成本和可再生能源系统气候脆弱性为优化目标的可再生能源电力输送通道建设方案。第 5 章就如何调动配额制下各个利益主体的参与意愿进行博弈决策分析，为配额制政策与其他现有政策的对接问题提供研究基础。

因此，为了解国内外可再生能源配额制现况，本章将在对国外典型可再生能源配额制案例进行分析的基础上，归纳出配额制制定与实施中的关键问题，简要探索中国可再生能源配额制草案中的要义与改进之处。此外，本章还就新一轮电力体制改革中对于可再生能源发展的规定进行了具体分析。

第 2 章从美国地区层面配额制的实施基础入手，对北美电力系统架构、配额制的最新进展、可再生能源证书交易体系进行了详细分析，目的是获得配额制政策设计和实施过程中的实践经验与教训，为我国实施可再生能源配额制政策提供借鉴。本章重点分析我国配额制出台的发展进程，并详细说明配额制设计中的关键问题，为我国可再生能源配额制政策框架的建立提供依据。

4.1.1　中国可再生能源配额制草案

REN21(2005)认为我国实行可再生能源配额制的时间为 2007 年，其依据是我国当时发布的《可再生能源中长期发展规划》。2007 年 8 月，《可再生能源中长期发展规划》颁布，其中对非水可再生能源发电规定了强制性市场份额目标：到 2010 年和 2020 年，大电网覆盖地区非水可再生能源发电在电网总发电量中的比例分别达到 1%和 3%以上；权益发电装机总容量超过 500 万千瓦的投资者，所拥有的非水可再生能源发电权益装机总容量应分别达到其权益发电装机总容量的 3%和 8%以上。尽管这一目标很容易达到，但是这种规划性质的目标由于缺乏法律基础和专门的管理机制，并没有得到很好的监督。

综合来看，国家可再生能源配额制于 2007 年由国务院提出，2009 年底随《中华人民共和国可再生能源法》修订完成后由国家能源局立项讨论研究，2014 年 9 月《可再生能源电力配额考核办法(草稿)》(以下简称《考核办法》)被披露(21 世纪经济报道，2015)，2016 年 2 月国家能源局发布的《国家能源局关于建立可再生能源开发利用目标引导制度的指导意见》标志着我国在可再生能源配额制推进中已经迈出重要一步。相关学者认为我国实施配额制的最佳时机应该是在 2005 年《中华人民共和国可再生能源法》立法时，在立法过程中研究出《中华人民共和国可再生能源法》的配套机制——可再生能源配额制，因此，我国已经错过了实施配额制的最佳时机。然而，当时被广泛接受的固定上网电价政策对我国可再生能源发展初期的推动作用更加明显。

当前出台的可再生能源配额制更多的是为了解决目前可再生能源电力的消纳问题，但作为一种可再生能源发展的配套政策，政策的长期性与稳定性对其成功实施是十分重要的。基于《考核办法》，本节试图分析配额考核办法中分配方案的理论依据，以及这些依据如何帮助各省(区、市)及电网企业制定可再生能源电力配额指标，最终通过强制性政策促进可再生能源产业的进一步发展。

首先，《考核办法》明确规定了配额制的考核范围。根据《考核办法》将非水可再生能源电力纳入配额制考核范围，主要包括风力发电、太阳能发电、生物质能发电、地热发电和海洋能发电等技术，目前具备规模化发展的主要是前三项。而计入可再生能源电力配额的非水可再生能源电力消费量包括：本地区生产并消费的非水可再生能源电量；从区域外输入的电量中的非水可再生能源电量；本地区可计量的自发自用非水可再生能源电量。向其他区域输送的非水可再生能源电量计入受端地区，不再计入送端地区。此外，配额目标的考察是从电力消费端来计算的，而不是从生产端计入。

其次，《考核办法》对我国各区域(不包含港、澳、台)进行了具体的配额指标分配划区。从 2015 年的基本指标(表 4.1)看，内蒙古、辽宁、吉林、黑龙江、西藏、甘肃、宁夏、新疆配额最大，为 10%。而北京、天津、河北、山西、山东、云南、陕西、青海则为 7%，上海、江苏、安徽、福建、河南、湖北、湖南、广东、广西、海南为 4%，浙江、江西、重庆、四川、贵州最少，为 2%。

表 4.1　2015 年各省(区、市)电力配额指标分配草案

类型	地区	目标配额
第一档	内蒙古、辽宁、吉林、黑龙江、西藏、甘肃、宁夏、新疆	10%
第二档	北京、天津、河北、山西、山东、云南、陕西、青海	7%
第三档	上海、江苏、安徽、福建、河南、湖北、湖南、广东、广西、海南	4%
第四档	浙江、江西、重庆、四川、贵州	2%

资料来源：《考核办法》(21 世纪经济报道，2015)，数据调整后得到附录 2～附录 4。

在第一档 10%的配额地区中，除西藏以外，内蒙古、辽宁、吉林、黑龙江、甘肃、宁夏、新疆都具有很好的可再生资源禀赋。辽宁处于黑龙江、吉林与内蒙古之间，因具备良好的电力接入条件，同时风能资源也比较丰富，所以分配了 10%的配额比例。其中，就风能装机而言，内蒙古、甘肃、辽宁、吉林、黑龙江、新疆、宁夏分别处于全国第 1、3、4、6、7、8、9 位。就西藏特例而言，10%的配额分配目标的产生原因可能在于其本身的能源消费(尤其是电力消费量)较少而太阳能资源较为丰富，基本能够保证完成 10%的配额目标。

在第二档 7%的配额地区中，北京、天津、河北、山西靠近内蒙古，具备一定的消纳能力；陕西、青海处于甘肃和新疆附近，可以消纳一部分可再生能源电力；山东地处可再生能源电力对外输送通道，本身也面临着电力需求量大等压力，因此既具备接收可再生能源电力的能力，也有电力结构调整的需求。此外，云南风能资源极为丰富，许多山区有效风能密度可达 160 瓦/米^2 以上，有效利用时数可达 6000 小时，接近中国风能最丰富区的水平，全省风能资源总储量为 1.23 亿千瓦(邢婷等，2013)。

第三档 4%的配额地区包括上海、江苏、安徽、福建、河南、湖北、湖南、广东、广西、海南。这些地区不具备较好的可再生能源禀赋，因此负责消纳第一档地区无法消纳的可再生能源电力。

浙江、江西、重庆、四川、贵州属于第四档 2%的配额地区，这类地区非水可再生资源禀赋较差，而且重庆、四川、贵州的水电正处在电力外送的阶段。因此，分配给此类地区的配额目标最低。

表 4.2 列出了任东明(2013)研究得到的 2015 年分配方案，表 4.3 是国家能源局出台的《国家能源局关于建立可再生能源开发利用目标引导制度的指导意见》中规定的 2020 年各省(区、市)发展目标。对比表 4.1 和表 4.2 可以发现，两者的分配结果非常类似。表 4.3 列出了更加长远的 2020 年目标，且与其他两个分配结果相比，部分省(区、市)的类别发生了根本性的变化。

表 4.2　2015 年各省(区、市)电力配额指标分配方案

类型	地区	配额范围
第一档	内蒙古、辽宁、吉林、黑龙江、西藏、甘肃、陕西、宁夏、新疆	10%～15%
第二档	北京、天津、河北、山西、山东、云南、青海	8%
第三档	上海、江苏、安徽、福建、河南、湖北、湖南、广东、广西、海南	4%
第四档	浙江、江西、重庆、四川、贵州	2%

资料来源：任东明(2013)。

表 4.3　2020 年各省(区、市)非水可再生能源电力消纳量比重

类型	地区	目标配额
第一类	内蒙古、辽宁、吉林、黑龙江、西藏、甘肃、宁夏、新疆	13%
第二类	北京、天津、河北、山西、山东、海南、云南、陕西、青海	10%
第三类	江苏、浙江、安徽、福建、河南、湖北、湖南、广东	7%
第四类	重庆、四川、贵州、上海、江西、广西	5%

资料来源：国家能源局(2016)。

最后，配额目标的时间变化趋势。针对附录 2～附录 4 的对比分析可以看出，分配方案中 4 个档次的省(区、市)没有发生变化，即每个地区在承担配额占比的区域位次不变。在 2015～2020 年的较短时间段内，每个地区的可再生能源发展状态可能变化不大，因此，各省(区、市)不发生变化的配额位次有一定的合理性，但如果是实施长期的可再生能源配额制，配额方案应该与时俱进，反映不同地区的经济、能源等社会发展状态，也应该符合不同地区可再生能源的发展状态。因此，后续较长时间范围内的配额制需要根据实际发展情况不断调整各省(区、市)的配额水平。

4.1.2　可再生能源配额制关键问题

以上针对我国可再生能源配额制试行(草稿)、已发布的配额制(初级版本)和配额制(2019 版)进行了详细的分析。在此基础上，下面将试图总结配额制设计中的关键问题。此外，在当前我国电力体制改革的大背景下，本章还分析了我国电力体制改革对可再生能源利用可能的影响。

4.1.2.1　可再生能源配额制的基本内容

可再生能源配额制的具体内容包括总体目标、可再生能源计入考核范围、时间跨度、生产/消费端测量、配额分配方案、责任分担机制和奖励惩罚机制。其中，最重要的部分是责任分担机制、配额分配方案、考核范围、奖励惩罚机制。由于我国水力发电属于比较成熟的技术，目前一般不将水力发电列入配额制的考核中。随着大型水电站开发程度的提高，未来新建的小水电工程是否纳入配额制需要依据我国的具体实情进行考虑。所以，这里配额制的研究主要聚焦在非水可再生能源，当前主要的资源包括风能、太阳能、现代生物质能三种。

配额分配方案是配额制政策的具体落实依据。配额指标是依据国家目标对各省(区、市)的可再生能源电力消费最低占比的规定。与碳配额的分配类似，可再生能源配额分配方案直接关系到配额制的实施。首先，配额制需要规定可再生能源考核范围、时间跨度或时间节点。其次，配额方案涉及的核心问题是按照什么原则进行配额的分配。只有按照各分配主体都能接受的原则进行分配，才能最大程度上调动各个责任承担主体的参与度。最后，配额分配还需要考虑配额制所需要达成的政策目标。我国发布了 2020 年、2030 年非化石能源占比的具体目标，但相对来说，对于具体的可再生能源占比的目标没有清晰的规定，这就需要在制定配额制时考虑其与国家长远目标的对接。

责任分担机制，就是根据配额制选择由谁具体来履行配额义务的机制。广义的责任分担涉及利益主体决策与博弈行为。配额制涉及的各个利益主体(地方政府、电网、发电公司等)的决策行为直接影响到配额制的完成与否。狭义的责任分担涉及的主要是到底是由发电企业、供电企业还是电力消费者承担完成配额的责任。但是，对于我国特殊的电力体系而言，责任分担机制的建立尤为重要。首先，我国电力行业发电侧已经形成了较为有效的竞争，但电网既负责电力的输送，也负责电力的销售，存在部分垄断的特征，因此，我国当前的责任主体既包括可再生能源发电企业，也包括电网，这是由我国当前的电力体制所决定的，未来可能随着新一轮电力体制改革的进行会有所改变。其次，基于我国的电力体制，配额制的实施离不开地方政府的监管与具体配额配套政策的制定。当前以国家电网有限公司(以下简称国家电网)为主，中国南方电网有限责任公司(以下简称南方电网)、内蒙古西部电网为辅的电网体系以及电网在电力调度中的重要作用决定了配额制的完成需要电网企业的积极参与，更需要政府对其进行监管。最后，具体的发电企业是配额制中发电责任的承担者，因此分析发电企业面临配额制时的具体决策行为也是十分必要的。监管明确且清晰的可再生能源配额体系对于配额制的完成发挥了巨大作用。因此，分析各利益主体在不同情况下的决策行为以及其相应的配额完成结果，可为中央政府出台配额配套政策提供重要决策参考。

奖励惩罚机制，即对超额完成的责任方给予奖励，对未完成配额的责任方予以惩罚，其实质就是配额制的监管问题。一定的奖励政策可以促进各区域完成配额制，在现有的上网电价、补贴等政策的基础上，是否有必要对完成配额制进行额外奖励？如有必要，应该如何进行奖励，以规避多重补贴或过度补贴？此外，有效的处罚措施对于配额制的实施是十分必要的。通常来说，严格的处罚措施是配额制实施的有力保障，但是过于僵化的政策可能造成完成配额目标的成本过高，给各个利益群体带来巨大的负担。因此，奖励惩罚机制需要注重奖罚分明，兼顾监管过程的强制性和灵活性。配额制(2019 版)设置了纳入不良信用记录的惩罚机制。

4.1.2.2 电力体制改革对配额制实施的影响

2015 年 3 月，新一轮电力体制改革悄然落地。中发〔2015〕9 号文中对我国目前电力行业发展还面临的一些急需通过改革解决的问题进行了分析(国务院，2015a)，其中第 1 点和第 4 点直接从电力交易机制和电力发展机制方面指出了可再生能源领域的弃风、消纳等问题，第 2 点中的环境保护支出也与可再生能源电力紧密有关。

鉴于此，改革方案提出了电价改革、电力交易体制改革、相对独立的交易平台建设、发用电计划改革、售电侧改革、电网接入准则制定、电力科学监管七大重点任务。具体而言，电力市场建设、交易体制改革、发用电计划改革、输配电价改革和售电侧体制改革是电力体制改革的五个关键性内容。无论七大重点任务，还是五个关键性内容，都与可再生能源电力直接或间接相关。例如，电价改革、电力交易体制改革、相对独立的交易平台建设这三大任务可以厘清可再生能源电力的价格成本核算、交易渠道构建等问题；发用电计划改革、售电侧改革可以为可再生能源电力的发展规划、调度、与传统电力的互动调节提供重要基础；电网接入准则制定、电力科学监管直接关系到可再生能源电力的并网与管理。吴疆(2013)关于电力体制改革的专著《中国式的电力革命》中从问题驱动、成效驱动、需求驱动三个方面对电力体制改革的驱动因素进行了分析，并就深化电力体制改革的路径进行了规划，体现了其对于破除电网垄断格局的关注。曾鸣(2014a)研究了电力体制改革进展缓慢的原因，并就下一阶段电力体制改革的主要问题与电力体制改革路径进行了分析，认为电力体制改革的主要突破口是直购电模式的建立。

2015 年新一轮电力体制改革将可再生能源的发展放在了首要位置。首先，电力体制改革的中发〔2015〕9 号文发布后，第一个配套文件是《国家发展改革委 国家能源局关于改善电力运行调节促进清洁能源多发满发的指导意见》(国家发展和改革委员会，2015a)。其主要聚焦于改善电力运行调节，促进清洁能源持续健康发展(曾鸣，2014b)，主要内容包括：在保障电网安全稳定的前提下，落实可再生能源发电全额保障性收购制度；在编制年度发电计划时，优先预留清洁能源机组发电空间；原则上优先安排清洁能源发电和消纳区外清洁能源来满足新增用电需求；电网需充分利用现有输电通道，灵活调度清洁能源；构建市场化的利益补偿机制促进可再生能源发展；加强电力需求侧管理，从需求侧为消纳清洁能源创造有利条件；完善责任承担机制，加强相互配合和监督管理等。第二个配套文件则重点聚焦于完善电力应急机制，做好电力需求侧管理试点工作，在北京市、苏州市、唐山市、佛山市电力需求侧管理城市综合试点和上海市需求响应试点工作基础上继续开展进一步工作，节约电力行业投资，保障电力运行，促进清洁能源的消纳。

由于我国电网规模和发电能力均已位列世界第一，电力行业成为关系到国家能源安全、经济发展和社会稳定的基础产业。新一轮的电力体制改革不仅是贯彻落实国家全面深化改革战略部署的要求，也是发挥市场配置资源的决定性作用，促进我国能源资源，特别是电力的高效可靠配置的重要改革。新一轮电力体制改革充分考虑我国的具体国情，以电力价格为突破口有条不紊地择优推进，体现了我国电力行业清洁生产、低碳发展的新趋势。因此，随着其他配套文件的发布，电力市场建设、交易体制改革、发用电计划改革、输配电价改革和售电侧体制改革五大内容将逐一清晰，这将为可再生能源配额制的出台创造条件，有利于厘清价格关系、交易机制等涉及配额制的实质性问题。

4.1.3　中国可再生能源配额制概念图

第 2 章对于国外的可再生能源发展机制，特别是配额制实施的背景基础进行了概述，通过对美国州立层面的可再生能源配额制及其电力架构的分析揭示了配额制的实施需要具备完善的电力交易市场、互为连通的电力输送体系、权责明确的监管机构和灵活变通的可再生能源电力证书交易机制。本章对我国当前被披露的配额制方案和出台的相关政策进行了分析，总结了配额制系统框架的关键问题以及电力体制改革对配额制实施的影响。根据以上分析和我国的实际，本书绘制了中国可再生能源配额制政策框架的概念图，如图 4.1 所示。4.2 节将介绍中央政

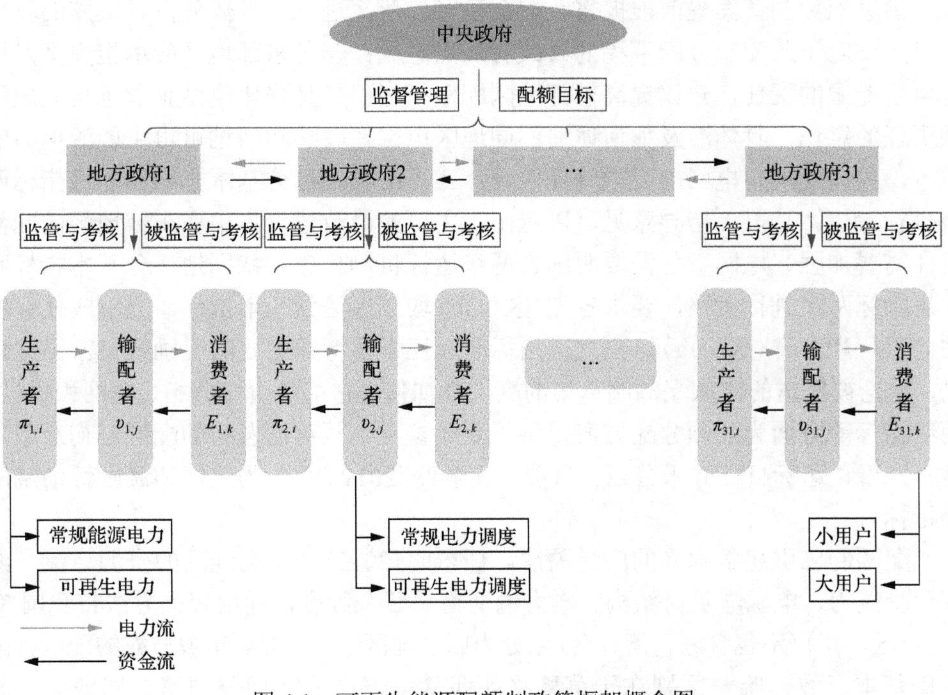

图 4.1　可再生能源配额制政策框架概念图

府如何对可再生能源配额进行初始分配，对初始分配的方法进行建模并得出初始分配方案。4.3 节主要讨论在配额分配方案下，电网如何实现可再生能源电力最优调度以及如何规划电网建设方案以适应配额制的实施，为电网公司的未来电网建设提供一定的决策建议。

4.2 可再生能源配额初始分配模型

一般而言，可再生能源的发展面临三个问题：发电规模化、安全输送、电力消纳。这三个问题涉及电力系统运行的发电、输送、消费三个环节，这三个环节是同时进行的物理技术过程，也需要经济与管理措施的支持。发电规模化需要经济激励政策的前期支撑，安全输送与电力消纳也需要监管和一定的政策来激励。与美国等国家的配额制政策目的不同，我国实施可再生能源配额制是为了解决消纳当前大规模可再生能源带来的弃电问题，其次才是实现国家可再生能源发展的战略目标。解决现实中的弃风限电问题是建立配额制的主要原因，这就决定了建立全国范围内的配额制是一项复杂的工作。首先需要解决的就是通过对国家可再生能源配额目标的分配，确定各省(区、市)的配额指标。这不仅仅是科学问题，也是一个政治经济问题，涉及经济发展、资源分布、电力设施建设的不均衡性，需要兼顾公平与效益。

国家配额制草案提前被披露。前面已对该草案进行了具体分析。披露的草案中显示，对于此配额分配草稿的修改有三点意见：一是东部地区应承担更多发展可再生能源的责任，建议提高东部地区配额指标；二是强化电网企业承担完成配额责任的意识，具体涉及如何评估不同地区电网在收购和消纳可再生能源电力的成本，并以此确定电网的配额责任问题；三是配额指标分基本指标和先进指标两级进行考核。从以上指导意见可以看出，主要的修改建议集中在东部地区的配额责任需要加强、电网责任需要明确、两级达标机制构建。特别地，分基本指标和先进指标两级进行考核，要求各省(区、市)均必须达到基本指标，完不成任务将被问责。当各省(区、市)达到先进指标时，还需要考虑必要的奖励政策。由此可见，无论被披露的国家配额制草案的真实性如何，它都从责任分担、电网积极性、两级指标等方面为配额分配方案提供了重要参考。从对已发布的配额制初级版本分析来看，达标目标并未分级。目前，配额制(2019 版)分为最低和激励性消纳配额指标。

配额制已引起学术界的广泛关注。任东明(2013)从不同地区的资源禀赋、经济承受能力、电源与负荷结构、电力输送格局四个维度，利用聚类方法将我国 31 个省(区、市)(不包含港、澳、台)划分为四类地区，与 2014 年被披露的配额分配草稿基本一致，唯一区别在于草稿将陕西从第一档地区划分到第二档地区。与

2015 年的电力配额指标分配方案相比，2020 年的分配方案同样将 31 个省(区、市)分成四档，仅对个别省(区、市)进行调整。但从目标配额可以看出，各档的目标配额比重均有提高。此外，早期(2001～2007 年)，大部分研究主要聚焦于国外配额制的经验教训总结和配额制在我国可行性的研究(张式军，2007；王白羽，2004；周鹏飞，2001；赵旺初，2001)。

省级配额制先行。2015 年 3 月 13 日，内蒙古自治区人民政府办公厅(2015)发布《内蒙古自治区人民政府办公厅关于建立可再生能源保障性收购长效机制的指导意见》，明确 2015 年全自治区可再生能源上网电量占全社会用电量比重达到 15%，到 2020 年达到 20%。同时该指导意见也规定了责任主体：自治区人民政府是决策主体，自治区经济和信息化委是运行管理主体，自治区能源开发局是开发建设管理主体，国家能源局华北能源监管局和国家能源局东北能源监管局是监督管理主体，内蒙古电力(集团)有限责任公司和国网内蒙古东部电力有限公司是执行主体，各发电企业是可再生能源发电的承担主体。2017 年 7 月 30 日，内蒙古自治区人民政府办公厅(2017)发布《内蒙古自治区人民政府办公厅关于印发自治区能源发展“十三五”规划的通知》，提出进一步提高非化石能源装机和消费比重，非化石能源装机比重达到 38%左右，天然气消费比重提高到 4%左右，可再生能源上网电量占全社会用电量达到 20%。2015 年 3 月 31 日，湖北省发展和改革委员会、湖北省能源局发布了《关于做好可再生能源电力配额考核准备工作的通知》(以下简称《通知》)，明确了 2015 年非水可再生能源发电装机占比达到 3%以上，2017 年达到 6%以上，2020 年达到 10%以上的目标(湖北省发展和改革委员会和湖北省能源局，2015)。同时该通知也规定了具体的惩罚措施：对不能完成考核目标任务的，调减燃煤机组发电小时数；未完成的新能源建设任务折算为碳排放量，要求企业购买对应的碳排放额度。2017 年 4 月 14 日，湖北省发展和改革委员会印发了《湖北省可再生能源发展“十三五”规划》，规划非水可再生能源发电装机占比达到 11.5%，可再生能源发电量占全社会总用电量达 37.7%，非水可再生能源发电量占全社会总用电量 7%(湖北省发展和改革委员会，2017)。2017 年 12 月 26 日，广东省发展和改革委员会印发《广东省“十三五”能源结构调整实施方案》，以逐步优化省内电源结构，规定了全省“十三五”规划新增电源约 3600 万千瓦，其中核电、可再生能源发电和气电等清洁电源比重达 83%(广东省发展和改革委员会，2017)。通过对比，内蒙古配额制对于奖惩措施的制定相对比较模糊；湖北的配额制更像是对国家配额制实施方案的补充，《通知》中的“国家正式下达配额考核指标后”可见一斑；广东的配额制主要从发电装机容量上制定发展指标，对奖惩政策的规定需要具体的配套文件进行说明。

基于以上分析，本节所研究的配额分配方案将结合已经发布的内蒙古、湖北的省级配额制，提出 2015～2030 年配额指标初始分配方法与分配方案，以期为我国实现 2030 年非化石能源占比 20%提供可再生能源发展的战略路径，其中 2015 年的模型结果可用于验证方案的可行性。

4.2.1 配额初始分配主要内容

1) 配额指标的考核范围

可再生能源配额制的合格技术与国家的能源发展目标是相对应的。所有有助于增加能源供应、应对气候变化、保护生态环境的可再生能源技术都应纳入我国可再生能源配额制中。首先，配额指标的考核范围是与时俱进的，不同阶段随着国家对某项可再生能源的支持力度不同、可再生能源技术发展的状态不同，配额指标的考核范围需要进行适时调整。这与我国风电上网电价的调节思路基本一致。2014 年底，国家发展改革委发布了对新建风电上网电价的调整政策，这一方面与风电技术大规模发展带来的成本下降有关，另一方面也与风电消纳能力不足，地方政府只关注风电场的建设，忽视风电的消纳密切相关。其次，依据我国发布的《可再生资源中长期发展规划》中对非水可再生能源发电的强制性市场份额目标，本书不将水电纳入配额指标的考核范围，原因如下：第一，本书内容与国家可再生能源规划相符合；第二，水电，特别是大水电，技术与产业发展已相对成熟，具备与燃煤发电竞争的能力，国家也规划了多条输送通道保障西南水电东送到东南沿海地区，因此，相比其他可再生能源发电形式，水电不需要配额制的政策支持。配额制(2019 版)分含水电和非水可再生能源消纳权重进行考核。

2) 配额指标的考核目标

当前主流的配额指标考核集中在装机容量和配额占比两个方面，主要体现的是绝对量和相对量的区别。关于装机容量配额指标的案例主要有：英国最初提出的配额目标是到 2000 年可再生能源装机达到 1500 兆瓦；美国的德克萨斯州是到 2015 年达 5880 兆瓦、2025 年达 10000 兆瓦的可再生能源装机目标。其他大部分配额制采用的是配额占比的考核方式。例如，美国加州确定了 2013 年达到 20%，按自 2017 年初的 25%逐年递增 2%的渐进式发展，到 2020 年底可再生能源占比 33%的目标。

当前，我国没有设定国家层面的具体的可再生能源占比的目标，但我国目前发布的国家自主减排贡献中明确了非化石能源占一次能源消费比例的目标(2020 年 15%，2030 年 20%)，《可再生能源“十三五”规划》设定了对可再生能源装机容量的具体发展目标(表 4.4)，因此，本书以配额占比为主要的配额制考核方式。首先，依据国家非化石能源占比的具体要求，考虑核能的发展前景，确定可再生能源发展目标。然后，按照可再生能源发展目标，综合考虑水力发电的发展趋势，分解出非水可再生能源的发展目标。最后，将非水可再生能源目标分配给各省(区、市）。此外，本书需要综合考虑我国“十三五”可再生能源发展规划、中长期能源发展规划、我国现有的国际承诺、地方政府可再生能源规划等目标。

表 4.4　已确定的可再生能源规划发展目标

类别	2014 年装机容量/万千瓦	2015 年装机容量/万千瓦	2020 年装机容量/万千瓦
风力发电	9581	10000	20000
陆上风电	9515.22	9500	17000
海上风电	65.78	500	3000
太阳能发电	2805	2100	5000（10000）
大型光伏发电	2338	1000	2000
大型光热发电	2	100	300
分散光伏发电	465	1000	2700
生物质发电	—	1300	3000
农林生物质	—	800	2400
沼气	—	200	300
垃圾	—	300	300
地热能发电	—	10	25
海洋能发电	—	5	—

资料来源：《可再生能源发展“十三五”规划》《能源发展战略行动计划(2014—2020年)》《国家应对气候变化规划(2014—2020年)》《2014年国民经济和社会发展统计公报》。

3) 配额制的责任主体

国外配额制研究分析表明发电企业、供电企业和电力消费者是国外配额制选择的主要责任承担主体。基于我国特有的电力体制，本书综合考虑地方政府的实际监管责任、电网的输配电责任、发电企业的发电责任等因素，决定将地方政府、电网、发电企业纳入配额制的责任主体中。具体而言，地方政府承担配额制的具体监督管理工作，规划和考核各自管辖范围内的配额完成情况，促进本地可再生能源电力的就近消纳等工作，责任承担的范围为中央政府为各省(区、市)制定的配额目标。电网负责依照各省(区、市)完成配额制的行动规划，做好电网覆盖区域内的电力输送和安全运营工作，按照国家要求安全可靠地完成可再生能源电力的跨区输送任务，责任承担的范围为电网运营覆盖范围内所有省(区、市)的配额目标总和。发电企业负责完成可再生能源的发电任务，责任承担的范围为根据发电企业电力上网地所在省(区、市)确定其在这个省(区、市)的配额比例，加总其所有运营省(区、市)内的电厂配额后就可得到发电企业的全部配额目标。

4)配额制的监管

在全国范围内实施可再生能源配额制，监管是重要的环节。我国地域广阔，如此大范围的配额制监管在配额制的国际案例中非常少见。美国的配额制基本上是各州规定单独的管理机构，负责各自配额制的考核。其他国家地域面积小，可再生资源的分布不均衡问题相对不显著，因而监管起来相对容易。结合美国的配额制经验，选择一个相对独立且权威的政府机构来承担监管责任是必要的。

4.2.2 配额初始分配原则

上述分析表明配额制考核目标分配是配额制的关键，主要涉及将全国的考核目标分配给地方各省(区、市)的问题，需要兼顾公平又要符合可再生能源发展的实际。本书所考虑的分配原则主要包含以下四个方面。

经济能力原则。经济基础决定了发展可再生能源的投资问题，也涉及历史经济发展责任的问题。经济发达地区多集中在东南沿海地区，经济基础好、能源消耗较大，但能源资源相对缺乏，需要从区外大量调入。在我国大力发展可再生能源的背景下，各省(区、市)一方面应大力开发当地的可再生资源，另一方面，应该承担消纳相对清洁环保的可再生能源电力的义务。

资源禀赋原则。资源禀赋的高低决定了开发可再生能源的成本大小。因此，资源禀赋原则注重的是经济合理、效益优先地进行可再生能源的利用。以成本最小的原则，鼓励资源丰富的地区大力开发可再生能源，鼓励资源相对贫乏的地区从资源禀赋好的地区购买配额指标或调入可再生能源电力。鉴于我国当前可再生能源发展普遍存在的消纳问题，也应当鼓励资源相对贫乏且经济基础相对较好的地区以通过支持电网建设来调入可再生能源电力的方式完成配额。

基础设施原则。这里的基础设施主要是指电力输送设施。电网建设是世界各国，特别是我国可再生能源发展的主要障碍。一方面，最近十年可再生能源迎来了迅猛发展，电网建设速度跟不上可再生能源的发展。另一方面，太阳能利用的理想之地集中在西部高原地带，风电集中在“三北”地区，水电集中在西南地区，而工业发展与人口聚集地主要在中东部地区，这种可再生能源需求分布与产地分布的错位直接导致我国需要大力建设输电网络。因此，基础设施原则考虑的就是输电网络建设的不均衡问题。

历史责任原则。这里的历史责任主要是指各地方政府消耗化石能源的情况。传统化石能源消耗不仅仅产生了温室气体排放，也产生了大量的环境污染物。而且我国传统化石能源中，除煤炭以外，石油、天然气都依赖于进口，涉及我国的能源安全问题。因此，历史责任原则强调的是哪个地区消耗了化石能源，哪个地区就应该承担与之对应的发展可再生能源的义务。这一原则十分类似于环境污染治理中的“谁污染谁治理”原则，考虑的是可再生能源发展中的附加环境与社会效益问题。

4.2.3　配额初始分配方法与数据来源

4.2.3.1　可再生能源配额初始分配的研究框架

本配额分配研究框架如图 4.2 所示。依据我国可再生能源与电力规划，本节配额指标分配首先确定我国 2015 年、2020 年、2030 年需要分配的非水可再生能源配额。基于文献分析，依据 4.2.2 节所述的分配原则，利用改进的熵值法(郭显光，1998)给各分配原则进行客观赋权。最后，根据各省(区、市)在配额分配中的责任分配比重和全部待分配的非水可再生能源电力配额，得出各省(区、市)的初始可再生能源配额指标。

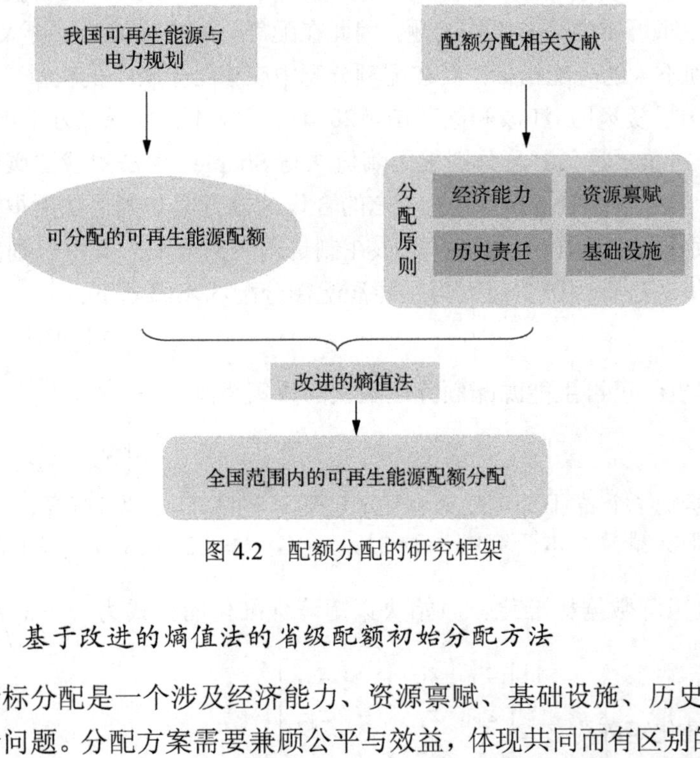

图 4.2　配额分配的研究框架

4.2.3.2　基于改进的熵值法的省级配额初始分配方法

配额指标分配是一个涉及经济能力、资源禀赋、基础设施、历史责任的多指标综合评价问题。分配方案需要兼顾公平与效益，体现共同而有区别的责任原则。在多指标综合评价中，确定指标权重的方法主要有主观赋权法和客观赋权法。主观赋权法是根据评价者主观上对各指标的重视程度来决定权重的方法；客观赋权法所依据的赋权原始信息源自客观实际环境，它根据各指标的联系程度或各指标所提供的信息量来决定指标的权重。客观赋权法有熵值法、主成分分析法、因子分析法、复相关系数法等，本书选择改进的熵值法来进行配额指标的全国性分配。

熵值法是从信息论中发展而来的确定指标权重的方法。在信息论中，熵是对不确定性的一种度量。信息量越大，不确定性就越小，熵也就越小，反之亦然。根据熵的特性，可通过计算熵值来判断一个事件的随机性及无序程度，也可用于判断某个指标的离散程度。一般认为，指标的离散程度越高，该指标对综合评价的影响越大。

将熵值法应用于配额指标分配研究的理论基础为：首先，根据各项分配原则，选择相应的指标观测值，依据观测值所提供的信息的大小来确定指标权重，对于某项指标，指标值的差距越大，则该指标在综合评价中所起的作用越大；如果某项指标的指标值基本趋同，则该指标在综合评价中起较小的作用。其次，本书的现实依据在于全国各省(区、市)在某项分配原则上差别很大，说明我国在这一分配要素下出现了严重的分布不均问题，因此在配额分配中应该给予更大的权重，反之，对于差别不大的分配指标，其在配额分配中应该给予较小的权重。当前，熵值法已经应用于投资风险(江波和秦茂国，2014)、创新能力评价(方玉梅和刘凤朝，2014)当中。Zhang 等(2014)分别采用熵值法与 Shapley 值法对我国碳配额分配进行了研究，结果表明 Shapley 值法考虑的合作减排方案与熵值法所得出的初始碳配额方案差别很大，建议合作减排应该在制定碳配额分配方案中得到重视。

利用熵值法进行中国省级可再生能源配额分配的步骤如下。

(1)构建省级可再生能源配额分配赋权的决策矩阵 $X=\begin{bmatrix} x_{11} & x_{12} & \cdots & x_{1m} \\ x_{21} & x_{22} & \cdots & x_{2m} \\ \vdots & \vdots & & \vdots \\ x_{n1} & x_{n2} & \cdots & x_{nm} \end{bmatrix}$，其中，$x_{ij}$ 表示第 i 个省(区、市)第 j 个分配原则下的值，n 为省(区、市)的个数，m 为分配原则数量。在本研究中，$n=31$，$m=4$，$i=1,2,\cdots,31$，$j=1,2,3,4$。

(2)决策矩阵数据标准化。原始决策矩阵标准化的公式为 $z_{ij}=x_{ij}\Big/\sum_{i=1}^{n}x_{ij}$，标准化后的标准化矩阵为 $Z=\begin{bmatrix} z_{11} & z_{12} & \cdots & z_{1m} \\ z_{21} & z_{22} & \cdots & z_{2m} \\ \vdots & \vdots & & \vdots \\ z_{n1} & z_{n2} & \cdots & z_{nm} \end{bmatrix}$。

(3)计算各指标的熵值。对于 j 分配原则而言，其熵值的计算公式见式(4-1)：

$$S(x_j)=-\frac{1}{\ln m}\cdot\sum_{i=1}^{n}(z_{ij}\cdot\ln z_{ij}) \tag{4-1}$$

(4) 计算各分配原则的权重。对于 j 分配原则，其权重计算为式(4-2)：

$$d_j = \frac{1-s(x_j)}{m-\sum_{j=1}^{m} s(x_j)}, 0 \leqslant d_j \leqslant 1, \quad \sum_{j=1}^{m} d_j = 1 \tag{4-2}$$

(5) 计算各省的配额指标权重。第 i 个省(区、市)的配额指标权重公式可表述为式(4-3)：

$$y_i = \frac{\sum_{j=1}^{4} d_j \cdot z_{ij}}{\sum_{i=1}^{31}\sum_{j=1}^{4} d_j \cdot z_{ij}} = \sum_{j=1}^{4} d_j \cdot z_{ij} \tag{4-3}$$

(6) 计算各省(区、市)的配额指标。假设待分配的配额总量为 M，第 i 个省(区、市)的配额指标的计算公式为 $\mathrm{RQ}_i = M \cdot y_i$。

从以上的计算公式可以看出，利用熵值法进行可再生能源电力配额分配的关键是：①依据公平与效益原则，确定分配准则；②依照国家规划和相关研究报告，确定待分配的配额总量。4.2.2 节已经详细解答了分配原则的选择依据与含义，在下面的“数据来源”中，将对待分配的配额总量的计算过程进行详细描述。

4.2.3.3　数据来源

可再生能源配额指标分配的时间范围。首先这个时间范围需要和国家的可再生能源规划一致，因此本书配额分配研究的时间范围为 2015～2030 年，着重研究 2015～2020 年的中国可再生能源电力配额省级分配，并给出 2020～2030 年的建议方案。这里需要强调的是配额分配不是一蹴而就的，而是一个与时俱进、循序渐进的分配过程。因此，配额目标的发布需要根据不同阶段我国可再生能源发展、经济社会发展的现状而进行调整。此外，当前研究考虑的可再生能源发电种类为非水可再生能源，重点包括风电、太阳能、生物质发电三类，当前仅考虑可再生能源发电技术，未来还需进一步增加其他可再生能源利用方式。随着时间的推移，未来更多成熟的可再生能源利用技术类型，包括供热、生物乙醇、潮汐能等，都可以加入配额制中。研究区域为除港、澳、台以外的 31 个省(区、市)。

依据表 4.5 的预测数据，可以根据不同种类的装机发电小时数计算出其发电量，并折合成标准煤量，使之与国家能源发展目标一致。最终确定的待分配的可再生能源电力配额总量如表 4.6 所示。基本指标和优秀指标的设立可为实施奖励惩罚制度提供借鉴。

表 4.5 经济发展和能源电力需求预测(含发展规划)

年份	2015	2020	2030
人口/亿人	13.68*	13.9	14.5
GDP/万亿元	63.65*	90**	147**
能源/亿吨标准煤	42.6*	50	59
用电量/亿千瓦时	56496*	81087	119750
核电装机/万千瓦	4008	7000	20000
水电装机/万千瓦	31582	42000	62500
风电/万千瓦	10000	20000	35000
太阳能/万千瓦	3000**	10000	30000
生物质/万千瓦	1300	3000	7000**
煤电/万千瓦	96153	110000	135000
天然气/万千瓦	6371	10000	20000

资料来源：《中国电力年鉴 2014》、《2014 年国民经济和社会发展统计公报》及表 4.4。

* 2014 年的指标数据。

** 2014 年数据进行调整后的数据。

表 4.6 配额制的行动目标

年份	2015	2017	2020	2030
可再生能源发电占比(基本)/%	19.38	21.13	23.21	26.37
可再生能源发电占比(优秀)/%	20.00	22.00	25.00	30.00
非化石能源占比(基本)/%	11.20	12.96	15.03	24.35
非化石能源占比(优秀)/%	11.49	13.39	15.94	26.63
非水可再生能源电力消费(基本)/亿千瓦时	2642	4226	5832	11311
非水可再生能源电力消费(优秀)/亿千瓦时	3270	5043	7177	142146

注：电力的转换系数按发电煤耗法计算，折合标准煤系数为 0.1229 千克标准煤/千瓦时。

基于表 4.7 的数据，分配准则的权重可以得到确认。数据年份为 2013 年，除了人均 GDP 的数据来自于《中国统计年鉴 2014》，可再生能源装机容量、火电使用所占比重、单位面积输电线路的数据来源为《中国电力年鉴 2014》（中国电力年鉴编辑委员会，2014）。

表 4.7 各分配原则的数据统计量

分配原则	指标	最大值	最小值	平均值
经济能力	人均 GDP/元	99607(天津)	22921(贵州)	47046
资源禀赋	可再生能源装机容量/万千瓦	5280(四川)	25(天津)	1202
历史责任	火电使用所占比重/%	99.07(上海)	22.30(云南)	75.94
基础设施	单位面积输电线路/(米/米 ^{2})	14963.49(上海)	64.06(西藏)	3426.78

4.3　中国可再生能源电力最优调配：基于配额初始分配的研究

4.3.1　可再生能源电力调度与配额制的实施

可再生能源资源禀赋分布不均是我国建立可再生能源配额制的客观原因。这种不均直接导致了可再生能源电力生产与消费区域的不匹配，因此需要进行电网优化调度或者建设额外的电网来消纳可再生能源电力。4.2 节研究了如何建立国家可再生能源配额制的初始分配方案。在此方案下，本节结合现有输电网络建设情况，建立运筹最优化模型，试图对可再生能源电力进行最优化调配，并就电力通道建设给予政策建议。

传统电网设计时较少考虑非水可再生能源电力的输送问题。当前我国正在进行特高压交直流电网的建设，为电力大规模输送建立坚实的基础。然而早期的电网建设，包括刚刚兴起的特高压交直流电网建设，并没有将非水可再生能源电力的消纳问题考虑到电网建设规划中。一方面，非水可再生能源是最近十年刚刚发展起来的新型电力来源，而电网规划有一定的滞后期，因而没有预测到非水可再生能源电力的大规模发展。另一方面，近期的电网建设较多地集中在对西南水电东送的过程中，对以内蒙古、甘肃等地区风能和太阳能的可再生能源电力消纳考虑较少。幸运的是，最近规划中的内蒙古至山东的特高压输电线路对于内蒙古的风电消纳是一大利好。

雾霾治理开启特高压电网建设新时代，可再生能源消纳将促使特高压建设步入第二轮提速时代。长期以来煤电就近平衡的能源配置方式，一方面导致东中部地区雾霾污染日益加剧，环境不堪重负，另一方面也带来了长距离输送煤炭的运输能耗。为了实现清洁发展、解决雾霾问题、构建空中电力通道，可选途径是发展特高压电网，推动清洁电力替代，实现我国能源从以化石能源为主向以清洁能源为主的转型，从根本上解决大气污染问题。此外，依托特高压电网，东中部负荷中心与西部、北部的可再生能源电力生产中心连接起来，可有效保障清洁能源的并网消纳，有效解决弃风、弃光、弃水问题。国家电网在 2015 年初的工作会议上指出，电网计划 2015 年上半年进行特高压“四交五直”工程，下半年完成“五交八直”工程。至 2017 年底，国家电网已累计建成“八交十直”特高压工程。经过十余年的奋斗，中国已全面掌握了特高压核心技术，并成为世界上唯一掌握并实际应用特高压这项尖端技术的国家。

依据《中国电力年鉴 2014》最新数据，可以得出 2013 年的我国电力输送主要方向(中国电力年鉴编辑委员会，2014)。西南、西北、内蒙古、陕西、山西、吉林等是我国电力输出区域。其中，西南是水力发电基地，山西、内蒙古、陕西等是煤炭储备基地，内蒙古、甘肃等是风电利用基地。而电力输入的地区主要集中东部、南部经济发达且资源相对欠缺的地区。因此，未来非水可再生能源的发展需要电网进行并网调度和输送通道的建设。

综上所述，消纳通道的建设是实施可再生能源配额制的另一重点，也是电力规划的重要环节。本书在已有配额初始分配方案的基础上，按经济成本和系统脆弱性原则进行可再生能源电力调度模型的构建，并结合当前的电网建设情况，分析未来电网建设的重点以适应未来可再生能源的进一步发展。

4.3.2 可再生能源电力的最优调配模型与数据来源

4.3.2.1 研究框架

可再生能源电力调度研究框架如图4.3所示，依据4.2节所得的初始配额指标，从附录2～附录4中选取各省(区、市)的自产可再生能源电力数据(附录5)，可得各省(区、市)间的可再生能源电力的调度需求。同时，从已有文献搜集现有跨区输电线路，按照经济成本最小和系统脆弱性最低的多目标运输规划模型，可以得到最优调配路径，并结合当前电网建设规划和搜集到的跨区输电线路信息，分析弃风限电深层次原因，就配额制下电网未来建设的重点提出政策建议。需要指出的是，电网调度电力实现电力平衡是瞬时的，本节采用的运输模型仅体现未来发展态势和电网建设方向。

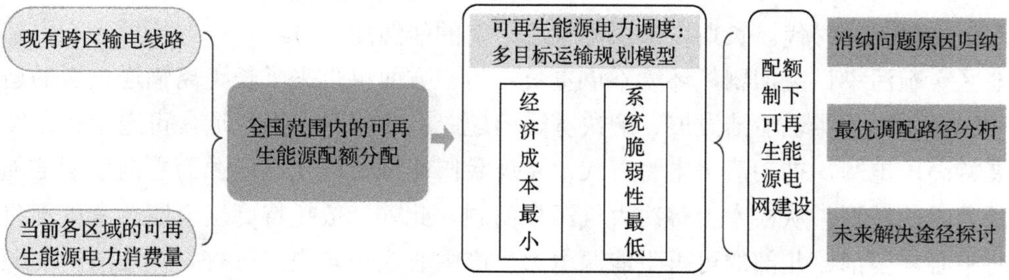

图4.3 可再生能源电力调度研究框架

4.3.2.2 中国可再生能源电力最优调配的多目标规划模型

经济成本最小目标。经济成本是电力最优调配的基本原则，也是所有运输问题的规划目标。这里的经济成本最小，主要是指整个可再生能源电力调度系统的输送成本最小，本书以此为目标，规划出最优的可再生能源电力输送路径。因此，这里的经济成本并没有考虑各地区可再生能源发电成本的差异，其中涉及的发电成本补偿机制将会在第 5 章进行分析。

系统脆弱性最低目标。引入脆弱易损原则，主要是聚焦于整个可再生能源系统未来对于气候变化及其极端事件的脆弱性问题。相关研究表明，电力输送环节是最容易受到气候变化及其极端事件影响的环节(Michelle and Steve，2014)。2008 年初的南方雪灾给我国电力输送系统的脆弱性问题带来了重要警示。因此，本节将以电力调度的系统脆弱性最低为另一规划目标。考虑到脆弱性是一个综合的评估过程，本书将引入第 3 章可再生能源气候变化脆弱性的研究结果。

可再生能源电力最优调配的多目标规划模型(李明，2012)是基于多目标的运输规划问题，具体用运输规划表描述如下。

如表 4.8 所示，设在配额制下需要输出和需要输入可再生能源电力的省(区、市)分别有 m 个和 n 个，各输出省(区、市)的可再生能源电力输出量分别为 $a_1,a_2,\cdots,a_m$；各输入省(区、市)的电力输入量为 $b_1,b_2,\cdots,b_n$。由 A_i 到 B_j 之间的单位电力输送成本、输电线路的气候变化及极端事件脆弱性、配额制下的电力传输量分别为 c_{ij}、v_{ij} 和 x_{ij}。

表 4.8　基于配额制的可再生能源电力多目标运输规划问题

决策参数（消纳 / 生产）	B_1	B_2	…	B_n	电力输出
A_1	x_{11} c_{11} v_{11}	x_{12} c_{12} v_{12}	…	x_{1n} c_{1n} v_{1n}	a_1
A_2	x_{21} c_{21} v_{21}	x_{22} c_{22} v_{22}	…	x_{2n} c_{2n} v_{2n}	a_2
⋮	⋮	⋮	⋮	⋮	⋮
A_m	x_{m1} c_{m1} v_{m1}	x_{m2} c_{m2} v_{m2}	…	x_{mn} c_{mn} v_{mn}	a_m
电力输入	b_1	b_2	…	b_n	

在可再生能源电力输入和输出不相等的情况下，可以运用传统运输规划中解决产销不平衡问题的方法，通过引入虚拟输出或虚拟输入省(区、市)来使之平衡。

多目标转换成单目标策略。本书主要考虑到经济成本最小和系统脆弱性最低两个目标，这里依据相等权重来将双目标规划转换成单目标规划，具体数学表达式为

$$\min \quad \sum_{i=1}^{m}\sum_{j=1}^{n}(w_1 c_{ij} + w_2 v_{ij}) \cdot x_{ij} \tag{4-4}$$

$$\text{s.t.} \quad \sum_{j=1}^{n} x_{ij} = a_i \quad (i = 1,2,\cdots,m) \tag{4-5}$$

$$\sum_{i=1}^{m} x_{ij} = b_j \quad (j = 1,2,\cdots,n) \tag{4-6}$$

$$x_{ij} \geqslant 0 \quad (i = 1,2,\cdots,m;\ j = 1,2,\cdots,n) \tag{4-7}$$

$$\sum_{i=1}^{m} a_i = \sum_{j=1}^{n} b_j \tag{4-8}$$

$$w_1 + w_2 = 1 \tag{4-9}$$

式(4-4)是目标函数，w_1 和 w_2 为经济成本目标和系统脆弱性目标的权重，基础模型采用等权，因此 $w_1=w_2=0.5$。在灵敏度分析中分别对比了 $w_1=0.3$ 和 $w_1=0.7$ 两种情形与等权情形对模型结果的影响。式(4-5)～式(4-9)为电力输送问题的约束条件，模型是在 MATLAB R2014a 软件下运行得到的。

4.3.2.3 数据来源与处理

可再生能源电力最优调配模型是一个多目标的运输问题。本书主要涉及的模型参数有电力输送成本数据、可再生能源系统脆弱性数据、电力输送数据。式(4-4)为双目标规划转换成单目标规划后的目标函数，其中电力输送成本数据和可再生能源系统脆弱性数据是采用数据标准化后量纲统一的数值。

电力输送成本数据。电力输送成本是电网企业运营总成本，包含电网建设、电网运行、电网管理等费用。目前这一数据无法通过统计年鉴等途径获得，本书只能通过现有官方文件(电监会办公厅，2007；国家发展和改革委员会，2015c；国家发展和改革委员会，2015d；国家能源局，2015e；国家发展和改革委员会，2014；国家发展和改革委员会，2013)的跨区域输电价格数据来近似表述各地区间单位长度电网输送费用，依据各区域省会间的距离，可以得到跨区域输电的成本。

其中，跨区域输电价格是指区域电网之间联网的输电价格和跨区域专项输电工程的输电价格，存在专门的计算方法(电监会办公厅，2007)。国家发展改革委先后于 2013 年(国家发展和改革委员会，2013)、2014 年(国家发展和改革委员会，2014)和 2015 年(国家发展和改革委员会，2015c)对燃煤发电上网电价、跨省跨区送电价格进行了调整。最新的电力市场化交易改革方案就跨省跨区送电价格形成和调整策略进行了规定(国家发展和改革委员会，2015d)，其中，四川、云南地区到上海、浙江、广东、江苏的落地电价为 0.4386 元/千瓦时、0.4513 元/千瓦时、0.4695 元/千瓦时、0.4236 元/千瓦时，送电当地的上网电价分别为 0.3149 元/千瓦时、0.3391 元/千瓦时、0.3565 元/千瓦时、0.2987 元/千瓦时，输电价格(含线损)分别确定为 0.1237 元/千瓦时、0.1122 元/千瓦时、0.1130 元/千瓦时、0.1249 元/千瓦时。国家能源局(2015e)还对全国电力企业价格监管情况进行了披露。

电网输送面临的气候变化脆弱性数据主要来自第 3 章的研究结果。具体而言，依据第 3 章的研究结果可以得到各省(区、市)可再生能源系统的气候变化脆弱性数值，数值越大，脆弱性越高。本书采用两省(区、市)可再生能源系统脆弱性之和来表征两省(区、市)之间可再生能源电力调配的脆弱性。

基于配额制的电网调度数据来自 4.2 节的配额分配结果。具体而言，2020 年配额制下可再生能源电力的最优调配研究中，2020 年可再生能源生产预测数据来自于被披露的配额分配草案，详见附录 5。利用 4.2 节分配给各省(区、市)的可再生能源消费配额可以得到各省(区、市)可再生能源电力调入调出电量。附录 6 和附录 7 分别从经济成本和系统脆弱性这两个目标列出了产销平衡的运输规划矩阵，附录 8 是基于线性等权法的可再生能源电力输送双目标运输问题矩阵。

4.4　实证研究结果分析

4.4.1　配额初始分配结果与区域分配差异

4.4.1.1　各评价准则评价权重

这里依据 2016 年各个指标数据计算了各分配原则的权重。按大小排序，指标分别为资源禀赋(0.458)、基础设施(0.360)、经济能力(0.105)、历史责任(0.077)。由此可见，在所选择的分配原则中，各区域在资源禀赋和基础设施上的差距要显著大于经济能力与历史责任的差距，因此根据熵值法得到其权重较大。基于以上各分配准则，本书所得到的区域可再生能源消费配额分配结果如附录 9 所示。

4.4.1.2　各省(区、市)可再生能源消费配额分配

依据本书所选取的分配原则，2020 年和 2015～2020 年新增可再生能源消费量如图 4.4 所示。从图中可以看出，2020 年可再生能源消费配额超过 400 亿千瓦时的省(区、市)依大小排序为山东、广东、河北、新疆、江苏、内蒙古。其中，山东、广东和江苏在我国用电量最多，历史责任最大，且经济能力和基础设施相对较强。河北、新疆、内蒙古在风能、太阳能方面资源禀赋较好，因而分配了比较

多的可再生能源消费配额，这也体现了可再生能源就近消纳和对外输送相结合的发展思路。

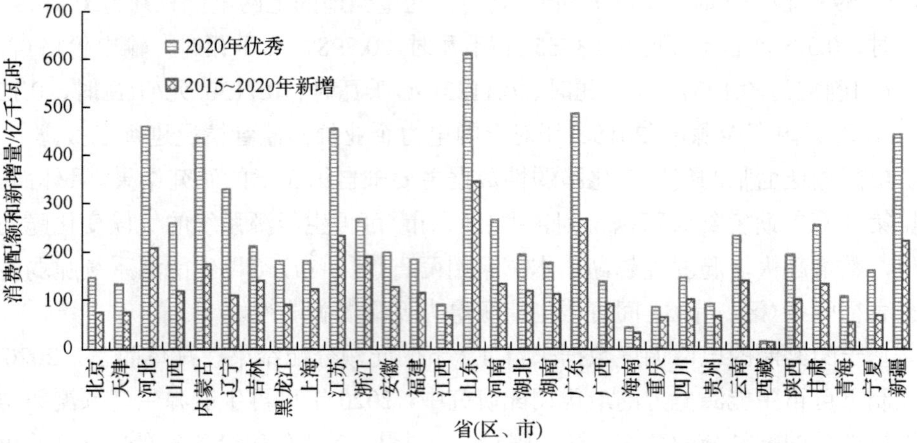

图 4.4　各省(区、市)2020 年可再生能源消费配额和新增量

4.4.1.3　各省(区、市)可再生能源配额比重变化

图 4.5 是对各省(区、市)2020 年可再生能源配额(优秀指标)所占全国比重与 2015 年比重进行对比。结果表明，2020 年西北地区(陕西、甘肃、青海、宁夏、新疆)配额比例出现略微下降，河北、山西、内蒙古、辽宁、河南的配额比例下降明显。西北地区配额比例下降的原因在于其基础设施不足，且已经承担了相当比例的配额，经济能力又较弱。除江苏外，其他地区的可再生能源消费配额占全国配额比重都出现了不同程度的增长，其中，配额比例增长较大的地区依次为浙江、吉林、上海、四川。浙江、吉林、上海配额比例增长较快的原因在于它们的经济基础较好且配额比例原本较低，具备较好的消纳可再生能源的条件。

4.4.1.4　可再生能源配额的时间变化趋势

依据各省(区、市)分配的可再生能源配额和目前披露的各省(区、市)用电量(21 世纪经济报道，2015)，本书计算了非水可再生能源电力所占各省(区、市)总用电量的比例，如图 4.6 所示。配额制的实施使得各省(区、市)非水可再生能源占比都有了不同程度的增长。增长幅度最大的 6 个省(区、市)依次为吉林、西藏、上海、甘肃、天津和北京。此外，2020 年有 15 个省(区、市)的可再生能源消费比重超过 10%。

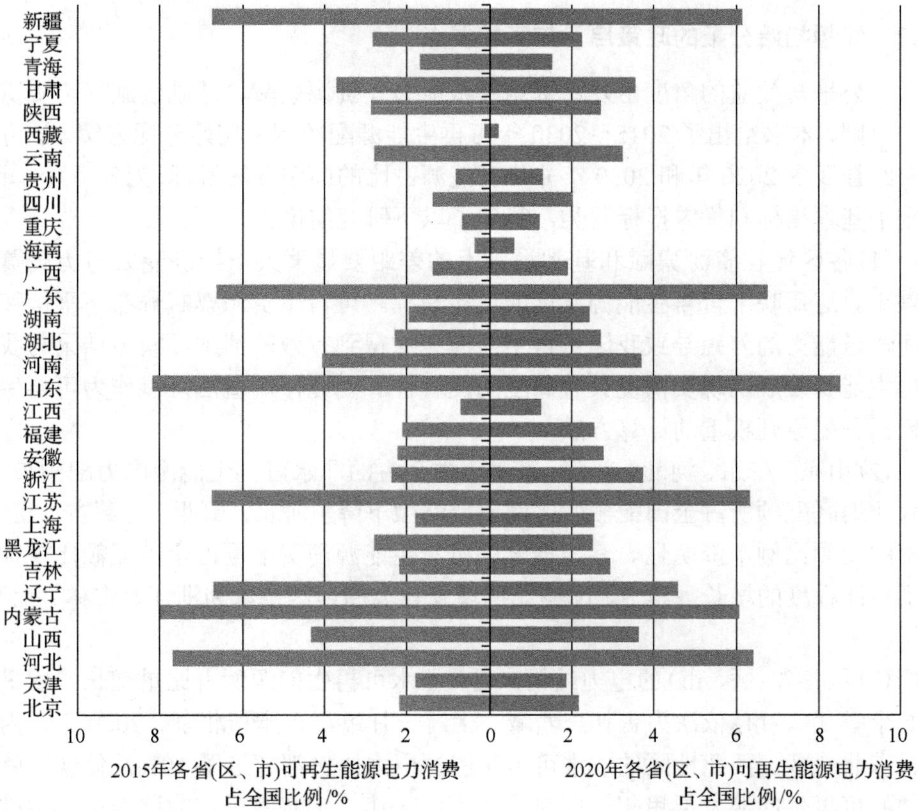

图 4.5　各省(区、市)2015 年、2020 年可再生能源消费配额比重

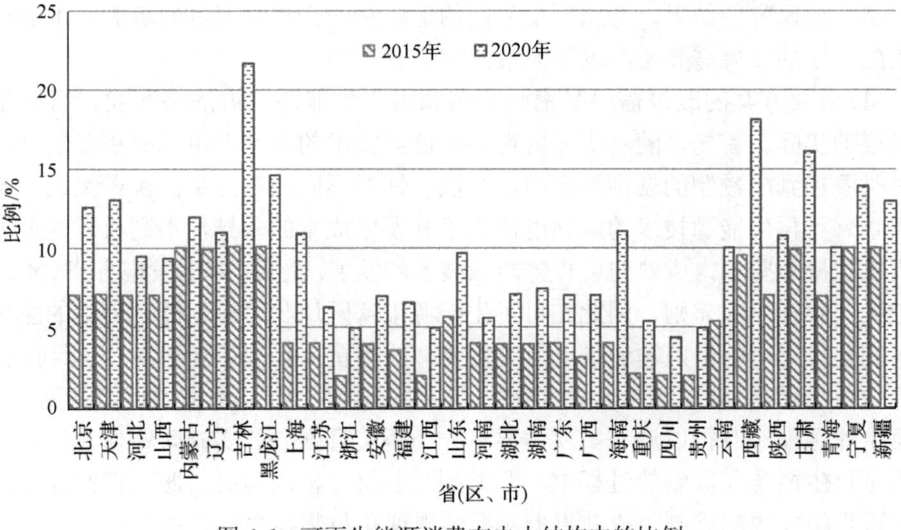

图 4.6　可再生能源消费在电力结构中的比例

4.4.2　配额初始分配的政策启示与实施要点

从公平与效益的角度出发，依据经济能力、资源禀赋、基础设施、历史责任四个原则，本书给出了 2015～2030 年可再生能源配额制的初始分配方案。该方案紧密结合我国 2020 年和 2030 年非化石能源占比的国家发展目标，为各省(区、市)设定了基本指标和优秀指标两类，得到了以下研究结论。

(1) 各区域在资源禀赋和基础设施上的差距要显著大于经济能力与历史责任的差距。这反映了可再生能源发展的现实情况。可再生资源禀赋分布不平衡和区域间输送能力的差距导致我国可再生能源无法得到有效的消纳，模型结果与我国可再生能源发展的现实情况具有高度的契合性。因此，熵值法可以作为可再生能源配额分配原则权重的计算方法。

(2) 山东、广东、河北、新疆、江苏、内蒙古的非水可再生能源电力配额最大，而西北地区配额所占全国配额的比例出现略微下降，河北、山西、内蒙古、辽宁、河南的配额比例下降明显。其他地区的可再生能源消费配额占全国配额比重都出现了不同程度的增长，其中，配额比例增长较大的地区依次为浙江、吉林、上海、四川。

(3) 从各省(区、市)的电力结构来看，非水可再生能源所占比重增长幅度最大的 6 个省(区、市)依次为吉林、西藏、上海、甘肃、天津和北京。2020 年，内蒙古、东北地区、西北地区的非水可再生能源电力比例都超过了 10%，体现了就近消纳的可再生能源发展思想。同时，北京、天津、上海等三市的比例也都突破了 10%，体现了经济能力较强的省(区、市)也应该承担与之对应的消纳义务。

基于该研究的结果，考虑到配额制的形成是一个与时俱进的机制，本书认为未来配额制的发展需要考虑以下因素。

(1) 后续方案的改进需要紧密结合国家可再生能源发展战略和我国可再生能源发展的实际。首先，随着更多的可再生能源技术的成熟，可以将更多的合适资源种类添加到配额制的规则制定中。其次，针对不同的可再生能源种类设立不同的权重。可再生能源技术的成熟度决定了其发电成本的差异，不同权重的分配可以用以扶持那些不太成熟的可再生能源技术的发展。最后，本书发现各省(区、市)基础设施存在巨大差别，因此在可再生能源丰富区域与可再生能源消纳的主要地区之间建设对应的电网输送渠道至关重要，这将在 4.4.3 节的研究中进行讨论。

(2) 在最终配额方案的形成过程中，需要综合各个利益群体的反馈意见。一旦可再生能源配额制得以颁布，就需要有一个坚实且强制的实施政策作为依据。在完成可再生能源配额制的过程中，要做到强制执行机制与灵活履约机制并重。在考核可再生能源配额制完成效果上，要体现惩罚与奖励政策并举。

4.4.3 可再生能源电力最优调配的输送通道建设

4.4.3.1 可再生能源电力最优调配

基于我国非水可再生能源电力的配额制模型结果，依据经济成本最小和系统脆弱性最低的原则，本书得到了配额制下我国区域间可再生能源电力调配方案。

依据调配方案，配额制下非水可再生能源电力的调配主要有三条线路。线路一是内蒙古地区无法全部消纳的风电送往北京、天津、辽宁、山东、江苏、上海等地区。这与当前的电网建设中的锡林郭勒盟至山东外送电通道工程吻合。线路二是西北地区的多余可再生能源电力，包括风电和光伏发电，送往陕西、川渝、湘鄂、河南和安徽等地。当前国家已经建设了新疆哈密南至河南郑州的特高压输电线路。由于本书没有考虑到电力的中转站问题，实际线路通过把电力输送到河南，再进行电力周转的问题并没有考虑到本模型中。最后一条线路是云南、贵州两地的多余电力输送到两广地区。这条线路与我国目前的水电送出通道出现了重复。例如，云南到广东已有两条特高压输电线路，分别为云广特高压直流输电工程和云南普洱至广东江门的直流输电工程。

从以上分析可以得出，云南送两广地区的水电外送输电线路已经较为完善，不需要额外进行电网的建设来满足非水可再生能源电力的输送任务，未来电网建设的重点将在前两条输电线路上。其中，内蒙古地区的电力外送通道还涉及内蒙古地区电网和国家电网之间的协商问题。

4.4.3.2 可再生能源电力就近消纳

除了可再生能源电力的外送，当前国家对可再生能源行业的发展也从就近消纳方面做了细致安排，具体包含两个方面。其一，扩大消纳通道，除了从电力环节来进行消纳，供热和交通领域的可再生能源消纳也已经提上了日程。国家能源局发布的首个可再生能源供热试点已经在北京开展。《河北省张家口市可再生能源示范区发展规划》中对张家口市可再生能源在公共交通和供热方面提出了具体要求(国家发展和改革委员会，2015b)。其二，力促就近消纳，试点工作先行。2015 年 10 月 8 日，国家发展改革委发布了《国家发展改革委办公厅关于开展可再生能源就近消纳试点的通知》，同意在甘肃省和内蒙古自治区部分地区开展可再生能源就近消纳试点工作。由此可见，未来可再生能源的消纳问题将会采取就近消纳和电力外送两种方式相互配合，力促可再生能源的发展。

表 4.9 列出了主要可再生能源电力输出和输入大省的就近消纳情况。在可再生能源电力输出的省(区、市)中，河北、内蒙古、新疆三个地区的就近消纳任务最重。依照 2013 年的用电量分析，内蒙古的清洁电力比例接近 20%，新疆超过

表 4.9 各省(区、市)2020 年可再生能源电力就近消纳 (单位：亿千瓦时)

输出省(区、市)	电量	2013 年用电量	输入省(区、市)	电量	2013 年用电量
河北	459	3251	京津	290	1687
山西	259	1832	辽宁	329	2008
内蒙古	435	2182	上海	182	1411
吉林	211	654	江苏	454	4957
黑龙江	181	845	浙江	269	3453
福建	183	1701	安徽	199	1528
江西	91	947	山东	611	4083
海南	42	232	河南	266	2899
贵州	93	1126	湖北	194	1630
云南	233	1460	湖南	176	1423
西藏	15	31	广东	485	4830
甘肃	255	1073	广西	137	1238
青海	108	676	四川	146	1949
宁夏	162	811	重庆	86	813
新疆	442	1540	陕西	194	1152

25%。此外，吉林和黑龙江的就近消纳水平都超过了 20%。从可再生能源电力输入的省(区、市)来看，各省(区、市)可再生能源电力在各自用电结构中的比例都低于 20%。从这里可以看出，相比于电力输入的省(区、市)而言，可再生能源富集地区的电力就近消纳任务更为艰巨。

4.4.3.3 可再生能源电力调配模型灵敏度分析

本书所建立的电力调配模型是双目标的规划问题，对目标权重的考虑涉及经济成本和系统脆弱性之间的重要性问题。依据不同的权重分配方案，可分析权重对模型结果的鲁棒性问题。结果显示各权重分配对模型的调配结果影响不大。因此可以判定上述调配结果稳健性较好。

4.4.4 可再生能源电力最优调配的外送与就近消纳建议

本节在 4.4.3 节配额分配的基础上，从经济成本和系统脆弱性两个方面讨论配额制下区域间电力调度的问题，以期为电网规划提供一定的参考，得到了以下结论和启示。

首先，从电力外送的角度来看，配额制下的可再生能源电力调配主要包含三条线路，分别从内蒙古、西北地区、云贵两省送往山东、江苏、广东等东部和南部沿海省(区、市)。基于我国现有的输电线路数据，本书认为内蒙古和西北地区电力调出线路需要重点考虑。鉴于没有考虑电力输送中转站的问题，未来的电力输送规划研究还有待进一步完善。

其次，从电力就近消纳的角度来看，配额制下电力输送省(区、市)的消纳责任高于受电端各省(区、市)的责任。这体现了解决当前严重弃风、弃光现象的具体工作是从就近消纳和电力外送两个方面进行的，且就近消纳将会成为未来工作的重中之重。在大比例消纳可再生能源的过程中，需要做好电网安全调度的安排。

电力调度是一个与实际结合非常紧密的研究问题，本节研究还存在一些不足之处。本节用两个省(区、市)省会或直辖市之间的距离来表征区域之间调度的距离问题，且只考虑两点之间的直接调度，不包括电力中转的情况，因此在模型参数的设计方面还有待改进。由于目前缺少省(区、市)之间电力调度成本的数据，未来还需要收集电网建设成本数据来对模型进行细化。电力调度的瞬时性与本书所设静态电力运输方式不完全匹配，复杂度更高，因此本书所得结论仅提供方向性的建议。

4.5 本章小结

中发〔2015〕9 号文中指出“发展机制不健全，新能源和可再生能源开发利用面临困难”是我国电力行业发展面临的急需解决的问题。光伏发电等可再生能源产业发展和实际需求不匹配，其发电无歧视、无障碍上网问题未得到有效解决。因此，本章主要聚焦于可再生能源电力的消纳问题，试图分析未来可再生能源行业进一步发展所面临的政策风险。从数量角度规定的可再生能源发电消纳义务中可再生能源配额制成为本书的基本出发点。

对国外配额制实施的条件基础、发展现状的分析的结果表明当前美国联邦层面配额制的配额分配问题尚无规律可循，而我国若想从全国范围内解决可再生能源的消纳问题，需要公平有效地进行配额分配，并在配额分配的基础上，加强电网建设以适应我国能源转型新形势下的电力调配规划。

本章从公平与效益的角度出发，选取了经济能力、资源禀赋、基础设施、历史责任四个分配原则对我国 2015～2030 年的四个时间节点的可再生能源消纳配额进行区域间的分配。利用熵值理论确定分配原则权重主要是依据区域间在各原则下差异越大，其原则所赋予的权重越大的原理。

4.3 节在 4.2 节配额分配的基础上，从经济成本最小和系统脆弱性最低双目标对可再生能源电力区域间优化调度问题进行了建模。基于模型结果，4.3 节提出了电力外送的三条主要通道的建设规划和承担电力就近消纳责任的主要省(区、市)，并结合现有电网建设基础，指出了未来电网建设的重点和可再生能源电力就近消纳的难点。

配额分配与电力调度是涉及发电企业、电网、地方政府、中央主管部门的多方协调博弈的可再生能源电力问题，也是社会发展问题。因此，这里面涉及各个利益相关者的决策行为。在配额初始分配方案下，中央主管部门还需要了解各个参与者的利益需求，与各个利益群体协商出最终各方接受的折中方案。最终方案的形成需要一个循环反复的反馈决策过程。本章对于最新发布的配额制（2019 版）缺乏全方位的分析，未来还需进一步深入研究。

第 5 章将继续深入地对配额制下各参与主体的博弈决策行为进行研究，为提高各主体的参与度提供政策建议。此外，配额制与其他相关激励机制的匹配问题也是未来配额制实施的关键，这些问题将在第 5 章进行具体分析。

第5章　可再生能源配额制利益主体博弈决策研究

5.1　可再生能源配额制成功实施的影响因素

可再生能源配额制需要社会各方力量的广泛参与。首先，国家发展可再生能源的意志决定了可再生能源进程的整体走向，因此中央政府对于可再生能源发展的态度对配额制的实施十分重要。显而易见，大力发展可再生能源已经成为我国重要的能源战略。其次，发电企业的积极性对配额制的完成起到了基础性的支柱作用，这是因为最终配额制的发电责任还是需要落实到具体的发电企业上。幸运的是，我国目前已经建立了较为完善的激励政策促使发电企业进行可再生能源电力生产，较先进入可再生能源发电行业的企业相对来说具有竞争优势。最后，地方政府和电网企业的协同参与是可再生能源配额制实施的关键，这也是当下可再生能源消纳的关键所在。可再生能源电力波动性与电力系统安全调度运行的固有矛盾决定了电网在消纳可再生能源电力方面起到关键作用；可再生能源资源分布与电力负荷区域错位的情况成为地方政府参与到配额制中的现实动力。另外，电网在地区层面的调度也需要地方政府的协商与合作。

未来整个社会公众对于可再生能源发展的支持将会对可再生能源配额制，乃至整个可再生能源发展行业产生重要影响。这是因为发展可再生能源是全社会的共同责任，可以促进整个社会福利的提升。因此，发展可再生能源要做到福利共享、责任共担。社会公众作为电力的消费者，在目前的电力体制下还不具备自由选择电力，特别是清洁电力服务的权利，也就无法相对应地承担起配额责任。然而，随着未来可再生能源的大规模发展、电力体制建设的逐步完善和电力终端设施的建设，公众参与到电力系统清洁化、环保化进程的潜力是未来可再生能源发展需要深入挖掘的关键点所在。电力需求侧管理也需要广大社会公众的参与才能实现电力调度的顺利运行，维持电力系统的稳定。

责任分担与奖励惩罚要做到强制与灵活、激励与惩罚并重，强调“我必须完成”和“我想完成”有机统一起来。配额制对责任分担问题的规定需要进行细分，特别是当中央政府出台配额制政策后，重点需要地方政府出台细则，对省级区域内的各个参与主体进行责任划分。因此，需要建立一套信息公告制度，对各省(区、市)的年度完成情况进行公示，以督促地方政府切实完成和履行地方层面的配额监管责任。我国已有很多可再生能源发展激励政策，如固定上网电价、拍卖电价、财政补贴、税收优惠等政策。目前筹划的全国碳交易市场等，也有可能促使可再生能源的进一步发展。在配额制中是否需要制定额外的奖励政策，以及如何规定惩罚措施及其力度应该与我国现实情况相对应。按时完成配额目标的义务承担者应该予以表彰和奖励，如对超额完成配额目标的电力生产者赠予“可再生能源之星”或“绿色能源”标志等，以提高其企业知名度，建立企业良好形象。

新一轮电力体制改革有利于可再生能源配额制的实施。在中国经济步入中速增长的新常态和我国环境治理力度加大的背景下，电力供给除需要保证“安全”和“经济”外，“环保”和“低碳”亦应成为电力发展的重要目标。大电力用户直接购电的模式，使得这个电力用户具备直接消纳可再生能源的巨大潜力。电力需求侧管理可为可再生能源接入电网提供条件。此外，电力价格机制的完善和清晰化为电力生产、输送、销售等各环节的经济活动提供了很好的信息透明度，降低了信息不对称下企业经营的风险。这些环节都是新一轮电力体制改革关注的焦点，也为配额制的实施奠定了制度基础。

“十三五”规划有望全面放开竞争性环节价格，能源价格机制改革进一步深化。《中国共产党第十八届中央委员会第五次全体会议公报》指出“创新和完善宏观调控方式，在区间调控基础上加大定向调控力度，减少政府对价格形成的干预，全面放开竞争性领域商品和服务价格”。全面放开竞争性领域商品和服务价格与2015 年 10 月发布的《中共中央国务院关于推进价格机制改革的若干意见》遥相呼应，有望在水、石油、天然气、电力、交通运输等领域推进价格改革，放开竞争性环节价格，充分发挥市场决定价格的基础作用(国务院，2015b)。

综上所述，分析各利益相关者对于配额制的博弈决策行为，最大限度地调动全社会的力量参与到可再生能源的建设中，可以为国家制定可再生能源配额制的相关配套政策提供参考。鉴于此，通过建立可再生能源配额制的利益主体博弈决策模型，可以分析影响利益相关者进行决策的关键因素，重点讨论在制定奖励惩罚配套措施时如何将决定这些博弈行为的关键因素考虑进来。此外，本书还对其他可再生能源激励措施进行了简要分析，试图找到这些激励政策与可再生能源配额制的契合点。

本章研究主要就可再生能源配额制下各利益主体的博弈与决策行为进行分析，讨论配额制与现有可再生能源激励政策的协同关系，进行机制协调的内在经济学分析，并对主要研究结论和启示进行总结。

5.2　中国可再生能源配额制下利益主体博弈决策行为研究

最近十多年可再生能源的发展历程(2006～2018 年)给人们的启示：固定上网电价等政策推动了可再生能源市场的扩充式发展。与其他能源技术相比，可再生能源技术的竞争力逐步增强，但和其他能源技术之间的差距还很大。此外，大规模的发展与电网建设滞后之间的矛盾导致了弃风、弃电等问题，成为当前困扰我国可再生能源进一步发展的主要障碍。因此，我国可再生能源下一步发展的重点是可再生能源电力的消纳与责任监管以及进一步提高可再生能源电力的市场竞争性。

然而，做好监管与消纳，需要分析各参与主体的博弈行为，了解各个利益群体的诉求与影响其参与到配额制的关键因素，本节的研究主要集中在以下几个问题。

(1) 在中国电力体制下，如何构建中国可再生能源配额制的博弈模型分析框架？

(2) 配额制下，各利益主体的博弈行为的驱动因素是什么？

(3) 新一轮电力体制改革对博弈过程可能产生的影响？

本节以我国现有配额制与电力体制改革文件为基础，梳理贴合我国实际的可再生能源配额制核心博弈决策问题，结合现有文献中关于配额制博弈的标杆文献，分别从地方政府、发电企业、电网公司三个方面建立符合我国现实情况的可再生能源配额制博弈决策概念模型。

5.2.1　配额制博弈与决策背景

5.2.1.1　配额制博弈的外部环境

新一轮电力体制改革对可再生能源领域，特别是可再生能源电力消纳问题较为关注。在中发〔2015〕9 号文(国务院，2015a)中，第四个亟待解决的问题是“发展机制不健全，新能源和可再生能源开发利用面临困难”。文件提到“光伏发电等新能源产业设备制造产能和建设、运营、消费需求不匹配，没有形成研发、生产、利用相互促进的良性循环，可再生能源发电无歧视、无障碍上网问题未得到有效解决”。在改革基本原则中，明确提到“提高可再生能源发电和分布式能源系统发电在电力供应中的比例”。文件指出全面实行可再生能源电力保障性收购和优先上网，加大《中华人民共和国可再生能源法》的实施力度。可以说，中发〔2015〕9 号文明确定位了可再生能源的战略主导地位和相关利益主体对可再生能源发展的责任。

价格机制改革力推能源价格调整。2015 年 10 月 12 日，中共中央国务院对外发布了《中共中央国务院关于推进价格机制改革的若干意见》，正式就加快完善主要由市场决定价格机制的改革做了部署，涉及能源领域的价格包括电力、天然气、成品油等方面，肯定了“管住中间、放开两头”的电力、天然气价格改革思路和按照“准许成本加合理收益”原则合理制定电网、天然气管网输配价格的定价策略。党的十八届五中全会也将全面放开竞争性领域商品和服务价格写入会议公报中，明确了未来能源价格改革的主旋律。可再生能源规划确立了逐步推动可再生能源电力平价上网的发展方向。

5.2.1.2 配额制博弈主体分析

配额制的相关利益主体。在完成可再生能源配额目标中，存在各种类别、各个层次的决策和博弈主体，主要包含以下几个利益方。

发电企业。可再生能源发电义务由各发电企业承担，但是在发电企业内部也存在相互竞争的关系。首先，发电企业采用不同的可再生能源利用技术会导致生产成本的差异。其次，不同时间进入可再生能源发电领域决定了企业存在先发优势和规模效应，也会导致各自竞争力的不同。

电网公司。目前，电网公司掌握着可再生能源电力的购电、输电、配电、售电义务，在一定程度上还负责电力的调度。因此，可再生能源的消纳在很大程度上取决于电网的支持力度。当可再生能源电力输送收益与传统电力的差别不大时，电网接收可再生能源电力的意愿相对较强，而当可再生能源电力输送赢利空间较小时，其接纳可再生能源电力的驱动力十分有限。此外，电网在调度可再生能源电力时需要一定的额外匹配能力来应对可再生能源电力的波动性。因此，电网公司是实施可再生能源配额制的关键角色。

电力用户。可再生能源电力的消费使用需要电力消费者来完成。当前，大部分普通公众还不具备自由选择电力服务的条件。但是电力消费大户可以选择其消费的电力来源，当前大用户直购电模式有利于促进可再生能源电力的消纳。因此，未来可再生能源配额的具体消纳首先需要提高大型电力用户的消纳意愿，并在电力需求侧管理的基础上发展普通公众用电模式在可再生能源电力消纳和电力系统稳定中的作用。我国的电力消费现状还不具备普通电力用户参与到配额制的现实条件，所以这里不单独分析电力用户的博弈行为。随着配售电业务的逐步放开，未来研究应该将电力用户的决策行为考虑到配额制中。

地方政府。在地方层面上，可再生能源保障性收购的监督与管理具体是由地方政府来负责，同时地方政府需要接受中央政府对其进行考核。地方政府还具有与当地电网相互协调的能力。因此，配额制的实施是在地方政府的监管下完成的，地方政府在配额制的完成中起到承上启下的作用。

中央政府。中央政府负责可再生能源配额制的目标制定、实施效果考核、对地方政府和国家电网等的监管等工作。从自上而下的角度考虑，国家意志决定了可再生能源发展的方向，而配额制具体目标、分配规则、考核要求等内容也需要由国家制定。因为中央政府是实施配额制的决策者，且参与到配额制博弈中，所以其也是规则的主导者。这里博弈分析不单独列入。

5.2.1.3 配额博弈的实质

配额制下各利益主体博弈决策的核心在于可再生能源配额完成过程中的收益

与成本的分配机制。具体而言，就是发电企业进行可再生能源发电的收益多少，其可再生能源发电量是否能全部上网被接纳；电网企业如何经济高效地接纳可再生能源；地方政府如何才能积极参与实施可再生能源配额制。可再生能源配额制中各利益主体博弈的参考对象(信息集)是传统能源发电方式。

5.2.2　配额制博弈决策概念模型

5.2.2.1　地方政府参与意愿的决策分析

由于电力具有公共物品的属性，消纳可再生能源电力配额需要地方政府的监督。缺乏监督可能会造成电网企业偏向于收购纯经济效益更好的传统化石能源电力。因此，必须有地方政府的监管才能有效完成可再生能源配额制的实施。

当然，地方政府在完成可再生能源配额过程中的监管也会考虑成本与收益问题。地方政府实施监管的概率(或监管的强度)受到监管的成本(或无法达标时的惩罚)和配额完成达标概率的影响。地方政府参与到配额制中需要一定的管理成本，包含任务设计、监督、考核等一系列环节中的支出。随着社会对气候变化和环境问题的关注，地方政府监管也能增加社会公众对政府的信任度，为地方政府带来声誉。

假定 $n>t$，即达标时地方政府监管可获得的额外收益大于不达标时地方政府监管可挽回的经济收益时，地方政府参与意愿的效益矩阵为表 5.1，模型各参数见表 5.2。

表 5.1　地方政府参与意愿的效益矩阵

效益	参与监管 y	不参与监管 $1-y$
达标 $1-x$	$-m+c+n$	0
不达标 x	$-m+c+t-p$	$-c-p$

表 5.2　地方政府参与意愿的决策参数

指标	参数
区域内可再生能源电力配额无法达标率	x
区域内可再生能源电力配额达标概率	$1-x$
监管概率	y
不监管概率	$1-y$
地方政府参与配额监管成本	m
地方政府参与监管获得的声誉收益(声誉收益)	c
不达标时地方政府监管可挽回的经济收益(努力收益)	t
不达标时地方政府面临的惩罚	p
达标时地方政府监管可获得的额外收益(额外收益)	n

地方政府期望效用函数可由式(5-1)得

$$U(y,1-y)=x\cdot(y\cdot(-m+c+t-p)+(1-y)\cdot(-c-p))\\+(1-x)\cdot(y\cdot(-m+c+n)+(1-y)\cdot 0) \tag{5-1}$$

探讨上述期望效用函数与监管概率的相关关系，对其进行求导可得

$$\partial U/\partial y=n\cdot(1-x)+c-m+(c+t)\cdot x \tag{5-2}$$

因此，当$n>\dfrac{m-c-(c+t)x}{1-x}$时，$\partial U/\partial y>0$，地方政府期望效用与监管概率呈正相关，即当配额达标后地方政府所能得到的额外收益超过一定值时，地方政府倾向于积极参与完成可再生能源配额；反之，地方政府倾向于降低监管概率或者不参与配额管理。

依据上述条件，存在几个可选途径来提高地方政府参与配额制。

(1)增加 n，即中央政府制定的激励措施。

(2)增加 $1-x$ 的值，即提高可以达标的概率，重点考虑配额目标的设定。

(3)减小 $m-c$ 的值，即地方政府参与监管获得的声誉收益接近地方政府参与配额监管的成本，从地方政府层面，可以提高社会公众对于可再生能源发展的支持，减少可再生能源配额监管的成本。

(4)当 $n>0$，$1-x>(2c+t-m)/(c+t)$，即当配额完成的概率大于一定值时，地方政府愿意参与到配额制的监管中。

(5)增加 $c+t$ 之和。t 的含义为在地方政府实施了监管，但配额还是不达标的结果下，地方政府努力参与配额制与不参与之间的差别。c 为地方政府参与配额制的声誉收益。

从上述分析可知，对于地方政府来说，配额达标的概率和达标所能获得的激励是其考虑配额监管力度的重要条件。此外，提高社会公众对地方政府参与配额的影响力也能从一定程度上提高地方政府的参与度。

5.2.2.2 电网消纳可再生能源电力意愿的决策分析

电网企业在配额制中博弈行为的依据是因为可再生能源电力具有间歇性，电网对其进行接入的过程中需要付出额外成本，如无消纳清洁电力责任，可再生能源电力相对于传统电力而言并网难度增大(Freris and Infield，2011；Boyle，2011)。在企业赢利和企业消纳清洁电力责任之间进行权衡是电网博弈的出发点。

电力体制改革对配额制下电网博弈决策过程的影响。自 2002 年第一次电力体制改革(确立了“政企分开、厂网分开、主辅分离、输配分开、竞价上网”这“五大任务”)以来，经过 13 年的改革实践，“五大任务”中，我国电力行业名义上实现了“政企分开”(政府和企业职能分开)，“厂网分开”(在发电侧引入了竞争机制，允许多家办电、多种所有者办电)，“主辅分离”(成立了中国电力建设集团有

限公司和中国能源建设集团股份有限公司，负责电力规划设计、施工等辅业)。

2015 年初，新一轮电力体制改革正式开启。其最为重要的内容就是电力输配价格调整。电价包括上网电价(购电价格)、输配电价、销售电价等。电力体制改革后，电网赢利模式可能从以往的购售电差价转变为成本和合理利润相结合的模式，由之前营利性单位变为具备一定赢利空间的公用事业单位，只收取政府核定的输配电价，即“过路费”。依据以上分析，本书建立了配额制下电网决策模型，模型假设电网企业电力输送成本的函数形式是线性函数，模型参数见表 5.3。

表 5.3　配额制下电网和发电企业决策模型参数

指标	参数
电力终端销售价格	P_c
电力输配价格	P_m
传统电力的上网价格	P_e
可再生能源电力补贴价格	P_r
可再生能源电力上网电价	P_e+P_r
电力生产者 j 的非可再生能源电力	x_j
电力生产者 j 的可再生能源电力	y_j
电力生产者 j 的非可再生能源电力生产上限	X_j
电力生产者 j 的可再生能源电力生产上限	Y_j
电力生产者 j 的非可再生能源电力生产成本函数	$C_j(x_j)$
电力生产者 j 的可再生能源电力生产成本函数	$K_j(y_j)$
配额比例	t
生产者 j 提供的电力供应	d_j
电网企业传统电力输送成本	$H(x)$
电网企业可再生能源电力输送额外成本	$F(y)$
电力生产者/电网未完成配额制的惩罚函数	$R(y_j)$

(1) 电力体制改革前，电网赢利电价等于购售电差价，即上网电价和售电价格之差，为 $P_c–P_e$ 或者 $P_c–P_e–P_r$，此时电网企业收益函数为

$$\max\sum_{j=1}^{n}\upsilon_j(x_j,y_j)$$

其中，$\upsilon_j(x_j,y_j)=(P_c-P_e)\cdot x_j+(P_c-P_e-P_r)\cdot y_j-H(x_j+y_j)-F(y_j)$

依照电网企业传统电力输送成本和可再生能源电力输送额外成本的函数形式为线性函数假设，斜率分别为 a 和 b，由此可得

$$\begin{aligned}\max(\upsilon_j(x_j,y_j)) &= (P_c - P_e)\cdot x_j + (P_c - P_e - P_r)\cdot y_j - H(x_j + y_j) - F(y_j) \\ &= (P_c - P_e)\cdot x_j + (P_c - P_e - P_r)\cdot y_j - a(x_j + y_j) - b\cdot y_j \\ &= (P_c - P_e - a)\cdot x_j + (P_c - P_e - P_r - a - b)\cdot y_j\end{aligned} \tag{5-3}$$

从式(5-3)可以看出，传统的电力定价机制下，只有当 $P_c - P_e - P_r - a - b > 0$ 时，电网企业才会接纳可再生能源电力。如果没有国家政策上的需求和社会公众对于清洁电力的需要，从经济性上考虑，电网企业接纳可再生能源电力具有较强的条件性。

(2)电力体制改革后，电网赢利电价等于输配价格，即政府考虑电网运行成本后加上合理利润的价格，为 P_m，电网企业收益函数为

$$\max\sum_{j=1}^{n}\upsilon_j(x_j,y_j) = P_m\sum_{j=1}^{n}(x_j+y_j) - H\left(\sum_{j=1}^{n}x_j\right) - F\left(\sum_{j=1}^{n}y_j\right) + R\left(\sum_{j=1}^{n}y_j\right)$$

其中，$\upsilon_j(x_j,y_j) = P_m(x_j+y_j) - H(x_j) - F(y_j) + R(y_j)$

依照电网企业电力输送成本线性假设，电力体制改革后电网企业接纳可再生能源电力依赖于国家指定的输配价格、电网接纳可再生能源与常规电力的成本函数对比、政府制定的奖惩制度。而现有的地方政府层面的配额制考核办法主要集中在对发电端奖惩制度的规定，对于电网的相关奖惩政策涉及较少。这种省级可再生能源配额制实施的前提是电网企业全额保障性消纳可再生能源电力，与现实情况相左，因此需要强化电网企业对于可再生能源电力的输配责任。

首先，在可再生能源配额制所涉及的相关利益方中，发电企业、电网企业、地方政府必须三方联动。但在配额制的实际运行过程中，电网企业所承担的责任最重。其次，在配额制的各个环节中最重要和最关键的是电网企业，主要因为电网的责任最大，工作也最繁重。就电价附加而言，电网企业负责收取电价附加费，也负责电价附加费的发放。从电能管理角度来说，电网企业负责输配电力，也负责销售电力。另外，可再生能源的接入、并网与管理也需要电网企业的支持。

然而不能忽略的是国家电网更是一个自主经营、自负盈亏的市场化经济体制下的企业。在面对责任与义务、经营与生存的双重挑战时，国家电网也遇到了不可跨越的经营难题。可再生能源配额制对于电网企业最大的难点在于怎样才能用好可再生能源电力。目前的情况表明可再生能源电力无法全部上网或上网后售不出，其根本原因在于可再生能源丰富的地方经济欠发达且电力需求小，这些地区的可再生能源电力就近消纳能力还有待挖掘。此外，从电力安全的角度看，可再生能源发电随机性较大，为了保证电网安全必须配备备用机组，这无疑会增加电网的额外负担。总体来说，现有的电力体制和电网结构，以及管理技术水平还不足以完全消纳可再生能源电力，我国迫切需要加快电力体制改革和电网建设水平。

(3) 配额制下电网决策的启示。电力体制改革前后的相关政策对电网参与到可再生能源配额制中的影响较为显著。电力体制改革前，电网对可再生能源电力的接收具有很强的条件性，与传统电力的接收相比，其经济动力较弱。电力体制改革后，电网对可再生能源电力接收的条件性减弱，积极性依赖于接收可再生能源电力的额外成本与政府制定的奖惩制度。

5.2.2.3　配额制下的发电侧博弈分析

在可再生能源配额制中，发电企业承担可再生能源发电义务。相对于传统的火力发电、水力发电来说，非水可再生能源发电的成本相对较高。此外，由于规模效应和学习曲线的存在，早进入可再生能源电力领域的企业的发电成本又会低于后进入的企业，即存在进入成本。因此，在可再生能源电力生产中，不同层面的参与者面临相同的配额制政策时往往存在不同的竞争策略。

1) 配额制下发电侧博弈框架

依据表 5.3，配额制下发电企业决策模型各参数需满足的条件如表 5.4 所示。

表 5.4　配额制下发电企业决策模型约束条件

约束条件	公式
传统电力生产上限	$x_j \leqslant X_j$
可再生能源电力上限	$y_j \leqslant Y_j$
电力供应总量	$d_j = x_j + y_j$
配额制目标完成情况	$\sum_{j=1}^{n} y_j \geqslant t \cdot \sum_{j=1}^{n} d_j$

对电力供应总量公式进行参数替换可得

$$x_j = d_j - y_j \geqslant 0$$

电力生产企业收益函数：

$$\begin{aligned} \max \pi_j(d_j, y_j) &= P_{\mathrm{e}} \cdot (x_j + y_j) + P_{\mathrm{r}} \cdot y_j - C_j(x_j) - K_j(y_j) \\ &= P_{\mathrm{e}} \cdot d_j + P_{\mathrm{r}} \cdot y_j - C_j(d_j - y_j) - K_j(y_j) \\ \text{s.t.} \quad & d_j - y_j \leqslant X_j \\ & y_j \leqslant \min(Y_j, d_j) \\ & \sum_{j=1}^{n} y_j \geqslant t \cdot \sum_{j=1}^{n} d_j \end{aligned} \tag{5-4}$$

基于 Rosen 的研究结论(Rosen，1965)，假设完成配额条件下的生产者 j 的影子价格为 λ_j^*，也就是拉格朗日乘子，则当且仅当 s^* (最佳可再生能源电力生产组合)满足 KKT 条件(Karush，1939；Kuhn and Tucker，1951)时，它是一个均衡解(Nasiri and Zaccour，2010)。

设 $s^*=(y_1^*, y_2^*, \cdots, y_n^*)$，$b(s^*)$ 为配额制目标完成函数，KKT 条件如式(5-5)～(5-9)所示：

$$d_j - y_j \leqslant X_j \tag{5-5}$$

$$y_j \leqslant \min(Y_j, d_j) \tag{5-6}$$

$$b(s^*) = \sum_{j=1}^{n} y_j^* - t \cdot \sum_{j=1}^{n} d_j \geqslant 0 \tag{5-7}$$

$$\lambda_j^* \cdot b(s^*) = 0 \tag{5-8}$$

$$\pi_j(s^*) \geqslant \pi_j(\mu_j \mid s^*) + \lambda_j^* \cdot b(\mu_j \mid s^*) \tag{5-9}$$

式(5-9)中 $\mu_j \mid s^*$ 表示电力生产者 j 采取 μ_j，而其他参与者策略不变的策略集合。式(5-9)揭示了当电力生产者 j 试图改变最优现状的行为时(其他参与者不变)，j 无法改进他的收益。

基于 Rosen 的方法(Rosen，1965；Goodman，1980)，Krawczyk 得到影子价格 λ_j^* 的表达公式(Krawczyk，2007，2005)：

$$\lambda_j^* = \frac{\lambda^*}{w_j} \tag{5-10}$$

其中，w_j 为生产者 j 的权重，可理解为生产者 j 的话语权；λ^* 为联合收益函数(5-11)的影子价格：

$$\max_{d_j, y_j \geqslant 0} \pi^w(d_j, y_j) = \sum_{j=1}^{n} w_j \cdot \pi_j + \lambda\left(\sum_{j=1}^{n} y_j - t \cdot \sum_{j=1}^{n} d_j\right) \tag{5-11}$$

式(5-10)表明评价权重越大，影子价格(拉格朗日乘子)越小，配额不达标时惩罚越轻。

基于以上分析，可以得到包含惩罚函数的收益函数：

$$\max \pi_j(d_j, y_j) = P_{\mathrm{e}} \cdot d_j + P_{\mathrm{r}} \cdot y_j - C_j(d_j - y_j) - K_j(y_j) + R(y_j)$$

满足式(5-4)、式(5-5)、式(5-7)、式(5-8)，其中 $R(y_j)=\lambda_j^*\cdot\min\left(\sum_{j=1}^{n}y_j-t\cdot\sum_{j=1}^{n}d_j,0\right)$ 揭示了配额完成与否对发电企业的惩罚。

对于非合作博弈来说，即各电力生产商同时最大化各自收益时，在给定的权重集合下 $W=\{w_j\mid j=1,2,\cdots,n\}$，当联合收益函数(5-11)是严格凹函数时，非合作博弈模型的均衡解是唯一的。

具体而言，联合收益函数(5-11)是严格凹函数，即给定两个策略集合 v 和 θ，有 $(v-\theta)'^{W}(\theta)+(\theta-v)'^{W}(v)>0$，其中 $g^W(s)$ 是联合收益函数 $\pi^W(d_j,y_j)$ 的共轭梯度，Δ_i 为第 i 个电力生产企业收益函数的实对称正定矩阵，见公式(5-12)：

$$g^W(s)=\begin{bmatrix} w_1 & \Delta_1 & \pi_1 \\ w_2 & \Delta_2 & \pi_2 \\ & \vdots & \\ w_n & \Delta_n & \pi_n \end{bmatrix} \tag{5-12}$$

从经济学视角来看，联合收益函数为凹函数表明各发电企业对自己收益的控制力强于其他发电企业的影响。

2)发电侧博弈案例情景分析

情景 1。当 n=1 时，发电企业形成联盟，即只有一个生产商来进行电力生产，属于发电企业内部合作与其他利益者进行博弈的情形。企业收益函数如式(5-13)所示：

$$\max\pi_j(x_j,y_j)=P_{\mathrm{e}}\cdot x_j+(P_{\mathrm{e}}+P_{\mathrm{r}})\cdot y_j-C_j(x_j)-K_j(y_j)+R_j(y_j) \tag{5-13}$$

从式(5-13)可以看出，决定 y_j 的参数有上网电价 $P_{\mathrm{e}}+P_{\mathrm{r}}$、可再生能源电力生产成本函数 $K_j(y_j)$、惩罚函数 $R_j(y_j)$ 以及可再生能源发电与传统电力平均成本的对比。

电力体制改革前，发电企业履行可再生能源发电的义务依赖于基于上网电价的平均收益函数、可再生能源发电平均成本函数、未履行可再生能源发电的损失函数三者之间的均衡关系。这里涉及中央政府(配额目标设定)、地方政府(具体惩罚措施制定)、发电企业(成本函数)、电网企业(可再生能源电力消纳)之间的博弈。

电力体制改革后，国家主要负责对输配电价的管制，制定电网输配电价，改变了电网企业的赢利模式。同时，发电企业联盟可以与大电力用户直接进行电力合同的签订。在此情况下，发电企业联盟会采用推动技术创新、提高管理水平等手段，通过降低可再生能源发电平均成本、与电力用户直接协商等方法尽可能完成可再生能源配额，以追求联盟收益最大化。

情景 2。当 $n>1$ 时，发电企业多人博弈（内部博弈）：发电企业非合作博弈，各自追求自身利益最大化，这里以 $n=3$ 为例，对配额制下发电企业决策模型的成本函数进行简化，c_j 和 k_j 为不同发电形式下的成本系数，如式(5-14)和式(5-15)所示：

$$C_j(x_j)=\frac{1}{2}c_j\cdot x_j^2, c_j>0,\ j=1,2,3 \tag{5-14}$$

$$K_j(y_j)=\frac{1}{2}k_j\cdot y_j^2, k_j>0,\ j=1,2,3 \tag{5-15}$$

式(5-14)和式(5-15)表明了电力生产边际成本递增(Nasiri and Zaccour，2010)。一般来说，可再生能源电力的边际成本增长率大于传统能源电力的边际成本增长率。因此，假定 $K_j''(y_j)=k_j>C_j''(x_j)=c_j, j=1,2,3$，同时各个发电企业是不同质的，即各个发电企业的可再生能源电力与传统能源电力的边际成本增长率差距不一样，因此，这里假定存在 $k_1-c_1>k_2-c_2>k_3-c_3$。三人决策模型如式(5-16)～式(5-19)所示：

$$\max_{d_1\geqslant y_1\geqslant 0}\ \pi_1(d_1,y_1)=P_{\mathrm{e}}\cdot d_1+P_{\mathrm{r}}\cdot y_1-\frac{1}{2}c_1(d_1-y_1)^2-\frac{1}{2}k_1y_1{}^2 \tag{5-16}$$

$$\max_{d_2\geqslant y_2\geqslant 0}\ \pi_2(d_2,y_2)=P_{\mathrm{e}}\cdot d_2+P_{\mathrm{r}}\cdot y_2-\frac{1}{2}c_2(d_2-y_2)^2-\frac{1}{2}k_2y_2{}^2 \tag{5-17}$$

$$\max_{d_3\geqslant y_3\geqslant 0}\ \pi_3(d_3,y_3)=P_{\mathrm{e}}\cdot d_3+P_{\mathrm{r}}\cdot y_3-\frac{1}{2}c_3(d_3-y_3)^2-\frac{1}{2}k_3y_3{}^2 \tag{5-18}$$

$$\text{s.t.}\sum_{j=1}^{n}y_j\geqslant t\cdot\sum_{j=1}^{n}d_j \tag{5-19}$$

$$\begin{aligned}L=&P_{\mathrm{e}}\cdot(d_1+d_2+d_3)+P_{\mathrm{r}}\cdot(y_1+y_2+y_3)-\frac{1}{2}c_1(d_1-y_1)^2-\frac{1}{2}k_1y_1{}^2\\&-\frac{1}{2}c_2(d_2-y_2)^2-\frac{1}{2}k_2y_2{}^2-\frac{1}{2}c_3(d_3-y_3)^2-\frac{1}{2}k_3y_3{}^2\\&+\lambda(y_1+y_2+y_3-t(d_1+d_2+d_3))\end{aligned} \tag{5-20}$$

由 Rosen 博弈模型(Rosen，1965)，拉格朗日函数 L 如式(5-20)所示，λ 为拉格朗日乘子，首先求解 $L=\pi_1+\pi_2+\pi_3$ 的影子价格，见式(5-21)～式(5-24)：

$$\lambda(y_1+y_2+y_3-t(d_1+d_2+d_3))=0 \tag{5-21}$$

$$\frac{\partial L}{\partial y_1}=P_{\mathrm{r}}-c_1(d_1-y_1)\cdot(-1)-k_1y_1+\lambda=0 \tag{5-22}$$

$$\frac{\partial L}{\partial y_2} = P_{\mathrm{r}} - c_2(d_2 - y_2)\cdot(-1) - k_2 y_2 + \lambda = 0 \tag{5-23}$$

$$\frac{\partial L}{\partial y_3} = P_{\mathrm{r}} - c_3(d_3 - y_3)\cdot(-1) - k_3 y_3 + \lambda = 0 \tag{5-24}$$

记$t^* = \frac{1}{d}\left(\frac{c_1 \cdot d_1}{c_1 + k_1} + \frac{c_2 \cdot d_2}{c_2 + k_2} + \frac{c_3 \cdot d_3}{c_3 + k_3}\right)$，$d$为电力供应总量，可得

$$\lambda^* = \begin{cases} 0, & t \leqslant t^* \\ \dfrac{(t - t^*)\cdot d}{\sum\limits_{t=1}^{3} 1/(c_i + k_i)} - P_{\mathrm{r}}, & t > t^* \end{cases} \tag{5-25}$$

式(5-25)表明电力企业联合收益函数的影子价格随配额目标的增加而增大。例如，在电力企业联合情况下，配额目标较低时，配额目标的变动对整个行业的收益几乎没有影响。

在分析得到上述联合收益函数的影子价格的基础上，在发电企业间非合作竞争博弈的情景下，各企业的博弈决策函数如下：

$$\max_{d_1 \geqslant y_1 \geqslant 0} \pi_1(d_1, y_1) = P_{\mathrm{e}} \cdot d_1 + P_{\mathrm{r}} \cdot y_1 - \frac{1}{2} c_1 (d_1 - y_1)^2 - \frac{1}{2} k_1 y_1{}^2 + \frac{1}{w_1} \lambda^* (y_1 + y_2 + y_3 - td)$$

上述函数对可再生能源电力y_1进行求导可得

$$\frac{\partial \pi_1}{\partial y_1} = P_{\mathrm{r}} + c_1 \cdot (d_1 - y_1) - k_1 y_1 + \frac{\lambda}{w_1}$$

又有$\lambda(y_1 + y_2 + y_3 - td) = 0$

因此，当$t \leqslant t^*$时：

$$y_i = \frac{P_{\mathrm{r}} + c_i \cdot d_i}{c_i + k_i}$$

当$t > t^*$时：

$$y_i = \frac{1}{c_i + k_i}\left(P_{\mathrm{r}} + c_i \cdot d_i + \frac{\lambda'}{w_i}\right);\ \lambda' = \frac{1}{\sum\limits_{i=1}^{3} 1/w_i}\left(\frac{(t - t^*)\cdot d}{\sum\limits_{i=1}^{3} 1/(c_i + k_i)} - P_{\mathrm{r}}\right)$$

依据以上结果，本书对发电企业内部博弈结果分析如下。

首先，发电企业内部参与生产可再生能源电力的三个基本出发点是可再生能源上网电价、传统电力生产成本收益、企业自身的权重(话语权)。

在政府不强制对发电企业设定可再生能源发电比例要求的情况下，一部分企业由于可再生能源发电成本低，愿意进行可再生能源发电，而其他一些企业则不愿意进行可再生能源发电。这种情况下，发电企业多人博弈的核心问题在于没完成配额目标时政府对各发电企业处罚率的判定上，否则易产生“搭便车”的现象。

情景 1 表明电力体制改革措施推行后，实施可再生能源配额制是正确的。电力体制改革有助于理清电力价格体系，增加配额制实施过程中的透明性。

其次，为杜绝部分企业“搭便车”的情况，制定切实可行的奖励惩罚制度是必要的。地方政府作为具体的决策实施方，应当将省级区域内的所有发电企业或者规模以上的发电企业纳入可再生能源配额制考核体系。具体奖惩措施包括：与化石能源电力新增装机挂钩，与碳交易市场配额协调，与区域节能建设规划进行互动。奖惩措施的实行需要有政府监管或者第三方监督。

5.2.3 可再生能源发展的主要激励机制之间的耦合

5.2.3.1 固定上网电价与配额制

固定上网电价是指政府明确规定可再生能源电力上网的电价，并保证电力公司全额收购合格的可再生能源电力。成熟的市场机制下，一旦电价确定后，可再生能源电力的发电量将由市场决定。一个成功的上网电价政策一般包含一个较为长期的购电合同、电网稳定收购的基础和合理的电价水平。这就意味着在制定上网电价的过程中需要根据不同的可再生能源类型来确定对应的上网电价，且这一电价既要符合推动可再生能源发展的实际需求，又要能够补贴可再生能源发电企业的生产成本，即“合作共赢，合理竞争”。上网电价的额外成本需要由全社会电力消费者共同承担，即“责任共担”。德国采用的是固定上网电价并逐步向市场化方向发展，而西班牙采取的是由投资商选择市场基准价格加溢价(premium)的形式。

从第 2 章的分析得到，德国上网电价的确定是一项与时俱进的系统性工作，同时考虑技术进步的原因，德国还详细制定了可再生能源固定上网电价降低的时间表(熊良琼和吴刚，2009)。1991 年，德国议会通过的《强制购电法》规定了电力公司需让风电接入电网，并以固定价格收购其全部电量，并以当地电力公司销售价的 90%作为风电上网价格。2000 年，德国通过的新《可再生能源法》，使得原有的《强制购电法》的原则也得到了进一步的确立。此后，根据可再生能源发展的实际情况，德国又对《可再生能源法》进行了数次修改和完善(张斌，2014)。可再生能源上网电价在力推德国可再生能源产业的发展的同时，也带来了不利影响。长期的固定上网电价机制具有浓厚的行政干预色彩，对现有电力市场造成了一定的扭曲。上网电价政策导致德国终端电价在欧洲处于较高水平，可再生能源附加费从 2000 年的 0.2 欧分/千瓦时提高到 2018 年的 6.792 欧分/千瓦时。这些不利影响推动着其上网电价正走向市场化的方向。

自 2006 年我国《中华人民共和国可再生能源法》实施以来，各类可再生能源发电的上网电价从项目定价开始，到分区域设定有差别的上网电价类别，并根据各类可再生能源电力的利用现状进行了调整(表 5.5)。从表中可以看出，我国的可再生能源发电的上网电价正逐步接近传统电力价格。未来的调整策略决定了上网电价对可再生能源的进一步发展和产业竞争力的作用大小。随着某类可再生能源电力技术的不断成熟，其生产成本会逐步降低，因此，需要根据不同可再生能源发电技术的现状对其发电电价进行调整，逐步实行平价上网。《能源发展战略行动计划(2014—2020 年)》中对于各类可再生能源发电技术的上网电价调整策略规定基本如下：到 2020 年，风电与煤电上网电价相当，光伏发电与电网销售电价相当。对于生物质发电标杆电价来说，在以生物质发电等清洁能源逐步取代火电的国家战略意图下，生物质发电标杆电价存在上涨趋势。2017 年大部分地区的生物质发电上网平均电价高于目前的标杆电价(国家能源局，2017b)。可再生能源行业的发展将从补贴驱动向成本驱动转变，技术创新将在其中发挥更大作用。

表 5.5　可再生能源发电固定上网电价政策变化情况

	颁布时间	颁布法规	电价政策
风电	2006-01-04	《可再生能源发电价格和费用分摊管理试行办法》	招标电价+核准电价
	2009-07-20	《国家发展改革委关于完善风力发电上网电价政策的通知》	四类风电标杆上网电价：每千瓦时分别为 0.51 元、0.54 元、0.58 元、0.61 元
	2015-01-08	《国家发展改革委关于适当调整陆上风电标杆上网电价的通知》	四类风电标杆上网电价：每千瓦时分别为 0.49 元、0.52 元、0.56 元、0.61 元
	2016-12-26	《国家发展改革委关于调整光伏发电陆上风电标杆上网电价的通知》	四类风电标杆上网电价：每千瓦时分别为 0.40 元、0.45 元、0.49 元、0.57 元
光伏发电	2006-01-04	《可再生能源发电价格和费用分摊管理试行办法》	项目定价：合理成本+合理利润
	2011-07-24	《国家发展改革委关于完善太阳能光伏发电上网电价政策的通知》	标杆上网电价：按规定执行每千瓦时 1.15 元或 1 元
	2013-08-06	《国家发展改革委关于发挥价格杠杆作用促进光伏产业健康发展的通知》	区域差别电价：每千瓦时 0.9 元、0.95 元、1 元，期限为 20 年；分布式光伏电价补贴标准为每千瓦时 0.42 元
	2016-12-26	《国家发展改革委关于调整光伏发电陆上风电标杆上网电价的通知》	三类光伏发电标杆上网电价：每千瓦时分别为 0.65 元、0.75 元、0.85 元
生物质发电	2006-01-04	《可再生能源发电价格和费用分摊管理试行办法》	每千瓦时 0.25 元；2010 年起每年递减 2%
	2010-07-18	《国家发展改革委关于完善农林生物质发电价格政策的通知》	标杆上网电价：每千瓦时 0.75 元
	2012-03-28	《国家发展改革委关于完善垃圾焚烧发电价格政策的通知》	生活垃圾折算电量为 280 千瓦时/吨，标杆电价每千瓦时 0.65 元

5.2.3.2 碳交易市场

国际碳交易市场步入调整期，国际气候谈判形势深刻影响着碳交易市场的运行。作为全球最大的碳交易市场，为了解救濒临崩溃的市场，欧盟于 2015 年 3 月通过了欧盟碳市场改革草案，希望依靠引入“市场稳定储备”(market stability reserve)机制来缓解供应过剩这个长期困扰其碳交易市场的问题。新建立的韩国碳交易市场和我国碳交易市场有望为全球低迷的碳交易市场提振信心。

我国碳交易市场建设线路图基本确定，未来将进入国家碳交易市场建设的新阶段。2011 年 10 月 29 日，《国家发展改革委办公厅关于开展碳排放权交易试点工作的通知》确定了 2 省 5 市可开展碳排放权交易试点工作，从而正式拉开了我国碳排放权交易平台建设的序幕。2014 年 12 月，国家发改委颁布了《碳排放权交易管理暂行办法》，就配额管理、排放交易、核查与配额清缴、监督管理、法律责任等几个部分进行了具体解释和较为详细的规定。2015 年 9 月，《中美元首气候变化联合声明》中指出中国计划于 2017 年启动全国碳排放交易体系，将覆盖钢铁、电力、化工、建材、造纸和有色金属等重点工业行业，碳交易市场将在温室气体减排中发挥较为核心的作用。当前全面碳交易市场已在电力行业推行。

近年来的试点摸索取得了一定成效，对碳交易市场建设具有重要作用，但待解决的问题还较多。截至 2018 年 10 月，七个试点碳交易市场累计成交量突破 2.5 亿吨，累计成交金额约 60 亿元，但交易活跃度和实际减排效果还有待进一步验证。由于试点示范的性质，各个试点碳交易市场在实施方案、工作进展、运行表现等方面都进行了有益的探索，呈现出不同的特色，同时存在不同的问题。这些宝贵的经验对全国碳交易市场的设计，以及整个节能减排工作都具有十分重大的意义。

湖北省的可再生能源配额制规定了配额制与碳交易机制的对接问题。作为碳交易试点省份和全国第二个发布可再生能源电力配额考核目标的省份，湖北省有条件建立配额制与碳交易机制的对接机制。其配额考核准备工作的通知明确规定了“同时将未完成的新能源建设任务折算为碳排放量，要求企业购买对应的碳排放额度”和“逐步建立可再生能源电力证书制度，支持企业参与碳减排交易”。因此，可以预见，未来碳交易市场的建立有望与可再生能源的发展进行对接。

5.2.3.3 可再生能源发展基金

依托可再生能源电力附加费，可再生能源发展基金用于支持可再生能源发电和开发利用活动。2011 年 11 月 29 日，财政部、国家发展改革委、国家能源局正式对外印发《可再生能源发展基金征收使用管理暂行办法》，从可再生能源发展基金的筹集、使用、监督和管理等方面进行了规定。筹集来源包含可再生能源发展专项资金和依法向电力用户征收的可再生能源电价附加收入两个部分。发展基金的使用主要包括可再生能源开发利用活动的支持以及用于发放到可再生能源电力领域的相关补助，其中大部分补助用于平衡可再生能源电力固定上网电价与常规电力平均上网电价之间的差额。

可再生能源发展基金的补贴缺口依赖于各类可再生能源发电上网电价和煤电上网电价。当国家对可再生能源发电上网电价或煤电上网电价进行调整时，其差值的增加或减少都将导致我国可再生能源发展基金补贴缺口的变化。基于此，国家应该根据实际成本需要来定时对可再生能源电力附加费进行调整。而过于频繁的调整也会增加国家政策实施的成本。因此，可再生能源发展基金的管理需适度。另外，未来配额制的奖惩规则有望为可再生能源发展基金注入新的活力。

5.2.3.4　配额制与其他机制衔接的经济学分析

在分析了我国当前实施的激励可再生能源发展的三个政策的基础上，本小节将对固定上网电价和碳交易市场两个机制与配额制之间的协调进行经济学分析。可再生能源发展基金制度相当于固定上网电价机制的补充，这里不再做具体分析。

(1)固定上网电价政策与配额制之间的协同效应分析。任东明(2013)的研究表明配额制与固定上网电价政策同时实施存在三种不同情况，且针对不同的配额义务承担者，两种政策混合使用的成本效益将发生很大变化。其结论表明当固定上网电价高于或等于配额制电价时，固定上网电价政策对于配额制的完成可发挥重要的推动作用；当固定上网电价低于配额制电价时，固定上网电价政策与配额制两种政策的协同效应不显著，甚至会增加政府的管理成本和政策体系的复杂性。

如何将固定上网电价政策与配额制有机组合来共同促进可再生能源发展是当前政策体系面临的主要问题。首先，从配额责任方来看，依据我国当前的电力体制和可再生能源发展的现状，固定上网电价政策的实施使得发电企业不愿意承担配额义务的概率变小，而电网消纳可再生能源电力是配额制的主要推动力。因此，无论责任方落在发电企业还是电网，若想积极促进电网建设、在电网安全的基础上全额保障性收购可再生能源电力都需要对电网进行有效监管。从机制选择的角度出发，目前已经实施的固定上网电价政策还将持续很长一段时间。而引入配额制的目的在于消纳我国可再生能源电力，真正实现可再生能源电力保障性收购。因此，若实行配额制，则直接面临着其与固定上网电价政策同时存在的局面。可再生能源配额制在促使可再生能源电力行业实现配额制对应的发电量时会对应着其配额电价。因此，在两种机制同时存在的大背景下，可再生能源市场运行的基本出发点就是比较固定上网电价和配额电价的高低来决定两个机制在促进可再生能源发展中的主导作用。相关研究表明当固定上网电价高于实施配额制所对应的电价时，固定上网电价将发挥主导作用，此时可再生能源发电企业愿意大量生产可再生能源电力，以保障配额完成(任东明，2013)。因此，本小节内容主要聚焦于固定上网电价低于实施配额制所对应的电价这种情形。

如图 5.1 所示，P_{set} 和 P_a 分别表示固定上网电价与完成配额所对应的电价，Q_{set} 和 Q_a 分别为配额目标与固定上网电价对应的发电量。首先，分析固定上网电价政策促进可再生能源发展的经济学机理。在保证固定上网电价不变的情况下，可再生能源电力设备制造商占用了技术进步导致的盈利，从而可以进一步投资研发活动，提高电力设备的生产水平，推动技术的进一步发展。技术的进一步发展使可再生能源发电的边际成本由 MC 下移至 MC′，当固定上网电价不变时，企业的发电量将由 *B* 增加到 *C*，此时面积 *ABC* 所示的生产者剩余①可进一步促进电力企业进行技术创新(曼昆，2009)。这就是固定上网电价政策促进可再生能源电力行业技术发展的经济学原理。然而，现实情况是政府会根据不同可再生能源电力技术的发展水平相应地调整固定上网电价，避免发电企业因技术进步而赢取暴利。

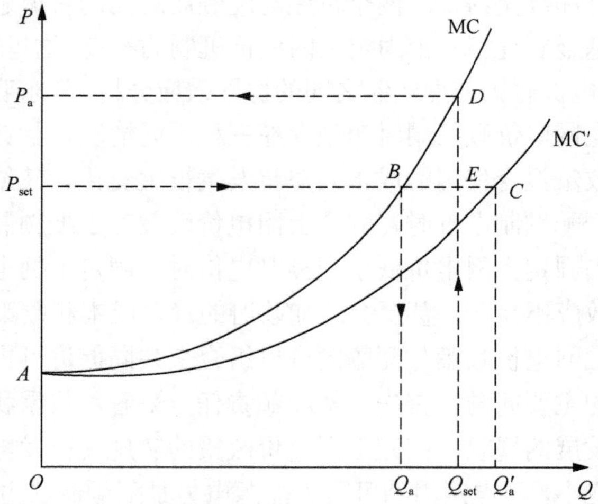

图 5.1　固定上网电价与配额制的经济学分析

当实施配额制后，配额目标 Q_{set} 对应的电价为 P_a，因配额电价小于固定上网电价时，对应的配额目标已经达到，所以这里主要分析 $P_a > P_{set}$ 的情况。在图 5.1 中，在固定上网电价 P_{set} 的激励下，可再生能源发电企业只愿意生产 Q_a 的可再生能源电力，显然这无法完成配额目标。对于超出 Q_a 的部分，如果要求发电企业为完成配额目标生产 $Q_{set}-Q_a$ 的可再生能源电力，则发电企业只能收回面积为 Q_aBEQ_{set} 的成本，而出现面积 *BDE* 的亏损。这部分亏损需要由配额制进行

①生产者剩余等于厂商生产一种产品的总利润加上补偿给要素所有者超出和低于他们所要求的最小收益的数量，是生产者的所得大于其边际成本的部分。

补贴。

(2) 碳价基础上的配额制经济学分析。随着电力行业纳入碳交易市场中，各发电企业在面临碳配额限制的约束下可能转向可再生能源发电领域。因此，在碳价的基础上，配额制的实施将面临碳价额外补贴的情况，这有助于进一步降低可再生能源电力生产成本，同时可能会导致可再生能源发电额外补贴过多的情况。与前面分析相同，当固定上网电价高于实施配额制所对应的电价时，固定上网电价将会发挥主导作用，从而和碳价一起有利于配额制的实施。然而，在存在过度补贴的情况下，这种超额补贴如果分配不当，则可能不利于非水可再生能源电力的消纳。合理地将超额补贴分配到发电企业、电网建设运营支出和国家的财政税收是解决超额补贴的方法之一。

本书只考虑固定上网电价低于完成配额目标所对应的电价的情况。在碳价 P_{tax} 的基础上，发电企业实际得到的价格刺激信号为 $P_{tax}+P_{set}$，依据 P_{tax} 的大小，P_{tax} 都可以看作补贴发电企业为达到配额目标而可能出现的“亏损”价差。特别是当 $P_{tax}>P_a-P_{set}$ 时，发电侧完成配额目标的障碍将消除。因此，碳价的变化对于配额制的实施较为重要，也会影响到各发电企业的投资计划。

5.3　模型结果分析与讨论

依据本章对于可再生能源配额制下各个利益主体的博弈决策模型和配额制与其他机制之间的耦合分析，可以得到以下结论。

(1) 对于提高地方政府的参与度来说，配额目标的设定既要贴切实际，又要有一定的发展空间，即需要努力才能达标的目标设计。因此，基本指标与优秀指标的设定可以解决目标设定的问题，也可以为地方政府的配额考核提供划分的标准。此外，提高社会公众对可再生能源发展的支持，为地方政府参与配额制获得声誉收益，有助于提高地方政府的参与意愿。

(2) 与传统能源电力相比，目前的电力输送机制不利于电网接纳可再生能源电力，旨在梳理电价形成机制的电力体制改革有望推动电网消纳可再生能源，真正实现可再生能源电力无歧视、无障碍上网。研究结果表明，相比于传统能源电力，可再生能源电力被电网接纳的条件性很强，而电力体制改革有望降低可再生能源电力上网的难度。

(3) 从实际承担配额制发电任务的发电侧来看，制定一定力度的惩罚制度有助于消除发电侧在完成配额过程中“搭便车”的现象。鉴于目前我国已经实施可再生能源固定上网电价政策，未来配额制的实施需要进一步考虑其与固定上网电价制度的协调与配合。

(4) 从经济学角度出发，固定上网电价政策有助于推动可再生能源技术进步，增加可再生能源电力的市场竞争力，降低可再生能源发电的风险。这与我国近十年来风电装机大规模发展的态势是吻合的。但是，固定上网电价只解决了电力生产的问题，为大规模进行可再生能源发电扫清了成本上的风险，而没有考虑到这些新增电力的需求问题，也就是消纳并网问题。因此，需要加强电力需求端管理，为引入配额制来解决当前弃风限电问题创造条件。

(5) 同时引入配额制和固定上网电价制度，在不同的电价水平下需要区别对待，突出重点。在固定上网电价低于完成配额对应的电价时，需要重点考虑发电侧完成配额目标所可能导致的“亏损”问题和如何弥补发电企业超过最佳发电量的额外电力生产成本。在固定上网电价低于完成配额对应的电价时，则需要重点考虑如何促进电网接纳可再生能源电力。可再生能源电力的消纳是当前困扰其发展的主要问题。碳交易市场机制与配额制、固定上网电价政策一样，都有促进可再生能源发展的激励效果。但是，如果没有做好与现有政策的衔接工作，可能不利于当前弃风限电问题的解决。

5.4 本章小结

我国可再生能源配额考核实施在即，这对于清洁能源而言无疑是莫大的利好。《中华人民共和国可再生能源法》规定的全额保障性收购制度也有望借此时机得到实现，但这一过程任重而道远，需要在配额制的实施过程中综合考虑各利益群体的决策行为，最大限度地调动各方参与可再生能源配额制的意愿。同时，配额制的实施也需要与其他现有激励政策做好衔接协调。

从我国可再生能源发展的政策体系来看，上网电价政策极大地促进了近十年可再生能源电力行业的飞速发展，产业竞争力不断增强，但财政补贴压力与日俱增，可再生能源电力附加费调整加快，可再生能源电力并网、上网问题亟待解决。可以说，可再生能源产业发展机制还不健全，新能源和可再生能源开发利用面临困难。

因此，本章在第 4 章可再生能源配额制概要框架的基础上，分析了配额制下不同利益群体参与到配额制中的博弈决策，旨在调动各个利益相关者积极参与到配额完成过程中，为制定合理有效的奖惩制度提供政策建议。随后，本章阐述了配额制与其他可再生能源激励政策之间的协同效应的机理和内在经济学分析。本章与第 4 章的共同探索了配额制的分配准则、电力优化调度与电网配套设施建设、利益相关者的博弈决策行为、与其他机制的协调等问题，为解决当前可再生能源电力消纳问题提供决策参考。

然而，本章只建立了配额制下各参与主体的博弈决策概念模型，根据实际数据进行案例分析才能提出具有针对性和贴切实际的奖惩制度。针对不同利益群体建立的博弈决策模型是孤立的，还需要建立各利益相关者的系统博弈决策模型，来研究配额制下各个参与者综合决策的影响。另外，对配额制、固定上网电价、碳交易机制等激励政策的经济学分析只是从有限的角度剖析了其内在机理，并没有考虑各个政策实施所带来的管理成本。未来碳交易市场对电力行业的碳配额分配将有可能与可再生能源配额制产生协同效应。

第6章 可再生能源投融资风险研究

6.1 可再生能源投融资制约行业发展

政策机制驱动下的可再生能源投融资面临着巨大的不确定性。不同于传统能源的发展，世界新能源(特别是可再生能源)的发展受限于技术发展瓶颈和经济效益等因素，其进一步发展依赖于激励政策，逐步提高可再生能源行业竞争力才能推动其市场化进程。可再生能源市场的投融资问题在其发展之初本质上是一个政策问题，逐步实现规模化发展之后，市场机制的作用才会凸显。在政策机制驱动逐步向市场机制主导变化的过程中，可再生能源投融资面临的风险较大，市场化前景不容乐观(何凌云等，2018)。

能源投资领域以清洁能源为投资主体，清洁能源占比增长较快。虽然在当前世界能源结构中，传统的化石能源依然占主流，但清洁能源所占比例逐步上升的趋势不可逆转。美国能源经济和金融分析研究所报告显示，截至2019年初，已有30多家全球性银行停止为全球火力发电厂、煤电项目提供新的融资。彭博新能源财经公布的全球清洁能源投资数据显示，尽管同比下降了8%，但2018年全球清洁能源投资总额仍达到了3321亿美元，连续五年超过3000亿美元(国际能源网，2019)。随着单位发电成本进一步下降，特别是在太阳能光伏发电领域，可再生能源发展得到进一步推动。2017年全球新增可再生能源装机量为178吉瓦，可再生能源发电量占全球发电量净增加值的70%。2017年全球光伏发电装机总量为98吉瓦，超过燃煤、天然气和核电净增装机量之和，增长十分迅速(REN21，2018)。

过去几年发展中国家的清洁能源投资增长较快，中国占比较高，其他发展中国家增长迅速，形成了一定的投资规模。然而，随着发展中国家可再生能源装机规模的不断扩大和补贴政策的不断缩紧，急需可再生能源行业投融资环节为其发展保驾护航。2018年中国投资额达1001亿美元，同比下降32%；印度投资额达111亿美元，同比下降21%；南非投资额达42亿美元，同比增长400%；墨西哥投资额达38亿美元，同比下降21%。此外，摩洛哥和土耳其都在投资超20亿美元的名单之列。随着投资风险加大，投资规模较大的这些发展中国家可再生能源投资呈现增长放缓或下降的趋势。

我国的清洁能源投资面临巨大的挑战，形势不容乐观。从外部环境来看，美国退出《巴黎协定》及采取的贸易保护主义态势将从资本形成和化石能源供应市场等多方面对清洁能源的发展产生重大影响。从技术上来看，可再生能源核心技术对长期稳定的清洁能源投融资环境至关重要。目前我国在可再生能源制造业的整机和组装方面具有一定的优势，但与发达国家相比，部分核心技术工艺、装备零部件和材料依然缺乏竞争力。从政策上来看，清洁能源消纳难题将会使未来的政策实施面临不确定性，进而影响清洁能源投融资。

针对上述情况，本章主要围绕以下几个方面开展讨论：世界可再生能源投融资现状如何？世界可再生能源投融资发展态势怎样？投融资的区域结构、技术类型等如何变化？我国可再生能源投融资的政策环境、发展模式如何变化？对可再生能源投融资有何影响？

6.2 全球可再生能源投融资进程及趋势

6.2.1 可再生能源投资逐步集中于亚太地区

根据 REN21(2018)的统计数据，2004 年以来全球可再生能源新增投资额波动很大，由 2004 年的 450 亿美元增加至 2017 年的 2800 亿美元。其中，2004～2011 年投资增速较大，2011 年新增投资达 2880 亿美元；2012～2013 年新增投资额有所下降，随后四年有波动。从国家类型来看，2014 年之前发达国家新增投资额明显高于发展中国家，但 2014 年之后发达国家新增投资额有所下降，而发展中国家每年可再生能源新增投资额基本维持增长态势，由 2004 年的 90 亿美元增加至 2017 年的 1770 亿美元，远超于发达国家(图 6.1)。

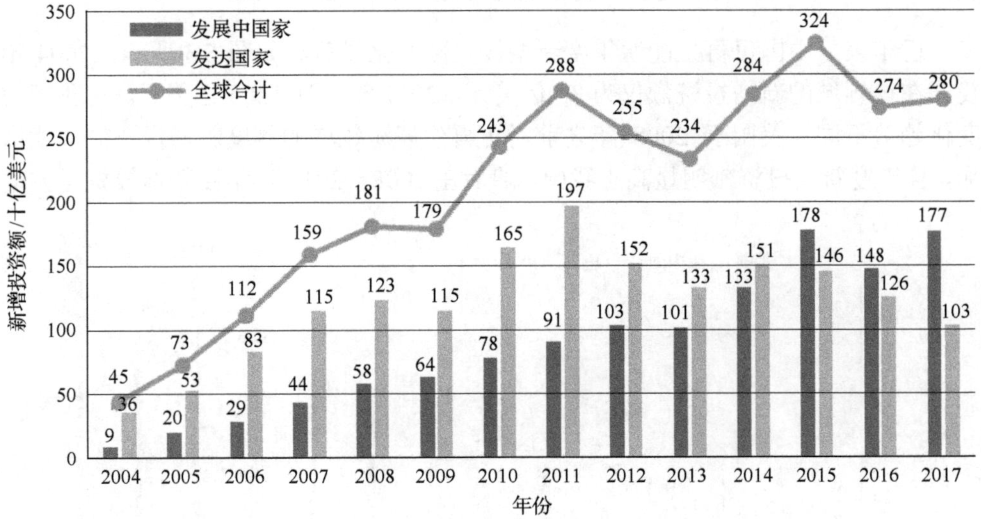

图 6.1 全球可再生能源年度新增投资额(2004～2017 年)

可再生能源新增投资额在全球不同区域间的分布也呈现出一定的差异性。第一，亚洲及大洋洲地区的年度新增投资额增长显著，2004 年仅为 129 亿美元，2017 年增加至 1689 亿美元，高于其他地区。第二，欧洲地区年度新增投资额先增加再减少。具体地，2004～2011 年，欧洲地区可再生能源年度新增投资额持续增加，由 2004 年的 236 亿美元增加至 2011 年的 1284 亿美元，显著高于其他地区；随后在 2012～2017 年波动减少，2017 年新增投资额为 409 亿美元，远低于亚洲及大洋洲和美洲。第三，美洲地区可再生能源年度新增投资额较为稳定，基本维持在 500 亿美元；非洲和中东地区年度新增投资额也有所增加，但金额较低，2014 年为 101 亿美元，如图 6.2 所示。

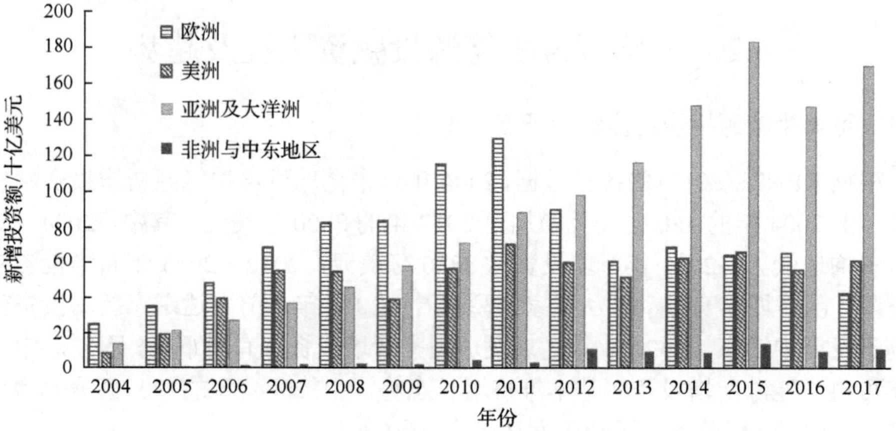

图 6.2　不同地区可再生能源年度新增投资额(2004～2017 年)

近年来，中国可再生能源年度新增投资额变化显著。如图 6.3 所示，2004 年我国在该领域的新增投资额仅为 30 亿美元，2017 年达到 1266 亿美元。与我国的变化趋势不同，美国于 2008 年之前对可再生能源领域的年度新增投资额持续增加，且年度新增投资额明显高于我国，随后在 2008～2017 年年度新增投资呈波动

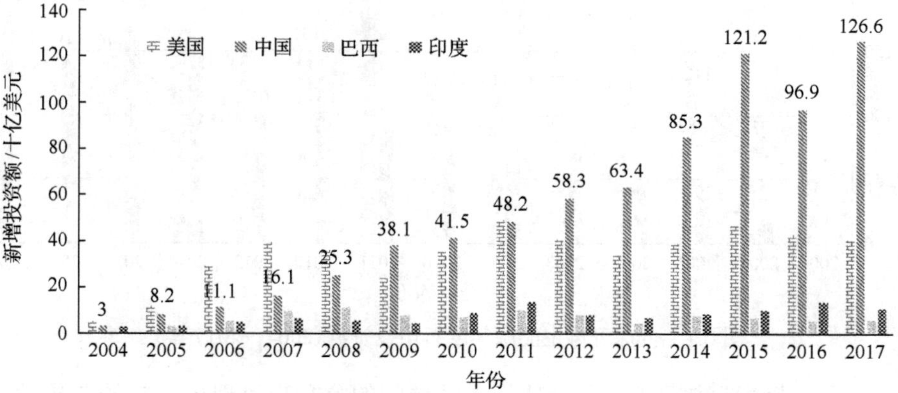

图 6.3　代表性国家可再生能源年度新增投资额(2004～2017 年)

变化，且 2004～2017 年新增投资额 351 亿美元，低于我国的 1236 亿美元。此外，巴西和印度每年在可再生能源领域的新增投资额也呈现出先增加后减少的趋势，年度最高新增投资额分别为 2008 年的 115 亿美元和 2011 年的 138 亿美元。

6.2.2　可再生能源新增投资流向太阳能发电和风力发电

从不同技术类型的可再生能源年度新增投资额情况来看，太阳能发电和风力发电是近年来的投资重点。如图 6.4 所示，2004～2017 年，全球在太阳能发电领域的新增投资额波动上升，2004 年为 120 亿美元，2017 年已高达 1608 亿美元，年均增速达 22%，远高于其他类型可再生能源投资。风力发电领域的年度新增投资额也一直保持较高水平，在 2010 年以前稳步增加，随后基本保持稳定，2017 年新增投资额为 1072 亿美元，仅低于太阳能发电的年度新增投资。全球在生物质能与垃圾发电、小水电领域的年度新增投资在近十几年来基本维持稳定。其中，生物质能与垃圾发电最低年度新增投资额为 47 亿美元，最高为 227 亿美元，2004～2017 年年复合增长率为 0.9%；小规模水电领域年度新增投资额在 26 亿～82 亿美元波动。生物燃料领域的年度新增投资额呈现出先增加后减少的趋势，先由 2004 年的 39 亿美元增加至 2006 年的 284 亿美元，随后又变化至 2017 年的 20 亿美元。

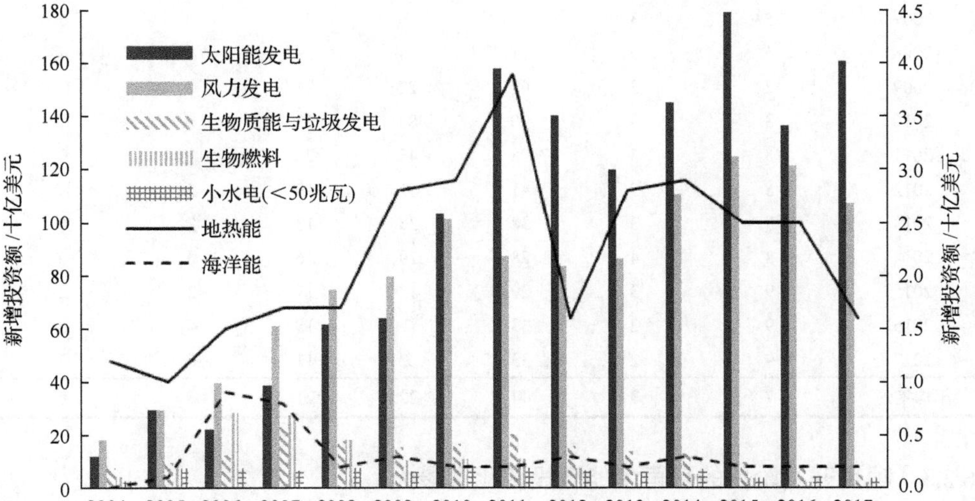

图 6.4　不同技术类型可再生能源年度新增投资额(2004～2017 年)

根据不同技术类型可再生能源年度新增投资额在全部可再生能源年度新增投资额中的占比，全球太阳能发电领域的投资份额不断增加，风力发电领域投资份额基本维持在 30%以上，但有小幅下降，生物质能及垃圾发电、小水电领域的投资份额出现明显的下降趋势。

除了不同技术类型可再生能源投资额不同，针对同一类型可再生能源，发达国家与发展中国家可能也呈现出不同的投资偏好。无论发达国家还是发展中国家，2017 年在太阳能和风能领域的新增投资额均远高于其他几种可再生能源。不过两者的侧重点有所不同：在太阳能方面的投资，2017 年发展中国家新增投资额显著高于发达国家；两者在风能领域的投资差别不大，发达国家新增投资额为 524 亿美元，而发展中国家为 548 亿美元。

不同技术类型可再生能源的新增投资额差异最终将反映在其发电装机容量的增长上。表 6.1 给出了 2004～2017 年全球不同类型可再生能源的累计装机容量年度增长率数据。从年均增速来看，太阳能发电累计装机容量增速最快，光伏发电和光热发电分别达 44%和 22%；其次是风电，虽然在 2009 年之后增长率有所下滑，但年均增速仍在 10%以上；水电和地热发电累计装机容量年均增速最低，仅为 3%，但水电累计装机容量年度增长率一直较稳定。

表 6.1　全球可再生能源发电累计装机容量年度增长率（2004～2017 年）（单位：%）

年份	全部可再生能源	水电	光伏发电	光热发电	风电	地热发电	生物质发电
2004	1	1	33	0	20	0	0
2005	4	2	38	0	23	4	13
2006	4	2	32	0	25	3	7
2007	5	3	5	5	27	0	6
2008	6	3	71	14	29	4	4
2009	7	3	62	22	31	7	15
2010	8	3	90	83	25	3	13
2011	8	3	78	43	20	1	9
2012	8	3	41	57	19	5	12
2013	7	3	38	36	13	3	6
2014	8	4	28	29	16	6	6
2015	9	3	29	12	17	2	2
2016	9	2	33	2	13	4	6
2017	9	2	33	2	11	6	7
年均增速	7	3	44	22	21	3	8

6.2.3　项目开发阶段的可再生能源投资比重最大

依据可再生能源的发展过程，可将其划分为技术研发阶段、商业化阶段、制造阶段和项目开发阶段。2004～2017 年，各阶段全球新增投资额情况如表 6.2 所示。从新增投资额绝对量来看，各阶段基本都呈现出随时间不断增加的趋势。通过比较可以发现，项目开发阶段投资额远高于其他阶段，尤其是资产融资方面。从各阶段投资额占总投资额的比例情况来看，项目开发阶段投资在总投资中占据较大份额，年度平均占比高达 89%左右，用于技术研发阶级和商业化阶段的投资份额相对较少，平均占比在 5%左右。

表 6.2　全球可再生能源不同发展阶段新增投资额(2004～2017 年)(单位：十亿美元)

年份	技术研发		商业化	制造		项目开发	
	政府研发	企业研发	风险投资	私人股份扩展资本	公共市场	资产融资	分布式装机
2004	1.9	3.2	0.4	0.3	0.3	30.4	8.6
2005	2.0	2.9	0.6	1.0	3.7	52.5	10.3
2006	2.2	3.1	1.2	3.0	9.1	84.7	9.5
2007	2.7	3.2	2.1	3.5	20.8	115.1	14.0
2008	2.8	3.6	3.3	6.9	10.8	135.6	22.1
2009	5.4	3.8	1.6	3.2	12.7	120.4	33.0
2010	4.9	3.9	2.7	5.5	10.8	155.2	62.2
2011	4.8	4.5	2.7	2.4	9.9	190.1	75.2
2012	4.7	4.2	2.6	1.7	4.0	169.4	71.6
2013	5.2	4.0	1.1	1.4	10.2	159.3	54.4
2014	4.5	3.9	1.1	1.7	15.1	201.3	60.0
2015	4.4	4.2	1.5	1.8	12.0	252.4	53.2
2016	5.1	4.2	1.0	1.7	6.1	215.6	43.1
2017	5.1	4.8	1.0	0.8	5.7	216.1	49.4

新技术的研究与试验发展(研发，R&D)投资在可再生能源发展过程中起着重要作用。如图 6.5 所示，2004～2014 年，全球无论政府还企业关于可再生能源研发的投资额总体呈现出上升趋势。比较而言，政府方面的研发投资额增加更快，2004 年为 19 亿美元，2017 年达到 51 亿美元；企业方面的研发投资额则相应地由 32 亿美元增加至 48 亿美元。但从两者在全部新增投资中的占比情况来看，均呈现出下降趋势——2004 年企业和政府研发投资额占比分别为 7.1%和 4.2%，2017 年则降低至 1.72%和 1.82%。

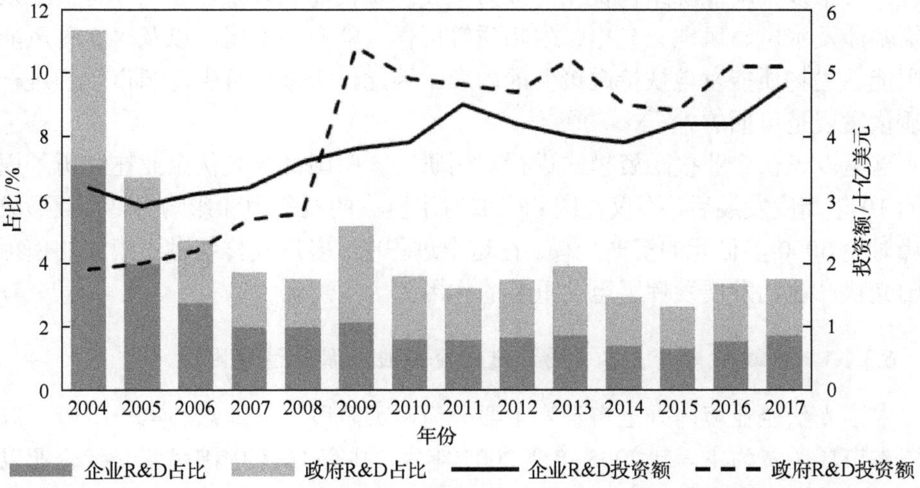

图 6.5　可再生能源新技术研发投资额及占比情况(2004～2017 年)

可再生能源项目的资产融资难度加大。2018 年 1 月，国际可再生能源机构和气候政策中心联合发布《2018 年全球可再生能源融资概览》，概述了 2013～2016 年全球可再生能源融资的主要趋势，提出加速可再生能源投资的巨大资金需求和日益变窄的绿色融资渠道，其数据显示私人资源是全球可再生能源的主要投资来源（2016 年达到 90%以上），而传统债务融资和股权融资是两大较为突出的融资工具。

6.3 中国可再生能源市场投融资政策影响因素分析

在了解国内外可再生能源发展进程和投融资现状后，分析影响可再生能源领域的投融资的市场因素和非市场因素对于投融资决策十分重要。而决定是否参与投融资和何时参与投融资的问题从根本上讲就是政策环境变化的问题。因此，本节首先分析我国可再生能源市场投融资模式和面临的挑战，然后从影响我国可再生能源投融资的政策因素出发来分析这些因素影响投融资主体参与投资的行为机理。

6.3.1 我国可再生能源市场传统融资模式遇瓶颈，融资新模式迎关注

6.2 节主要从总体发展、区域发展、技术类型、时间阶段分析了国际可再生能源市场的发展现状。本节主要从我国可再生能源投融资市场的参与主体入手，分析当前我国可再生能源投融资的参与主体、资金来源和存在的问题，探讨投融资模式的变化和面临的新挑战，并就规避风险提出相应对策。

2016 年 3 月 17 日，国家“十三五”规划正式对外公布，其中第七篇“构筑现代基础设施网络”中的第三十章规划了包含可再生能源板块八个能源发展重大工程。其中以推动能源结构优化升级为主线的现代能源体系建设工作有一半以上的篇幅涉及水电、风电、光电、生物质等可再生能源的发展，以及“完善风能、太阳能、生物质能发电扶持政策”的内容。因此，未来可再生能源市场的进一步高质量发展是可期的。

这里以光伏企业投融资模式进行案例研究。中国民营光伏企业在经历了规模化的 10 年高度发展后，不仅在国际上取得了巨大的竞争力和影响力，而且形成了高峰时期 5000 多亿元的资产规模。在这个过程中，多形式传统融资模式的使用对中国光伏产业的发展发挥了至关重要的作用。

6.3.1.1 通过境内外资本市场来进行企业股权融资遭遇困境

中国光伏企业境内外上市融资主要分为两大阶段三大地点。第一阶段：以美国资本市场融资为主。自 2005 年至 2007 年底，共有 11 家中国民营光伏企业以存托凭证方式在美国上市，市值规模曾高达 320 亿美元。在国家对光伏行业的大力

扶持和光伏装机不断增加的背景下，经过2014年的行业复苏，我国光伏企业崛起势头强劲。第二阶段：以国内和香港资本市场为主。2008年至2011年底，十多家中国民营光伏企业采取直接上市、并购上市或上市公司以转投光伏产业等方式在国内资本市场实现融资运作。然而，由于金融监管力度的加强和产业波动，其首次公开募股(IPO)融资出现困难，退市风险加大。2011～2014年我国光伏企业股权融资陷入困境，急需融资模式创新。

对于非上市的可再生能源项目来说，其初期投资大，投资回收期长，属于资本密集型行业。与国外可再生能源企业多通过资本市场直接融资的形式发展业务不同，由于我国的证券市场起步较晚，《中华人民共和国公司法》《中华人民共和国证券法》等对公司上市发行股票有诸多限制，且目前的IPO制度多采用审批制，门槛较高，政策性障碍较大，多数非上市新能源企业通过IPO融资的机会不多。我国可再生能源企业债市场规模相对较小，金融资源多流向大型上市公司。

6.3.1.2　商业和政策银行贷款难度不断增大

商业和政策银行贷款是光伏企业融资的重要手段。在各地方政府以多种形式为光伏企业担保的情况下，银行等金融机构对光伏企业的融资出现了自银行业规范运作之后超乎常规的放大，此方式逐步成为光伏企业融资的主要手段。以河北省为例，截至2018年，河北省各银行机构通过信贷投放、贸易融资、票据贴现、承兑汇票、信用证和保函等多种形式，累计投放资金超过200亿元支持光伏企业发展，投资支持力度非常大。

绿色信贷难度不断增大，监管力度日益加强。以无锡尚德太阳能电力有限公司(简称尚德)为例，国家开发银行给予光伏企业的贷款授信额共计2450亿元，其中对尚德的授信就曾高达500亿元。2005年底，尚德上市时贷款余额0.56亿美元。而2006年底，尚德的银行贷款已攀升至3.07亿美元。直到2013年3月20日尚德宣布破产重整时，尚德债权金额仍达到70多亿元。自2011年开始，中国银行业监督管理委员会扩大了逾期贷款的监测口径，将未到期但已欠息超过90天的贷款纳入逾期贷款的统计，光伏产业成为重点关注对象。未来绿色金融需加强政策引导和拓宽融资渠道(黄田帅，2018)。

光伏电站保险产品逐步推出，光伏电站融资难题有望得到有效解决。2014年9月，《国家能源局关于进一步落实分布式光伏发电有关政策的通知》中，重点提出要创新分布式光伏发电融资服务。招商银行率先发布了《光伏发电行业信贷指导意见》，尽管其提及了光伏电站行业的主要风险，但已把光伏电站行业定位为适度进入类行业，且明确了光伏电站行业的风险控制要点，成为商业银行重新对光伏行业打开大门的重要信号。针对光伏发展的风险，安邦财产保险股份有限公司于2015年7月正式推出“太阳能光伏电站综合运营险”。随着保险与光伏产业的日益融合，越来越多的保险公司推出光伏发电收入相关保险产品，如英大泰和财产保险股份有限公司“25 年期光伏组件质量及性能保险”、中国人民财产保险股份有限公司“太阳能光伏组件长期质量与功率保证保险”等。“光伏贷”“光伏保险”的推出有利于降低投资风险，进一步促进银行向光伏电站行业敞开大门。

6.3.1.3 创新融资模式备受关注

项目融资租赁在直接融资渠道与间接融资渠道不畅的情况下，广泛被光伏业界所采用。目前，江苏爱康科技股份有限公司、海润光伏科技股份有限公司等一批上市公司，与中国外贸金融租赁有限公司、中水电融通租赁有限公司、华融金融租赁股份有限公司等多家租赁公司都已有过融资租赁业务合作。在实践中，光伏电站融资租赁业务模式已逐渐成熟并成为缓解行业融资之渴的重要方式。但除了央企及上市公司，真正能采取融资租赁方式融资的中小民营企业鲜见，原因仍然是对融资租赁公司对电站质量无标准、发电量及电站寿命不确定、电费收取难的担忧。

融资租赁与互联网金融相结合成为融资模式创新的新典范。其代表是绿能宝，即以“实物融资租赁”为模式的可再生能源投资产品(康逸梅，2015)。绿能宝的主要架构有两个部分：其销售平台作为一个企业对顾客(B2C)电商网站，面向众多客户销售太阳能电池板。而客户购买产品的同时也完成了一个委托租赁的过程，即客户购买太阳能电池板后，并将其委托一家融资租赁公司，以出租给发电企业使用，发电企业以所得电费来支付使用电池板的租金。这种模式的结构复杂，既包含传统的融资租赁业务，又运用了互联网金融手段，拓展其销售渠道。

另一种创新融资模式是资产证券化。在中国可再生能源资本市场，规范的资产证券化运作模式尚不多见。这与我国资本市场客观环境有关，也与可再生能源行业投融资特点分不开。依据国际经验，从长远来看，可再生能源资产与开发经营者的分离是可再生能源融资问题的关键。可再生能源发电资产的独立性使得已建成的电站资产可通过各种金融手段排除项目建设和运营中的不确定因素，强化其金融属性。资产证券化在欧美国家已有多年实践经验：在资产证券化基础上，由可再生能源资产组成的资产，进一步成立独立公司，还可公开上市交易。这种风行欧美资本市场的 YieldCo 模式(汪巍，2015)在发达国家被越来越多地用于解决可再生能源行业的融资难题，发展比较好的企业有在纽约交易所上市的 NRG Yield 公司。

6.3.1.4 在可再生能源开发上，大型发电集团占主导地位

以风能利用为例，中国风能协会发布的 2016 年和 2017 年中国风电装机容量统计数据显示，在我国风电装机开发企业中，国有五大发电集团[中国华能集团公

司、中国大唐集团公司、中国华电集团公司、中国国电集团公司(重组为国家能源投资集团有限责任公司)、中国电力投资集团公司]稳居前列，所占比重分别为 2016 年的 49.4%和 2017 年的 53.2%，占据风电利用的半壁江山。前五位中发生位次变化的是中国电力投资集团公司，这是由中国电力投资集团公司与国家核电技术公司的合并重组引起的。这种以大型发电集团为主的可再生能源开发模式对我国可再生能源投融资市场的发展来说挑战与机遇并存。

6.3.2　固定上网电价政策逐步完善，未能解决弃风限电问题

可再生能源固定上网电价在促进可再生能源产业规模化发展方面发挥了巨大的作用，也带来了消纳困难和补贴缺口不断扩大的不利影响。长期的固定上网电价机制具有浓厚的行政干预色彩，对市场运行和行业发展造成了一定的扭曲，因此从长远来看是不可持续的。5.2 节分析了我国固定上网电价发展历程和现状，展望了未来的变化趋势。总体来看，可再生能源固定上网电价未来将逐渐与传统电力价格持平，已形成按区域资源禀赋设立固定上网电价的政策。传统电力的外部性成本需要纳入电力总成本中，这有助于全面提高可再生能源电力的竞争力。

决定可再生能源电力固定上网电价的关键要素是政府规定的不同技术的固定上网电价；固定上网电价具备一定的吸引力，可以引导产业发展；电网收购可再生能源电力并按合同付费，与之对应的是可再生能源电力生产企业按合同发电赚取利润。从这可以看出，若想成功实施这一政策，关键因素在于如何确定固定上网电价水平、如何建立较为长期的购销合同、可再生能源电力如何保证上网三个方面。魏一鸣等(2011)从财税政策与能源供给的角度分析了固定上网电价制度的利弊，指出其在迅速促进可再生能源电力的发展、推动可再生能源电力技术进步和拉动其他相关产业方面存在优势，但其不能够有效降低消费者电价，并会带来巨大的财政负担。从我国可再生能源电力行业的发展实际来说，自 2006 年以来固定上网电价政策虽极大地促进了可再生能源电力的飞速发展，但财政补贴压力也不断增长，并网、上网难成为其开发利用的瓶颈。

行业新政对于可再生能源投融资短期影响大，倒逼行业健康可持续发展。2018 年 5 月 31 日，《国家发展改革委 财政部 国家能源局关于 2018 年光伏发电有关事项的通知》的发布引起光伏行业巨大波动，光伏龙头企业股价暴跌(韩晓平，2018)。这一降补贴、限规模的新政策使得本行业融资成本再次上升、融资难度增大，光伏产能增速有望放缓。长远来看，新政有利于减小补贴缺口，消除产能过快增长的隐患，进而推动光伏行业高质量发展。

6.3.3　碳交易市场有望为可再生能源发展提供融资新契机

清洁发展机制(CDM)与国际排放贸易机制一起为《京都议定书》下的国际可

再生能源投融资快速增长创造了条件。《京都议定书》建立的这两个机制允许发达国家通过碳交易完成减排任务，发展中国家则可以获得相关技术和资金，这些技术与资金为 CDM 下的可再生能源项目提供了技术支持和财力保障。对于我国而言，CDM 极大地促进了国际可再生能源项目的落地，推动我国可再生能源技术的发展。例如，截至 2011 年底，我国已批准的 CDM 项目有 3105 个，新能源和可再生能源类项目占比高达 71.63%。但随着气候谈判与治理的不确定性增加，CDM 面临前所未有的挑战，我国 CDM 项目数量呈现断崖式下跌，且核证减排量稳步上升，核证减排价格低位徘徊。CDM 项目的开展举步维艰，还需建立碳交易市场，保持核证减排的供需平衡。

在国际碳交易市场步入调整期的背景下，我国碳交易市场建设线路图基本确定，未来将进入国家碳交易市场建设的新阶段。目前全国统一碳交易市场经过基础建设，正步入全面运行的阶段。全国统一碳交易市场的建立是我国绿色发展、应对气候变化、降低碳排放、履行国际承诺的重要手段。自 2016 年首次正式提出建设以来，2017 年 12 月全国碳交易市场启动并首先在电力行业实施交易，国家发展改革委制定了碳排放报告管理和市场交易管理办法、“发电行业配额分配技术指南”等相关配套规章和技术规范。可以预见，未来碳交易市场的建立有望与可再生能源的发展进行对接，并对可再生能源投融资市场的完善发挥积极作用。

可再生能源配额制在突破消纳发展瓶颈上任重道远，市场手段有望取得进展。因消纳问题困扰着目前我国可再生能源的持续发展，致力于破解这一难题的配额制自 2015 年开始多次传出征求意见稿，历经多次修改和完善，由于涉及多个利益主体的博弈决策而面临一定的困难。2019 年 5 月，改名后的可再生能源配额制出台，发布了 2018～2020 年的配额目标。在碳交易市场逐步建立和配额制出台的背景下，市场手段与行政手段有望为可再生能源的稳步持续发展发挥重要作用。

6.4 本章小结

尽管近几年来我国可再生能源的发展已经取得了一定的成就，但是我国可再生能源产业仍然处于快速发展期，行业基础较薄弱。可再生能源属于资金密集型产业，它的可持续发展需要有效的金融支持、相应的激励鼓励和政策保障。可再生能源产业有独特的融资特征和激励机制，受到行业政策的影响十分显著。

目前中国可再生能源市场投融资面临着许多问题。首先，中国可再生能源市场投融资压力大。尽管中国对可再生能源的投资额很大，甚至年度新增投资额超出发达国家许多，但是中国可再生能源产业基础较为薄弱，产业设备和核心技术等方面的研发处于较低的水平，需要进一步加大可再生能源市场投融资(郭维，2018)。其次，中国可再生能源市场投融资不稳定。中国可再生能源产业的市场规模和生产规模都比较小，融资存在较大的缺口。和传统的电力项目相比，由于资本市场的逐利性质，可再生能源产业的投资项目处于融资劣势。此外，资本市场不完善，存在信息不完善、风险厌恶等问题，也加大了可再生能源市场投融资的不稳定性(Liu et al.，2015)。最后，中国可再生能源市场投融资容易受到外力阻碍和国内政策变动的影响。欧洲国家在 2011 年大幅调整光伏产业政策，导致光伏发电补贴的减少，并对我国光伏组件出口加大审查力度。美国和欧洲又在同年发起“反倾销、反补贴”的调查，阻碍了中国光伏产业在国际市场的发展(林波，2018)。从国内来看，我国可再生能源电力价格政策正处于频繁调整期，部分可再生能源产业对政策十分敏感和脆弱，增加了本行业投融资的困难。

针对目前中国可再生能源市场投融资面临的问题，相应地需要一些对策去解决。从政府层面出发，可以采取财政政策和税收政策，设立可再生能源发展专项资金，用来补助可再生能源技术开发与产业的投资与运营；完善可再生能源财政补贴政策和实施稳健的去补贴政策。税收对可再生能源发展主要有两个方面的影响：一方面影响可再生能源投资，政府运用税收优惠措施可以降低可再生能源企业的资本边际使用成本，鼓励可再生能源企业进行投资；另一方面影响可再生能源产品消费，政府通过开征新税种、提高税率、取消税收优惠等措施提高非可再生能源的生产价格，抑制化石能源的消费，促进可再生能源产品的生产和供给(张阿杏，2009)。

从世界范围来讲，可再生能源的利用和投融资都在从发达国家向发展中国家倾斜，从美欧地区向亚太、拉美地区转移。整个发展中国家的可再生能源市场投资额占比已经超过发达国家。其中，中国无论在可再生能源利用方面，还是在投融资份额方面，都居于世界首位。然而，我国的可再生能源发展面临着电力上网难、消纳不足、上网电价政策波动大等问题，迫切需要产业从“规模+补贴”的发展模式转变为“质量+效益”的提质增效新模式，需要在行业投融资金融体系和商业模式上形成新思路。

可再生能源投融资市场建设应与其发展政策、行业监管相互协调和积极配合。在我国可再生能源发展的支持政策中，目前已经建立了以固定上网电价和配额制为基础、可再生能源发展基金为支撑、碳交易为拓展的可再生能源发展政策体系。这种以固定上网电价为代表的价格机制和以配额制为代表的数量机制融合在一起，构建了我国可再生能源发展“双轨制”，是一套具有中国特色的可再生能源发展之路。目前，从总体上来看，新能源，特别是可再生能源的上网消纳问题是困扰我国可再生能源持续稳定发展的阶段性问题，这一问题本身不仅仅是技术问题，也是一个政治、经济和监管问题。加强监管，厘清不同类型发电的优先序，加快容量市场的建设是可再生能源行业发展需要解决的问题，也是亟待将政策落实的核心问题。然而，作为政策主导型行业，政策变化与行业监管对其投融资市场影响较大，行业内部容易出现融资困难、融资渠道不稳定等问题，严重影响到行业的高质增效可持续发展。

第三部分　社会效益篇

可再生能源发展对整个社会来说会带来巨大的社会效益。首先，基于其能源特征，可再生能源对于传统能源存在能源替代效应，从而有助于解决传统能源生产与消费的外部性问题。其次，从能源使用安全的视角来看，可再生能源可满足人们日益增长的清洁能源消费需求，从能源供应的角度来看，其在偏远地区的分布式能源利用形式突破了传统能源供应不足的问题，因此可再生能源发展为保障能源安全可发挥巨大作用。最后，可再生能源在应对气候变化、环境污染治理、解决社会就业等方面也发挥着日益突出的作用。本篇主要评估可再生能源发展在缓解能源贫困和保障能源安全中的效益，主要研究问题如下。

(1) 可再生能源发展有哪些社会效益？

(2) 可再生能源发展如何缓解能源贫困？

(3) 可再生能源发展如何保障能源安全？

第 7 章　可再生能源发展：减缓能源贫困[①]

7.1　可再生能源发展社会效益突出

大力发展可再生能源需要激励政策的支持。无论已经实行的固定上网电价政策，还是可再生能源配额制都需要政府财政的支持。一般来说，由于可再生能源技术应用成本相对较高，固定上网电价或者竞争电价会高于传统能源的上网电价。而根据《中华人民共和国可再生能源法》，可再生能源发电价格高出常规能源发电价格的部分，将在全国范围内进行分摊，这就造成这部分差额需要中央或地方财政的补贴。对于配额制来说，其考核机制决定了对于完成配额较好的省份需要制定一定的奖励政策，而没有完成配额的省份则需要接受相应的惩罚，全国或地区所有奖励惩罚的差额就需要国家或地方政府来负担。相比较而言，一部分奖励资金可从惩罚未完成配额的省份来获得，从而可再生能源配额制涉及的政府补贴相对较少，且配额制也可以与碳交易市场等机制相互协调与配合。

财政支出压力倍增，可再生能源发展基金紧缺，可再生能源电力附加费调整日益频繁。为支持和促进可再生能源开发利用、优化能源结构、保障能源安全，中央财政预算划拨了用于支持可再生能源和新能源开发利用的专项资金，由财政部会同有关部门负责管理，制定了《可再生能源发展专项资金管理暂行办法》。随着可再生能源产业发展状态的变化，财政部于 2015 年 4 月发布了最新的《可再生能源发展专项资金管理暂行办法》，这是 2006 年和 2011 年之后，第三次对可再生能源发展专项资金管理相关规章进行制定和调整(财政部，2015)。从调整的具体内容来看，财政专项资金利用将采用竞争性分配，引入市场机制。这种“择优”分配的资金管理机制一方面体现了我国重视资金使用效益，另一方面也凸显了我国可再生能源财政补贴的压力不断增加。因此，单纯依靠政府财政支持的可再生能源激励体系难以为继。

提高全社会参与到发展可再生能源的进程中是我国未来可再生能源发展的重要渠道。从 2006 年至今，可再生能源电力附加费已经历了四次调整，从 2006 年的 0.001 元/千瓦时上升到 2016 年的 0.019 元/千瓦时，调整幅度不断增大，凸显出社会公众对可再生能源发展的责任不断增大。《中华人民共和国可再生能源法》颁布时，就在“总则”第四条对社会资本参与可再生能源发展做了具体规定，国家

---

①本章部分核心内容已于 2017 年发表在 SCI 检索期刊 *Energies* 第 10 卷上(Wang et al.，2017)。

鼓励各种所有制经济主体参与可再生能源的开发利用，依法保护可再生能源开发利用者的合法权益。《可再生能源发展“十二五”规划》则提出了建立鼓励各类投资主体参与和促进公平竞争的市场机制的基本原则，社会参与将不断加强。

科学认识可再生能源利用的效益是提高全社会参与度的关键。《可再生能源中长期发展规划》和《可再生能源发展“十二五”规划》都从能源效益、环境效益和社会效益等方面对可再生能源发展的效益进行了分析。《可再生能源中长期发展规划》在保障措施中明确提到了“提高全社会的认识”的重要性。因此，考虑到可再生能源的效益和其发展过程中巨大的财政补贴压力，发展可再生能源需做到效益共享、责任共担。科学评估可再生能源发展的效益将有助于提高全社会对可再生能源的认识度和参与度。

基于国家可再生能源领域的发展规划，本章和第 8 章将分别从缓解能源贫困和保障能源安全两个角度进行可再生能源发展的效益分析。7.2 节采用灰色决策模型研究了可再生能源利用在解决偏远地区无电人口用电和促进农村能源发展问题中的实际作用，7.3 节分析了可再生能源对我国区域能源贫困的影响。第 8 章运用指数分解法研究可再生能源利用在我国清洁能源转型中的历史贡献，并就未来的发展进行情景模拟，探索可再生能源在我国未来能源发展中发挥更大作用的可能性。

7.2 基于灰色决策模型的区域清洁可再生能源发展评估

世界主要发展中国家的能源贫困问题各具特点，解决途径需符合国家实情。世界上的能源贫困人口主要分布在非洲、拉丁美洲、中东地区以及亚洲的部分发展中国家。虽然印度和中国同为新兴的经济体，但就人均能源可获得性而言，印度与中国的差距还较大，目前印度仍有 25%的人口无法获得电力服务。印度可再生能源丰富，并且近年来可再生能源投资力度加大，但开发水平较低。相比来讲，巴西基本实现了电力服务全民普及，其可再生能源利用程度较高，尤其是水力发电。由于未开发的水能所处地理位置影响其开发利用，巴西将在一定程度上加大对风能与太阳能的投资和开发力度。

在我国，可再生能源发展规划聚焦于解决以无电人口用电问题和农村生活燃料短缺问题为代表的能源贫困问题。2007 年，《可再生能源中长期发展规划》规定了今后十五年我国可再生能源发展的总目标是提高可再生能源在能源消费中的比重，解决偏远地区无电人口用电问题和农村生活燃料短缺问题，推行有机废弃物的能源化利用，推进可再生能源技术的产业化发展。这也明确了可再生能源发展在解决偏远地区无电人口用电问题和农村生活燃料短缺问题中的关键作用。《可再生能源发展“十二五”规划》在可再生能源发展形势中进一步指出目前全国还有约 400 万人没有电力供应，许多农村地区生活能源仍主要依靠秸秆、薪柴等直接燃烧的传统低效生物质能源。但是，农村地区可再生能源资源十分丰富，加快农村地区可再生能源资源的开发，一方面可利用当地资源，因地制宜解决偏远地区电力供应和农村居民生活用能问题，另一方面可将农村的生物质资源转换为商品能源，使可再生能源成为农村特色产业，增加农民收入，改善农村环境，促进农村地区经济和社会的可持续发展(北极星电力网，2012)。由此，评估可再生能源在缓解我国能源贫困工作中的具体作用，可为下一步可再生能源推广行动提供依据。

能源贫困问题的解决有助于我国扶贫工作的进一步推进。我国无电人口从“十二五”规划初期的 400 多万人减少到 2015 年初的 20 多万人，且 2015 年《政府工作报告》提出了力争让最后 20 多万无电人口能用上电的目标。从电力服务的可获得性和可支付能力来讲，还有 20 多万人无法获得电力服务，而在一些特困地区，虽然基本上不存在用不上电的问题，但用不起电的问题却普遍存在(人民网，2015)。这些偏远贫困山区的电网铺设成本过高，电力线路过长，导致其电网建设基础较弱。此外，我国在 2010 年有 104 万人过早死于固体燃料导致的室内空气污染，占全部过早死亡人数的 12.5%，与室外大气颗粒污染物造成的过早死亡人数相当(魏一鸣等，2014)。而分布式可再生能源发电项目的自发自用性、无须长距离架设电线等特性，可以解决这些偏远地区的清洁用电问题，有望在这些地区的能源扶贫工作中发挥巨大作用。

国内外针对能源贫困的研究相对较少，正处于起步发展阶段(魏一鸣等，2014)。在国际上，为推动世界各国采取有效措施实现现代能源服务普及化进程，IEA(2004)发布了用 2002 年数据计算得到的能源发展指数(EDI)，EDI-2004 包含三个维度，即人均商业用能量、商业用能所占比重和获得电力服务的人口比重。2012 年，IEA 在 EDI-2004 的基础上进行了改进，用家庭和社区两个层面的五个指标衡量了一个国家的能源开发利用程度和现代能源服务水平。IEA 发布的《世界能源展望 2012》披露了世界上 80 个国家的 2010 年能源发展指数排名，并将其与部分国家 2002 的能源发展指数进行对比(IEA，2012)。作为有效测量一个国家能源发展的指标体系，能源发展指数明确反映了各国政府在能源发展中所做的工作、取得的能源发展进步以及存在的不足，为推动各国政府进一步普及现代化的能源使用、解决能源贫困问题等提供借鉴。国内针对能源贫困问题，从国内外发展现状、能源贫困度量、我国区域评估、与经济发展互动、清洁能源发展等角度进行了系统性研究(魏一鸣等，2014)；此外，还对能源贫困综合评估方法进行系统研究，并将其应用到居民部门能源消费、生活用能可支付性、区域综合评估等实际研究中(李慷，2015)。

本节依据 IEA 最新发布的能源发展指数评价框架和大量的前期研究基础(魏一鸣等，2014)，结合我国能源发展实际和数据可获得性，试图建立可有效衡量能源贫困问题的中国区域可再生能源发展评价体系，运用改进的灰色决策理论计算出各地区清洁能源的发展指数，分析与之相关的能源贫困问题。

7.2.1 区域清洁可再生能源发展评估框架

本书依据的能源贫困的定义为“为了人类的生存和发展，不能公平获取并安全使用能源，特别是充足的、可支付的、高质量的、环境友好的能源”（魏一鸣等，2014）。IEA 的最新能源发展指数从家庭和社区两个层面讨论世界各国的现代能源服务可获得性问题，选取了电力普及人口比重、人均居民电力消费量、居民部门现代能源使用比例、公共基础设施部门人均电力消费量、生产部门能源消费比重五个指标，并使用几何平均数方法将前两个指标融合为表征居民部门电力发展的衡量指标。借鉴 IEA 的最新能源发展评价体系，本节建立了如图 7.1 所示的从可再生能源视角分析中国区域能源贫困的新框架。

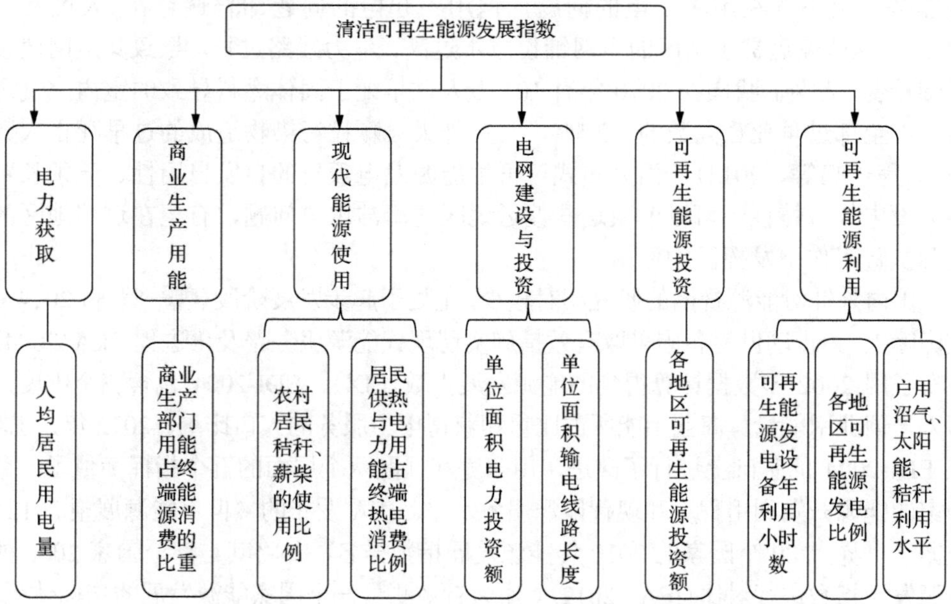

图 7.1 清洁可再生能源发展评估指标体系

首先，IEA 报告介绍了衡量能源发展的五个属性：现代能源服务的可获得性、可支付性、充分性、便捷性和可靠性。本节基于现代能源服务的这五个属性来讨论清洁可再生能源发展问题，用能源发展现状来表征能源贫困问题。

其次，根据 IEA 的《世界能源展望 2012》，中国的能源贫困问题现状为：中国电力普及率接近 100%；存在 29%（3.87 亿人）的人口，其炊事用能主要来自于传统生物质能，这成了我国能源贫困的主要问题。但其并没有考虑我国电力服务的质量、电力服务的清洁度等问题，因此需要更加贴合实际的指标来表示我国目前的能源贫困现状。

最后，近年来中国统计数据的完善已允许从可再生能源视角出发的能源发展评估采用更加细化的评价指标，即将清洁可再生能源指标融合到能源贫困评价的研究框架当中，量化可再生能源发展在解决能源贫困中的实际作用。

如图 7.1 所示，基于 IEA 能源发展指数，改进后的清洁可再生能源发展指数不仅包含改为电力获取商业生产用能、现代能源使用等 IEA 能源发展指数中的衡量标准，还融入了可再生能源发展指标，本书将其称为“清洁可再生能源发展指数”。清洁可再生能源发展指数继承和发展了 IEA 能源发展指数的评价框架，结合我国能源发展的实际情况，做出了如下改进：①基于我国电力可获取能力接近 100%，删除了电力普及人口比重这一指标；②原 IEA 能源发展指数中有关人均居民用电量和商业生产用能比例指标保持不变；③居民部门现代能源使用比例用农村居民秸秆、薪柴的使用比例以及居民供热与电力用能占终端热电消费比例来代替；④由于我国电力可获取能力已接近 100%，电力服务的质量用电网建设与投资这一指标进行表示，具体为单位面积电力投资额和单位面积输电线路长度两个指标；⑤从两个维度补充了清洁可再生能源发展指标，包括各地区可再生能源投资额、可再生能源发电设备年利用小时数、各地区可再生能源发电比例等指标。除秸秆等传统生物质能在农村生活用能的比重外，其他所有指标数值越大，则清洁能源发展越好。而秸秆等传统生物质能在农村生活用能的比重则采用标准化处理，使其值与其他指标表征同一含义。

7.2.2 区域可再生能源发展评估模型

灰色决策模型是在决策模型中含灰色元素或一般决策模型与灰色概念相结合的情况下进行的决策，重点研究方案选择的问题(刘思峰等，2010)。灰色决策模型能够很好地处理不确定条件下的决策问题(Feng et al.，2011)。本书通过引入优劣解距离法(TOPSIS)的多属性决策思想，对灰色决策模型进行改进，并用于评估我国区域间的能源发展问题。选择灰色决策模型的理由在于：首先，在确定区域能源发展的最优和最劣的“参考样本”时，在某些决策变量上往往存在一个最优的区间范围，这与灰色决策理论中的灰数概念十分吻合；其次，部分数据的不完整性需要对应的模型处理办法来弥补，而灰色决策理论在处理贫信息、少数据的问题上有很好的效果，特别适用于相对较短时间范围内的预测或评估。因此，本书基于灰色决策模型中的灰色关联决策分析方法(刘思峰等，2010)，运用 TOPSIS 多目标决策方法的理论思想对其进行改进，并用改进的灰色关联决策分析方法对我国区域能源贫困现状进行评估。模型描述如下。

(1)灰色关联度。灰色关联决策分析的理论核心是灰色关联度，描述的是两个数据序列的贴近度问题。本节所选取的灰色关联度与第 2 章的灰色关联分析一致，此处不再赘述。

(2)决策准则。有了前面所陈述的关联度以后，灰色关联决策模型评价准则就是找到局势效果向量(决策单元)与最优效果向量(虚拟最优单元)的关联度来评价决策单元的优劣。关联度越大，该决策单元相对越优。

(3)模型改进。TOPSIS 是一种逼近于理想解的排序法，与灰色关联分析的灰色关联度的思想具有一定的吻合度，因此本节改进了原有灰色关联决策单纯依靠与理想最优解的灰色关联度来确定方案优劣的决策准则，通过同时考量决策单元与虚拟最优单元、虚拟最劣单元的灰色关联度来综合评价方案的相对优劣，计算方法如式(7-1)所示：

$$S_i = \frac{\varepsilon_{ia}}{\varepsilon_{ia} + \varepsilon_{ib}} \tag{7-1}$$

其中，ε_{ia} 和 ε_{ib} 分别表示决策目标单元与虚拟最优单元、虚拟最劣单元的灰色关联度，i 表示区域，i=1,2,…,29。灰色关联度的计算是在灰色理论模型软件 GTMS3.0 下完成的。

7.2.3　数据处理与来源

表 7.1 解释了图 7.1 所示评估框架中各指标含义、单位及数据来源。由图 7.1 可知，清洁可再生能源发展指数分为六维子指标，各子指标下还有分指标，所有指标数据采取数据标准化的量纲统一处理后，均值化得到六维子指标，最后对六维子指标相加得到清洁可再生能源发展指数。其中，电力、输电线路、可再生能源发电比例与年利用时长等数据均来自历年《中国电力年鉴》；能源数据来源于历年《中国能源统计年鉴》；可再生能源利用数据摘自于历年《中国新能源与可再生能源年鉴》；人口、面积等数据来自于历年《中国统计年鉴》。此外，香港、澳门、台湾、西藏、上海由于部分数据缺失而不包含在本节研究之中，最终选取的 29 个省级行政区为本节的研究对象。因现代能源使用这一维度中的农村居民秸秆、薪柴的使用比例这一指标与可再生能源利用这一维度有所重合，故在实际模型运算中，本书去除了其对模型结果的影响。

表 7.1　清洁可再生能源发展评估数据含义及来源

指标	含义	单位	数据来源***
电力获取	人均居民用电量	千瓦时	《中国电力年鉴》(2006～2012 年)，《中国统计年鉴》(2006～2012 年)
商业生产用能	商业生产部门用能占终端能源消费的比重*	%	《中国能源统计年鉴》(2005～2012 年)
现代能源使用	居民供热与电力用能占终端热电消费比例	%	《中国能源统计年鉴》(2005～2012 年)
电网建设与投资	单位面积 35kV 及以上输电线路长度	千米/万米^2	《中国电力年鉴》(2006～2012 年)《中国统计年鉴》(2006～2012 年)
	单位面积电力投资额	亿元	《中国能源统计年鉴》(2005～2011 年)

续表

指标	含义	单位	数据来源***
可再生能源利用	各地区可再生能源投资额	亿元	《中国能源统计年鉴》(2005～2011 年)
	各地区可再生能源发电比例	%	《中国电力年鉴》(2006～2012 年)
	可再生能源发电设备年利用小时数	小时	《中国电力年鉴》(2006～2012 年)
	户用沼气开发水平	立方米	《中国环境统计年鉴》(2006～2012 年)，《中国新能源与可再生能源年鉴 2010》
	太阳能利用水平**	万平方米	《中国环境统计年鉴》(2006～2012 年)，《中国新能源与可再生能源年鉴 2010》

*商业生产部门包括农、林、牧、渔、水利业、工业、建筑业、交通运输、仓储和邮政业。

**太阳能利用技术包括太阳能热水器、户用太阳房、太阳能校舍等。

***鉴于数据年鉴太多，这里只列出《中国电力年鉴》(2011, 2012)、《中国统计年鉴》(2011，2012)、《中国能源统计年鉴》(2010，2011)、《中国新能源与可再生能源年鉴》(2010)、《中国环境统计年鉴》(2011，2012)。

表 7.2 描述了各指标的统计学特征。数据显示：天津在单位面积 35kV 及以上输电线路长度、单位面积电力投资额等方面发展较好，但是其可再生能源投资额较差，这与其可再生能源的可利用潜力密切相关。青海在居民供热与电力用能占终端能源消费比例、单位面积 35kV 及以上输电线路长度、单位面积电力投资额等能源发展方面位居各地区的末位。

表 7.2　清洁可再生能源发展指数各指标统计特征

含义	单位	最大值	最小值	均值
人均居民用电量	千瓦时	11345.85(宁夏)	1860.52(江西)	3935.77
商业生产部门用能占终端能源消费的比重	%	92.05(重庆)	60.79(北京)	81.84
居民供热与电力用能占终端能源消费比例	%	60.66(北京)	7.21(青海)	25.25
单位面积 35kV 及以上输电线路长度	千米/万千米 ^{2}	7918.58(天津)	230.33(青海)	2897.38
单位面积电力投资额	亿元	154.87(天津)	2.39(青海)	27.66
各地区可再生能源投资额	亿元	601.06(四川)	0.44(天津)	83.60
各地区可再生能源发电比例	%	74.90(青海)	0.25(北京)	19.30
可再生能源发电设备年利用小时数	小时	3925.62(陕西)	633.33(北京)	2202.00
户用沼气年户均产气量	立方米	720.00(海南)	260.00(北京)	385.30
太阳能利用水平	万平方米	742.00(山东)	3.00(重庆)	224.24

7.3　实证结果分析与讨论

7.3.1　区域清洁可再生能源发展的差距

能源发展较为落后的地区得到了改善，区域差距不断缩小。表 7.3 是我国区域间 2005～2011 年能源发展评估分值表。首先，从最小值的变化情况来看，在能源发展较为落后的地区，其发展状况得到了改善，能源发展较为落后的地区从内蒙古转换到新疆和青海。其次，综合最大值、最小值和平均值的变化来看，全国最大值和平均值的变化范围较小，而全国最小值基本处于稳步上升的趋势，由此可见，区域间的能源发展差距有不断缩小的趋势。依据表 7.3，这里对我国不同区域的能源发展现状梳理如下。

表 7.3　区域清洁可再生能源发展指数(2005～2011 年)

省(区、市)	缩写	2005 年	2006 年	2007 年	2008 年	2009 年	2010 年	2011 年
北京	BJ	59.304	58.713	58.592	58.525	57.744	57.514	56.878
天津	TJ	61.967	61.009	60.851	60.546	60.585	60.281	59.780
河北	HeB	58.501	60.133	60.026	59.834	59.507	59.431	59.139
山西	SX	53.872	54.166	54.357	54.387	54.226	54.087	53.937
内蒙古	NMG	37.173	36.172	37.748	40.679	41.683	42.752	42.458
辽宁	LN	55.185	55.063	54.259	53.870	53.627	54.075	53.551
吉林	JL	51.395	50.884	49.493	49.041	48.637	48.814	48.453
黑龙江	HLJ	49.502	48.848	46.968	46.783	45.934	46.185	46.101
江苏	JS	61.057	60.626	60.201	59.794	59.572	59.855	59.806
浙江	ZJ	57.511	57.578	57.296	57.067	56.613	56.679	56.637
安徽	AH	56.258	55.515	55.436	55.058	54.860	55.111	54.886
福建	FJ	56.517	56.618	56.286	55.944	55.379	55.139	55.491
江西	JX	57.203	57.036	55.997	55.413	55.336	55.344	55.354
山东	SD	58.109	58.505	58.954	59.563	59.975	60.512	60.150
河南	HeN	60.982	61.200	61.597	61.813	61.420	61.659	60.672
湖北	HuB	57.712	58.235	58.806	58.790	58.897	59.292	58.502
湖南	HuN	59.541	59.376	59.134	58.716	57.452	57.471	57.218
广东	GD	55.080	55.247	55.243	55.094	54.680	54.920	54.751
广西	GX	60.445	60.320	60.005	59.505	58.019	58.098	59.524
海南	HN	60.050	60.035	59.399	60.226	60.993	61.248	61.793
重庆	CQ	57.787	57.877	57.768	57.555	57.889	58.438	58.281
四川	SC	56.140	56.527	56.297	56.001	55.779	56.028	55.969
贵州	GZ	55.742	56.471	57.530	57.591	57.169	56.672	56.100
云南	YN	56.396	56.542	55.889	55.437	55.281	55.170	55.125
陕西	ShX	52.410	52.740	52.159	52.508	52.564	52.411	52.309
甘肃	GS	49.958	49.466	48.111	48.056	48.848	49.313	49.030
青海	QH	44.474	43.552	39.273	38.899	39.001	38.577	39.607
宁夏	NX	52.490	52.284	51.539	51.004	50.626	50.890	50.674
新疆	XJ	42.072	41.073	37.865	38.268	38.196	39.338	39.503
最大值	—	61.967	61.200	61.597	61.813	61.420	61.659	61.793
最小值	—	37.173	36.172	37.748	38.268	38.196	38.577	39.503
平均值	—	54.994	54.890	54.382	54.344	54.155	54.321	54.196

首先，东部沿海地区的能源发展水平较高，主要表现在传统能源发展指标上。从表 7.3 可以发现，江苏、浙江、山东、福建等区域的清洁可再生能源发展指数较高(55～62)，从实际原始数据来看，这些地区在传统能源发展指标上的表现较好，在可再生能源发展上的变化不大。

其次，东北及西部地区总体能源发展稍显不足，能源贫困问题亟待解决。从表 7.3 可以看出，我国东北和西北地区的能源发展一直处于较为落后的状态，需要有所改善；中东部地区的能源发展较好。这一结果与相关能源贫困现状研究的结果比较吻合(李慷等，2011)。

最后，对不同可再生能源发展类型的区域进行分析，以云南、贵州、四川、湖北为代表的水力发电大省的综合能源发展指标要高于以内蒙古、甘肃为代表的风电大省。出现这一结果的原因可能在于水电发展较早，为能源发展做出了重要贡献，也推动了其他能源发展指标的改善。而风电才刚刚起步，其作用可能在未来进一步显现。

区域能源发展现况与我国经济发展的贫富分布较为吻合，这在一定程度上表明：能源贫困问题是一个经济发展问题，与经济发展相互依赖、互为反馈。经济发达的地区在能源发展方面的投资相对较多，能源基础设施相对较为完善，能源发展现状较好，反之，对于能源发展较好且基础设施较完善的地区，能源发展为经济增长创造了先决条件。尤其需要指出的是，内蒙古地区随着风电的大规模利用和电网输送通道的建设，其清洁可再生能源发展指数从 2005 年的全国最低水平不断提高。

7.3.2　区域清洁可再生能源发展的趋势

每个省份面临的能源贫困问题不同，其能源发展的变化趋势也不一致。表 7.3 数据显示，内蒙古、吉林、黑龙江、辽宁、甘肃、青海、宁夏和新疆属于我国清洁可再生能源发展指数较低的省份，但各省份在 2005～2011 年的能源发展态势不一样。吉林、黑龙江、辽宁等的清洁可再生能源发展指数呈振荡下降趋势，且均值大于 45，青海、宁夏和新疆也呈现振荡下降的趋势，而内蒙古的清洁可再生能源发展指数不断上升。

内蒙古在能源发展水平呈现上升的趋势，同时甘肃省在 2007～2011 年也出现了上升的趋势。从原始数据分析发现，内蒙古和甘肃在 2007～2011 年这一时间段内大规模开发了风电资源，且与其他地区相比，2005 年和 2006 年进行了更大规模的电网建设。除此之外，云南省是西南地区唯一一个清洁可再生能源发展指数下降的省份。通过对具体数据进行分析发现，云南省在人均用电量、电力供应设施投资等方面变化不大，但自 2006 年以来在可再生能源发展的三个指标上出现了下降，这与西南地区干旱影响了云南的水电有关。因此，可以认为可再生能源的利用有助于推动区域能源发展，对于可再生能源资源禀赋较好的地区，发挥可再生能源在推动能源发展特别是偏远地区的能源利用的作用尤为重要。

7.3.3 主要结论与政策建议

进入21世纪以来，我国可再生能源领域取得重大进展，各方面都位居世界前列。与此同时，IEA于2004年和2012年分别发布了包含能源发展指数的《世界能源展望》，表明我国在接近十年的时间里在解决能源贫困问题方面取得了明显进步。本章建立的清洁可再生能源发展指数不仅包含了表征能源贫困的关键指标，如人均居民用电量等，也囊括了清洁可持续能源发展的指标，可有效衡量可再生能源发展在解决能源贫困中的作用。研究结果能够为我国区域间能源均衡可持续发展提供政策建议，有利于更好地解决我国能源贫困问题。

7.3.3.1 经济发展有利于能源基础建设，促进能源发展

经济要素在一定程度上决定了能源发展的投资水平、管理水平以及电网建设等方面的进步，为能源服务的普及、电网建设等方面提供财力支持。经济发达地区可扩大在能源发展中的投资力度，充分利用本地区的能源管理人才优势提高能源管理水平。而欠发达地区则因为资金上的劣势而不能在能源投资、管理上得到有效发展。典型案例如天津市，其可再生能源禀赋受限，但经济上对能源发展的支持也促使其清洁可再生能源发展指数较高，其实施的建筑节约能源条例引人注目，全市现代能源服务普及度较高。因此，在扶持贫穷地区开展能源基础设施建设与升级工作是十分必要的，一方面可减少老旧能源电力设施带来的能源损耗，提高能源服务质量，消纳可再生能源；另一方面，能源的普及也可为当地经济贫困问题的解决提供重要基础。

7.3.3.2 资源禀赋助推可再生能源在解决能源贫困中的作用

可再生能源禀赋为各地区清洁能源生产创造了前提条件，作为清洁能源发展的一部分，与能源发展的其他方面共同反映了我国各地区能源发展的现状以及存在的主要能源贫困问题。资源禀赋在一定程度上决定了其利用空间，但是可再生能源的利用除了需要资源基础，还离不开经济与政策的支持。典型案例为我国西南地区，其水力发电居于全国前列，可为本地区的清洁能源服务提供巨大的电力支持。“三北”地区的风能利用在普及这些地区的现代能源服务、缓解能源贫困等方面发挥作用时具有条件性。

总之，可再生能源发展可为解决能源贫困问题发挥重要作用。一方面大规模使用可再生能源可以有效解决能源供应不足的问题，使能源利用清洁化；另一方面，小规模的分布式可再生能源可弥补一些电网建设不足地区的电力供应短缺，

提高农村地区或者电网建设薄弱地区的电力自给自足能力(闫禄川和孙文瑶，2011)。由此可见，可再生能源的发展与解决能源贫困问题密切相关。由于数据可获得性等，IEA 能源发展指数的研究框架具有普适性，适合对全球范围内的国家进行比较研究。我国电力普及已接近 100%，但电力服务的质量却参差不齐，成为继传统生物质能短缺之后的重要能源贫困问题。因此，本章的评价体系体现了能源贫困评估中“因地制宜”的特性，发展和完善了 IEA 能源发展指数，使其更加贴切地应用于我国能源发展评价研究。

7.4　本 章 小 结

可再生能源发展在解决能源贫困问题中可发挥重要作用。构建现代能源体系，促进农村地区能源发展需要可再生能源的发展。经济要素的重要性和我国经济发展的不均衡性需要我国在西部地区和内蒙古自治区等清洁可再生能源发展相对落后的地区提供能源扶贫资金支持。从经济实力与能源发展的现状来看，经济实力相对较强的地区能源发展相对较好，而能源系统的发展是推动经济增长的关键要素。这种互为反馈的关系决定了西部欠发达地区的经济发展需要能源领域的发展作为基础，增加对这一地区的能源投资不仅可以缓解能源贫困，也可以促进这一地区的经济发展，实现全面建设小康社会的战略任务。因此，能源领域的投资是西部地区经济增长和能源发展的关键。

可再生能源在缓解能源贫困问题中发挥了巨大作用，但未来进一步发展还需要电网建设、电力优化调配等协同创新。水力发电对西南地区的能源发展起到了很大的推动作用，但云南降雨模式的突变也导致了云南能源发展指数在评估时间区间内的下跌。内蒙古在能源设施建设和大规模利用风能资源方面的突出表现使其不再是我国能源贫困问题最严重的地区，能源发展指数取得了较大提升。

我国总体上是一个能源相对不足的国家。从满足能源需求的角度来说，一方面，可集中开发的大型可再生能源基地建设有助于解决总体的能源不足或者电力短缺问题，有效提高电力的可获取能力，为替代和节约化石能源做准备。另一方面，不适合大型集中开发的地区应该开发分布式可再生能源发电，包括分布式光伏发电、分布式风电等，这种自发自用的分布式可再生能源电力可有效解决偏远地区电网建设不足的问题。此外，为解决我国的能源贫困问题，我国的可再生能源利用应当做好替代传统生物质能的工作，发挥沼气、太阳能热水器、生物质成型燃料的优势，走国家补贴少、农户用得起的道路。北方地区可实施清洁能源供暖工程建设(国家发展和改革委员会，2017b)。

总体来说，可再生能源在解决能源贫困问题方面将发挥着日益重要的作用。

我国可再生能源发展前景广阔，开发利用形式多样，其发展在应对能源贫困问题方面还存在很大机遇。然而，与传统能源利用相比，可再生能源利用需要政策法规的大力支持，其技术研发与利用都需要大量前期投资。此外，我国可再生能源激励政策虽不断完善，但需进一步建立完整的政策法规体系。因局限于数据可获得性，下一步可采用动态模型研究可再生能源在解决能源贫困问题中的作用。

第 8 章　可再生能源发展：保障能源安全①

8.1　可再生能源发展力保国家能源安全

能源安全问题一直是困扰我国能源发展的主要问题。作为世界上最大的能源消费国和第二大石油进口国，自 2009 年开始，我国各种传统化石能源都出现了净进口，而且能源对外依存度逐年飙升，国内能源利用形势十分严峻，“油荒”“煤荒”“电荒”时有发生，能源安全问题凸显。2018 年我国石油表观消费量约为 6.25 亿吨，比上年增加 0.41 亿吨，增速为 7%(李文翎，2019)。2018 年，我国全年石油净进口量约为 4.4 亿吨，与上年相比增长 11%，提高了 1.3 个百分点。石油对外依存度达到 69.8%(刘朝全和姜学峰，2019)。美国页岩气革命降低了其对进口石油的依赖，而中国的石油需求在经济放缓之际为增加石油储备而有增无减，这种情况导致我国在 2017 年超过美国成为世界上最大的石油进口国。因此，未来我国能源安全形势将会更加严峻。

可再生能源发展可从能源清洁化和保障能源供应两方面保障能源安全。依据魏一鸣等(2012)的研究，本章考虑的能源安全是指“满足国家经济发展需求的、可靠的、买得起的、持续的能源供应，同时能源的生产和使用不会破坏生态环境的可持续发展”，可以分为能源供应安全和能源使用安全两个层面。根据这一定义，可再生能源一方面可以通过提供能源供应，特别是电力供应来应对能源供应短缺问题，尤其是在偏远农村经济欠发达地区的能源使用问题上，可再生能源可促进当地能源发展；另一方面，可再生能源也可以解决传统化石能源使用过程中产生污染物和温室气体排放等问题，保障能源使用安全，应对气候变化和降低环境污染。Mathews 和 Tan(2014)通过评述中国可再生能源的飞速发展，例证了可再生能源发展为保障中国能源安全做出的巨大贡献。

8.2　基于指数分解法的我国可再生能源分解研究

本节采用指数分解法讨论可再生能源发展历史进程对能源安全的影响，分析不同要素对可再生能源发展的贡献度并对未来发展进行情景分析，探讨未来可再生能源进一步发展对保障能源安全的作用。

---

①本章部分核心内容已于 2018 年发表在 SCI 期刊 *Renewable and Sustainable Energy Reviews* 第 90 卷上（Wang et al.，2018b）。

8.2.1　可再生能源分解研究分析框架

从图 8.1 可以看出，本书采用对数平均指数分解法评估了能源安全对可再生能源发展的解释关系，用灰色关联度来度量各类要素与可再生能源发展的协同关系。情景分析法用于预测未来可再生能源发展在保障能源安全中的角色转换。依据分析结果和主要结论，可为可再生能源发展如何进一步解决能源安全问题提供切实可行的政策建议。

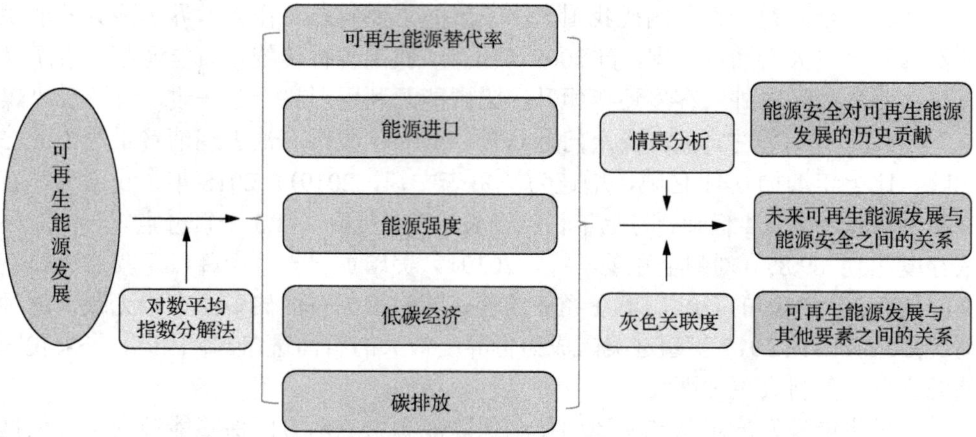

图 8.1　基于能源安全视角的可再生能源分解研究模型

8.2.2　可再生能源因素分解模型

Divisia 方法最早应用于综合价格指数的度量，现在常见的两种分解方法包括结构分解分析(SDA)方法和指数分解分析(IDA)方法，已在能源及相关领域得到了广泛应用。Ang(2014)对所有的指数分解技术进行了综述，并认为对数平均指数分解法是相对较好的处理和分析影响因素的模型方法。以投入产出分析为核心的 SDA 方法在研究能源消费和碳排放影响因素时能够较好地刻画社会经济结构内部的属性(Su and Ang，2014，2012)。

这里选取的 IDA 方法广泛地被能源与环境政策领域的学者所采用(Zhang et al.，2013；Ang et al.，2013；Fan et al.，2013)。其中，Greening 等(2001)采用加权指数分解方法研究了 10 个经济合作与发展组织国家居民终端用能碳强度模式转换的驱动因素，结果发现碳强度的下降被终端高耗能的用能行为所抵消。Liu 等(2007)采用对数平均指数分解法研究了中国工业 CO_2 排放变化的影响因素，结果认为工业部门内部各行业对碳排放的驱动力差别较大，能源强度和工业增加值是影响工业碳排放的关键因素。Xu 和 Ang(2004)提出一个混合 IDA 模型来研究新加坡居民能源消费的影响因素，认为在模型运算等方面所提出的混合指数分解模型要好于传统的 IDA 方法。Belakhdar 等(2014)采用指数分解法评估了不同影响因素对摩洛哥可再生能源发展的贡献度，通过 27 个未来情景分析得到未来促进可再生能源发展面临着巨大的政策压力。

本书采用对数平均指数分解法来分析能源安全与可再生能源发展相互促进、互为反馈的作用机制。表 8.1 列出了模型各变量及其含义。基于对数平均指数分解法的可再生能源分解模型如式(8-1)所示。

$$\mathrm{Re}=\frac{\mathrm{Re}}{\mathrm{EIM}}\times\frac{\mathrm{EIM}}{E}\times\frac{E}{G}\times\frac{G}{C}\times C=\mathrm{SR}\times\mathrm{ES}\times\mathrm{EI}\times\mathrm{CP}\times\mathrm{CE} \tag{8-1}$$

表 8.1　模型变量定义

变量名	缩写
可再生能源发电量	Re
能源进口	EIM
总能源消费	E
国内生产总值	G
碳排放	C
可再生能源替代率	SR
能源安全	ES
能源强度	EI
低碳经济	CP
碳排放	CE

假设在[0, T]时间段内，依据对数平均指数分解法得到

$$\Delta\mathrm{Re}=\mathrm{Re}_T-\mathrm{Re}_0=\Delta\mathrm{SR}+\Delta\mathrm{ES}+\Delta\mathrm{EI}+\Delta\mathrm{CP}+\Delta\mathrm{CE} \tag{8-2}$$

$$\Delta\mathrm{SR}=\frac{\mathrm{Re}_T-\mathrm{Re}_0}{\ln\left(\dfrac{\mathrm{Re}_T}{\mathrm{Re}_0}\right)}\times\ln\left(\frac{\mathrm{SR}_T}{\mathrm{SR}_0}\right) \tag{8-3}$$

$$\Delta\mathrm{ES}=\frac{\mathrm{Re}_T-\mathrm{Re}_0}{\ln\left(\dfrac{\mathrm{Re}_T}{\mathrm{Re}_0}\right)}\times\ln\left(\frac{\mathrm{ES}_T}{\mathrm{ES}_0}\right) \tag{8-4}$$

$$\Delta\mathrm{EI}=\frac{\mathrm{Re}_T-\mathrm{Re}_0}{\ln\left(\dfrac{\mathrm{Re}_T}{\mathrm{Re}_0}\right)}\times\ln\left(\frac{\mathrm{EI}_T}{\mathrm{EI}_0}\right) \tag{8-5}$$

$$\Delta \mathrm{CP}=\frac{\mathrm{Re}_T-\mathrm{Re}_0}{\ln\left(\frac{\mathrm{Re}_T}{\mathrm{Re}_0}\right)}\times\ln\left(\frac{\mathrm{CP}_T}{\mathrm{CP}_0}\right) \tag{8-6}$$

$$\Delta \mathrm{CE}=\frac{\mathrm{Re}_T-\mathrm{Re}_0}{\ln\left(\frac{\mathrm{Re}_T}{\mathrm{Re}_0}\right)}\times\ln\left(\frac{\mathrm{CE}_T}{\mathrm{CE}_0}\right) \tag{8-7}$$

在利用指数分解法进行分解，并用于研究各要素对被分解变量的解释度时，需要考虑分解的正确性和解释变量与被分解变量的相关性。除了可再生能源发展的成本、技术进步和电力系统的接纳能力等内部因素，可再生能源发展还受到能源安全形势、低碳经济发展需求、碳排放因素等的综合影响。依据式(8-2)～式(8-7)，首先将可再生能源消费量分解为可再生能源替代率、能源安全、能源强度、低碳经济、碳排放五个变量，然后应用 1993～2011 年的时间序列数据来研究各分解变量对可再生能源发展的影响。基于时间序列的分解研究有助于探索和发现可再生能源发展的内部机理与各影响因素贡献的变化特征。

本章进一步采用灰色关联分析分别探讨了各解释变量与可再生能源消费累计量和新增量之间的相关度，最后，根据情景设置，探讨了未来各解释变量对可再生能源发展贡献的变化趋势。

8.2.3　情景设置与数据来源

我国非水可再生能源的统计数据起步于 20 世纪 90 年代，而石油的进口是从 1993 年开始的，因此，依据最新数据可获得性和为了保持数据的一致性，本书聚焦于 1993～2011 年可再生能源消费的分解研究。石油进口数据来源于 BP(2015)，单位为百亿吨油当量。GDP 数据来自于联合国统计署的官网，单位为十亿美元。其他数据，包括碳排放、能源消费量、可再生能源消费量来自于世界银行[①]，单位分别为百亿吨、百亿吨油当量、百亿吨油当量。

情景分析法可以对未来可再生能源发展的需求进行预测，这里包含两个参照情景和一个基准情景。情景设置的各要素分别是 GDP 增长率、碳排放强度下降率、石油对外依存度、非化石能源占比、能源消费总量。其中，碳排放强度目标和非化石能源占比目标的设置的依据是能源发展“十二五”规划和 2014 年 11 月的《中美气候变化联合声明》，对能源消费和 GDP 的情景设置的主要根据是中国工程院研究报告(中国能源中长期发展战略研究项目组，2011)和相关判断。石油进口的预测主要依据来源于国内外相关研究(BP，2015；李霞，2011)。

① http://data.worldbank.org。

国际可再生能源机构通过回顾中国可再生能源的发展历史和对我国可再生资源禀赋进行判断，分析了基准情景和当前政策情景下我国 2030 年可再生能源路线图(IRENA，2014)，结果表明增加现代可再生能源比重到 26%对于我国来说是技术和经济可行的。因此，这里将这一结论考虑到情景设置中，具体的情景描述如下，数值见表 8.2。

表 8.2　未来社会发展情景设置

要素	基准情景			可持续发展情景			可再生能源发展情景		
	2015 年	2020 年	2030 年	2015 年	2020 年	2030 年	2015 年	2020 年	2030 年
GDP 增长率/%	7.5	6.5	6	7.5	7	6.5	7.5	6.5	6
碳排放强度下降率/%	17	10	15	17	17	20	17	17	20
石油对外依存度/%	61	65	70	61	65	60	61	65	55
非化石能源占比/%	11.4	15	18	11.4	15	20	11.4	15	25
能源消费总量/亿吨标准煤	43	49	62	43	47	56	43	47	59

基准情景基准描述一个经济增速下降的、石油对外依存度不断上升的发展趋势，其碳排放强度下降目标刚好达到政府设定的最低标准，即 2020 年我国的碳排放强度在 2005 年的基础上下降 40%。这一情况与现实情况不太符合，仅供参考。

可持续发展情景主要关注全国层面上的环境与社会的可持续发展，包含了一个强有力的碳排放强度下降目标和能源消费总量控制目标。具体而言，2020 年我国的碳排放强度在 2005 年的基础上下降 45%，石油对外依存度低于基准情景，2030 年能源消费总量控制在 56 亿吨标准煤。

可再生能源发展情景主要考虑的是可再生能源的大规模应用。与基准情景相比，这一情景不控制能源消费总量，重点关注能源结构的调整。非化石能源的比例上升到 2030 年的 25%，与国际可再生能源机构的预测结果基本一致。碳排放强度的下降目标与可持续发展情景一致，并希望将 2030 年的石油对外依存度降到 55%左右。

8.3　实证结果分析与讨论

8.3.1　能源安全对可再生能源发展的历史贡献

许多能源领域的研究表明:可再生能源技术是一项关键的能源供应技术(GEA，2012)，从侧面印证了可再生能源在保障能源供应安全上的作用。在我国，能源战略调整、能源安全、环境保护和气候变化都迫使我国大力发展可再生能源。依据本章所构建的分解模型，表 8.3 列出了可再生能源替代率、能源安全、能源强度、低碳经济和碳排放对可再生能源发展的历史贡献。

表 8.3　各要素对可再生能源发展的影响效应　　（单位：百万吨油当量）

年份	ΔRe	ΔSR	ΔES	ΔEI	ΔCP	ΔCE
1994	4.83	2.47	1.63	−1.22	0.99	0.96
1995	7.30	−24.15	29.45	−1.86	1.43	2.43
1996	7.68	−31.42	36.61	−3.04	2.36	3.17
1997	8.61	−43.34	49.42	−4.69	3.94	3.28
1998	9.80	−45.23	52.31	−6.07	6.19	2.60
1999	9.99	−50.47	57.37	−7.08	7.59	2.58
2000	12.41	−55.72	63.85	−8.00	9.06	3.22
2001	17.70	−58.55	71.04	−10.11	11.24	4.08
2002	21.03	−65.13	79.40	−11.43	12.57	5.62
2003	25.91	−72.86	88.32	−11.51	10.96	11.00
2004	34.31	−85.97	104.77	−11.74	10.66	16.59
2005	39.64	−88.90	109.70	−13.32	11.84	20.32
2006	44.54	−95.67	117.62	−15.02	13.02	24.59
2007	51.91	−101.80	127.63	−18.80	16.51	28.37
2008	64.40	−107.80	141.72	−23.04	20.54	32.98
2009	70.58	−113.10	148.77	−24.70	21.52	38.09
2010	83.77	−125.10	166.41	−27.28	24.71	45.03
2011	90.12	−131.83	174.12	−28.81	27.77	48.87

中国可再生能源消费总量增长趋势明显，从 1993 年的 1363 万吨油当量上升到 2012 年的 10375 万吨油当量，增长了 7.6 倍。从增长的时间段而言，2000～2012 年的年均增长率为 13.39%，高于 1993～1999 年的年均增长率。从表 8.3 所示的各要素对可再生能源发展的贡献来看，能源强度和低碳经济的贡献相对变化幅度较小，其中能源强度的负向贡献幅度从 122 万吨油当量变化到 2881 万吨油当量，低碳经济的正向贡献幅度从 99 万吨油当量变化到 2011 年的 2777 万吨油当量。

表 8.3 的研究结果也揭示了不同解释变量对可再生能源发展的正负贡献。能源安全、低碳经济和碳排放对我国可再生能源发展是正向的积极的贡献。可再生能源替代率由可再生能源消费量和石油进口决定，其对可再生能源的贡献由正变负，且演变成最大的负向贡献。可再生能源替代率的结果表明可再生能源的发展和其对石油进口的替代作用是相反的变化方向，即石油进口不断增长，而可再生能源发展速度较慢，不足以替代石油进口，反映了我国能源规划未充分考虑能源替代。能源强度对可再生能源发展存在一个相对较小且负向的贡献，这一结果从一个方面例证了技术推动力对我国可再生能源市场的作用需要进一步提升，我国的可再生能源市场更多的是政策驱动或者是市场驱动。当然，鉴于模型的局限性，可再生能源技术创新在可再生能源利用中的作用还需要进一步在可再生能源技术

成本有效性研究中考虑。

8.3.2　可再生能源在能源转型中的挑战

依据前面建立的情景，本书预测了未来可再生能源发展与其分解变量之间的关系变化。表 8.4 列出了未来可再生能源发展中各变量的贡献。能源强度、低碳经济和碳排放对可再生能源发展的未来贡献与其历史贡献的方向一致。鉴于所有情景都对能源消费总量和经济增长速度进行设定，因此，能源强度的贡献结果仅反映未来的趋势和方向。

表 8.4　2015 年、2020 年、2030 年各变量对可再生能源发展的贡献

贡献变量	基准情景			可持续发展情景			可再生能源发展情景		
	2015 年	2020 年	2030 年	2015 年	2020 年	2030 年	2015 年	2020 年	2030 年
SR	44.30	76.64	87.89	30.42	79.69	236.33	50.36	76.64	396.14
ES	5.13	23.08	60.19	13.12	23.99	–51.44	–1.44	23.08	–97.62
EI	–29.39	–64.79	–391.16	–62.90	–92.64	–337.01	–66.98	–64.79	–281.43
CP	23.78	38.28	132.00	25.53	70.39	143.41	35.64	52.70	112.42
CE	22.37	76.13	341.27	60.02	57.41	261.31	48.61	61.72	228.09

能源转型对可再生能源发展具有很大的促进作用。研究结果发现可再生能源替代率对可再生能源发展的贡献从历史上的负向贡献变化为未来较为显著的正向作用，也表明未来 15 年能源转型的需求将可能成为可再生能源发展的最大助力。此外，通过情景对比，能源安全的贡献作用出现了明显的差别，按照历史轨迹发展设立的基准情景，能源安全的贡献将一如既往地保持正向的推动作用，但当对石油对外依存度进行控制后，其贡献作用出现了反向变化。这一现象表明随着可再生能源取得大规模发展，能源安全的作用逐步增强，即可再生能源发展有助于保障能源安全。结合 8.3.1 节的结果分析，这里认为能源安全与可再生能源发展之间存在协同效应，即历史结果得出能源安全对可再生能源发展存在较强的推动作用，而可再生能源发展情景分析则表明可再生能源发展政策是一种保障能源安全的政策。这种协同关系就像埃及珩科鸟为尼罗河鳄鱼清洗牙齿之间的共生关系，在相关研究中也得到了佐证(Valentine，2011)。

8.3.3　各贡献要素与可再生能源的协同关系

依据灰色关联分析的方法，本书计算了各贡献变量与可再生能源消费累计量和可再生能源新增消费量之间的关联度，如表 8.5 所示。这里选取可再生能源新增消费量主要考虑的是可再生能源驱动因素对可再生能源发展的推动力可能具有滞后效应。研究结果也表明除可再生能源替代率和碳排放之外的各贡献变量与可再生能源新增消费量的贴近度要高于可再生能源消费累计量，从而印证了可再生能源政策对促进可再生能源发展有一定的相对滞后性，这里还需要进一步引入自回归模型来进行深入分析。

表 8.5　各贡献要素与可再生能源的关联度

贡献变量	可再生能源消费累计量	可再生能源新增消费量
SR	0.6048	0.5102
ES	0.5014	0.7644
EI	0.5069	0.7340
CP	0.5025	0.6475
CE	0.5077	0.5000

表 8.5 的结果反映了可再生能源替代率与可再生能源发展之间的关联度最强，因此其具备较大的潜力来推动可再生能源发展，这与第 8.3.2 节情景分析得到的未来趋势是一致的，表明能源转型是推动可再生能源的重要力量。目前世界各国提出的“能源转型”发展的重点都聚焦在可再生能源领域。例如，德国 2011 年公布的能源转型战略提出到 2050 年可再生能源利用量占终端能源消费比重达到 60%、可再生能源电力占电力总消费的比重达到 80%的宏伟目标。发展可再生能源、减少对传统化石能源的依赖是能源转型的重点。因此，我国急需提出较为长期的能源转型战略，为可再生能源发展提供战略支撑。

8.3.4　主要结论与政策建议

社会的发展需要能源服务来满足基本的生活需求和社会生产需要，从环境保护的角度来说，迫切需要推动能源服务的环保化和低碳化。而化石能源，特别是煤炭的利用成了我国可持续发展的主要障碍。我国可再生能源的大规模利用，极大地促进了我国可持续发展目标的实现，因此这里主要研究可再生能源发展与能源转型、能源安全之间的互动关系，得到了以下结论和政策建议。

8.3.4.1　主要结论

(1) 能源安全、低碳经济和碳排放对过去 20 多年的可再生能源利用具有正面的促进作用。考虑到我国能源安全不容乐观和石油对外依存度居高不下，能源安全已经或将继续成为可再生能源发展的推动力。2011 年能源安全、低碳经济和碳排放对可再生能源利用的贡献度分别为 174.12 百万吨油当量、27.77 百万吨油当量和 48.87 百万吨油当量。可再生能源替代率和能源强度对可再生能源发展的历史贡献多为负，2011 年贡献大小分别为–131.83 百万吨油当量和–28.81 百万吨油当量。

(2) 考虑到可再生能源在未来可持续能源转型和碳约束条件下的巨大发展前

景，其未来发展还面临着巨大的挑战和障碍。通过可再生能源分解模型对未来情景进行预测发现，可再生能源替代率和碳排放将会在未来的所有情景中发挥巨大的作用，例如，在可再生能源发展情景中，2030 年其各自的正向贡献分别为 396.14 百万吨油当量和 228.09 百万吨油当量。通过各自贡献在不同年份的对比可以看出，碳排放对可再生能源发展的贡献不断增大，表明国际气候变化形势可能进一步促进可再生能源的开发利用。而可再生能源进一步发展还需自身技术和其他相关技术的创新。

(3) 能源安全和可再生能源发展之间存在复杂的反馈与共生关系。历史分解结果表明能源安全对可再生能源发展存在较强的推动作用，而从情景设置中的可再生能源发展情景分析则表明可再生能源发展能够为保障能源安全发挥作用。因此，可以判断出能源安全和可再生能源发展彼此之间的协同机制。未来情景分析表明通过可再生能源的发展来降低石油对外依存度是十分可行的。

8.3.4.2 政策建议

(1) 能源转型是推动可再生能源发展的重要力量，转型战略的提出有利于公众领域对可再生能源利用的普及宣传。目前世界各国提出的“能源转型”发展的重点都聚焦在可再生能源领域，典型案例包括前面提到的德国的 2050 年可再生能源利用占比 60%；丹麦提出的 2050 年完全摆脱化石能源消耗的“能源战略 2050”等。因此，我国迫切需要提出较为长期的能源转型战略，尽快制定可再生能源优先发展规划和行动计划，为可再生能源的持续稳定发展提供战略支撑。

(2) 从应对气候变化角度来考虑碳排放问题，并引导公众参与到可再生能源发展中是一条提高公众参与可再生能源发展的可行途径。本章从历史贡献和未来情景预测两方面佐证了碳排放对可再生能源发展的重要推动力。但是，碳排放对可再生能源发展的历史贡献相对处于较低水平，而情景分析则预测了其未来还具备较大的贡献力度。因此，气候变化和低碳发展的宣传在未来可再生能源的进一步发展中的作用还有待挖掘。

(3) 开发利用可再生能源可以作为增加我国能源供应多元化的重要选择。正如欧洲通过大力发展可再生能源来减少对俄罗斯的能源进口依赖，我国当前的能源形势也迫切需要保障能源供应安全。本节研究得到了过去能源安全对可再生能源消费具有较大的正向推动力，情景分析则预测了可再生能源发展情景下的发展路径对于降低石油对外依存度具有很大的可能性。因此，从可再生能源角度来增加本地的能源供应可作为保障能源安全的重要战略。

虽然本章研究了可再生能源与其分解因素的相互关系，为未来可再生能源的战略选择提供了依据，但也存在以下不足。IRENA (2014) 指出随着可再生能源技术的创新能力不断增强和规模效应的不断凸显，可再生能源在提供能源服务上的成本将会更加有效，可再生能源利用区域范围将会不断扩大。因此，未来研究应该考虑可再生能源的经济成本。此外，能源效率对可再生能源发展的贡献还有待进一步研究。对数平均指数分解法研究方法不能够用于研究具有时间滞后效应的问题，因此本章的研究还需要在研究方法上进行改进。

8.4 本章小结

可再生能源的发展不仅是一个技术问题，也是经济问题和社会发展问题。随着人们生活水平的提高，人们对于优质、环保、清洁能源的需求也会不断增长。而可再生能源初步发展阶段的投入大、成本高、风险大，因此需要全社会的共同支持与参与。

本章研究聚焦于引导全社会人人参与清洁能源转型这一实际问题，试图从以能源贫困为代表的能源发展问题和以能源安全为主的能源供应问题来分析可再生能源在能源转型中的重要作用，为提高全民参与建设可再生能源的普及宣传提供科学依据，为国家未来制定能源转型战略提供决策参考。

可再生能源在解决能源贫困问题中已在我国部分地区发挥了重要作用。以内蒙古为例，其能源发展指数的提高很大程度上是由于其可再生能源的大规模发展，而云南省的能源发展指数的下降与其近年来的干旱状况有关，这影响了其水力发电。可再生能源促进能源发展需要经济条件作为基础，因此，政府在能源贫困地区的投资可以发挥缓解经济贫困和能源贫困的双重作用。

可再生能源消费的分解结果表明制定实施以可再生能源为代表的能源转型战略有利于最大限度地保障能源安全和应对气候变化工作的开展。实现高比例可再生能源发展，发挥可再生能源的替代作用应该作为国家能源战略的核心，成为降低石油对外依存度和保障本地重要能源供应来源的战略方向。

第四部分　国际合作篇

物品贸易和技术转移能提高整个人类的福祉。在可再生能源发展领域，鉴于其在应对气候变化、治理环境污染、保障能源安全等方面的重要作用，各项可再生能源技术应该在全球范围内得到广泛应用。我国自 1978 年改革开放之初第一次开展可再生能源国际项目开始，经历了可再生能源技术的被动接受者、主动开发者和技术转移者的角色。可以说，可再生能源国际合作极大地促进了我国可再生能源产业的发展，使得我国在国际可再生能源领域完成从一个参与者向一位引领者的角色转换。未来我国可再生能源发展将面临严峻的挑战。本篇内容将分析可再生能源领域的国际合作及其对我国可再生能源产业的影响，探讨我国可再生能源国际合作面临的挑战。

(1) 可再生能源领域的国际合作对我国可再生能源产业的影响如何？

(2) 可再生能源领域的国际合作形式有哪些？国际可再生能源研究机构有哪些？

(3) 我国可再生能源的国际合作面临哪些挑战？

第 9 章　可再生能源国际合作

9.1　国际合作促进中国可再生能源发展

9.1.1　国际合作推动中国可再生能源技术进步

中国第一次深入参与可再生能源国际项目是在 1978 年 10 月国务院副总理、国家科学技术委员会主任方毅访问联邦德国期间签订的“中华人民共和国政府和德意志联邦共和国政府科技合作协定”中设立的 3 个能源合作项目(石定寰，2015)。其中一个是在北京郊区的大兴区(原大兴县)建立的一个新能源示范村“义和庄项目”。如今义和庄已成为北京地铁 4 号线路上的一个车站，但当年德国多家新能源公司在这里展示了太阳能热利用、太阳能光电、太阳能房屋、沼气等新技术的应用。义和庄新能源示范村的建设，开启了光伏等可再生能源在我国的发展历程，对新能源技术的应用，特别是真空管太阳能热水器产业意义巨大。从此，我国可再生能源产业经历了从无到有、从小到大，其发展得益于开放性政策与国际交流合作。与此同时，我国可再生能源从国际能源发展中学习到了先进经验，掌握并自主研发了可再生能源技术，已成为国际可再生能源发展中的重要推动力量(冯正强和冯佳佳，2013)。

可再生能源技术的发展纳入国家科技发展战略。自“六五”时期开始，国家相关部门在可再生能源技术研究领域开始进行科技攻关，如早期针对百瓦级小型风电机组的 884 厂、针对太阳能电池的宁波太阳能电池厂、基于真空管集热器的北京太阳能研究所等。此后，“因地制宜、多能互补、综合利用、讲求效益”的十六字方针成为指导可再生能源发展规划和制定国家可再生能源技术政策的指导方针。随着可再生能源科技的进步和互联网技术的大量应用，智能互联将成为十六字方针的重要补充。未来能源的根本出路在于将互联网技术与可再生能源相结合，将能源的开采、配送和利用从集中式变为智能化分散式。通过智能互联，能够高效连接和管理多种能源所组成的分布式能源系统，更好地实现“多能互补”，促进可再生能源技术的全面普及。

9.1.2　国际合作背景下可再生能源科技自主创新

改革开放以来，我国与美国、德国、意大利、英国、西班牙、日本等国家在可再生能源领域展开了多方面合作，通过建立示范项目、引进先进技术，不断提升中国可再生能源技术水平。例如，在风电领域，中国与欧盟合作在大陈岛开展了中欧可再生能源综合示范项目，与比利时合作在平潭岛引进了百千瓦级风电机组，项目进行过程中推动了我国可再生能源科技的自主创新。21 世纪之初，我国 90%的风电装机仍由国外整机商提供。此后的科研攻关使得我国风电单机容量由 300 千瓦向 600 千瓦、750 千瓦、1 兆瓦、1.5 兆瓦逐渐发展，到目前已经制造和安装了多兆瓦级风电机组。

可再生能源科技自主创新极大地提高了可再生能源的利用水平。在改革开放政策支持和技术进步的推动下，我国得以较早地重视可再生能源发展，并付诸行动。而可再生能源的飞速发展是从 2006 年《中华人民共和国可再生能源法》实施开始。我国的可再生能源产业从零开始，从几十瓦的风电机组和几千瓦的太阳能电池产能开始，现已成为世界上风电装机容量和光伏装机容量最大的国家，可再生能源的技术创新能力居于世界前列。在风电领域，中国已成为全球生产能力最强、风电装机规模最大的国家，风电年发电量已经超过了 1500 亿千瓦时，超过核电成为中国继火电、水电之后的第三大电源。在生物质能方面，中国的生物质能利用量也在全球首屈一指。而在水力发电领域，中国不但拥有全球最大的水电站，还是全球装机规模第一、水力发电机生产能力最强的国家。

9.1.3 中国科技在国际可再生能源合作中贡献中国力量

中国经验对世界可再生能源技术的推广具有重要的示范意义。作为一个发展中国家，改革开放以来的国际合作使得可再生能源领域的科学研究不断深化，可再生能源产业从无到有、从小到大，正经历由大变强的发展阶段。在此过程中，中国的成功经验对于世界其他发展中国家具有重要的示范意义。一方面，中国可再生能源发展道路与西方发达国家并不完全相同，是分散式与集中式可再生能源开发和应用相结合的一条发展之路。我国可再生能源应用首先由农村开始，在偏远地区发展分布式的发电系统、微网系统，解决农村偏远地区的用电问题。另一方面，在资源条件良好的地区发展集中式风电与光伏发电项目，而其大规模发展需要电网支持，目前发展瓶颈也在于此。因此，中国的可再生能源发展道路为全球其他地域偏远、经济落后地区提供了摆脱传统能源老路而直接进入新能源时代的典型示范。

我国实施可再生能源国际合作行动的主体是中华人民共和国科学技术部（以下简称科技部）。根据《国家中长期科学和技术发展规划纲要(2006—2020 年)》，为充分利用全球科技资源，提高我国可再生能源与新能源的基础研究水平，解决可再生能源与新能源发展中的关键科技问题，加强我国与世界各国在可再生能源和新能源方面的国际科技合作，推进可再生能源与新能源的国际化进程，科技部、国家发展改革委共同制定了“可再生能源与新能源国际科技合作计划”，旨在推动和实施我国与世界各国的可再生能源科技合作，推动我国可再生能源技术在世界范围内的广泛应用。

中国的可再生能源技术解决方案已在非洲、拉丁美洲、“一带一路”沿线国家发挥重要作用。部分经济落后地区绕过传统能源而直接利用可再生能源，这是一种快捷且成本低的能源利用方式。以非洲地区为例，传统能源的普及需要建设大电网而增设相当大规模的投资。若采用微电网、分布式系统的可再生能源应用技术，则很容易满足其基本的电力需求：几瓦的小电池板连同 1～3 个 3 瓦左右的 LED 照明灯的 10 美元左右的太阳能电池技术解决方案就能解决晚上照明问题，具有很高的实用价值。因此，我国可再生能源技术推广有助于促进更多国家的能源发展。

中欧能源合作步入新阶段，有望在可再生能源整合和国际能源架构合作等方面力促全球清洁能源的发展。2018 年 7 月，中欧领导人会晤发布联合声明，全面落实《中欧合作 2020 战略规划》，建立中欧能源合作平台，以推动并支持能源合作与清洁能源转型。这确定了中欧在清洁能源领域大力加强政治、技术、经济和科学合作的基础，明确了围绕智能安全的能源基础设施及储能设备科技合作，指出了推动可再生能源的上网和大规模利用的中欧合作意向。

9.2　气候变化协议下的可再生能源国际合作

自 1997 年《京都议定书》的生效，应对气候变化工作极大地推动了可再生能源的发展，引领可再生能源领域国际合作的研究机构和论坛逐步建立。我国在世界可再生能源国际合作中逐渐从参与者转换到倡议者和推动者。下面将就国际可再生能源国际合作的主流机构和形式进行介绍。

9.2.1　国际合作机制

清洁能源部长级会议是由美国能源部发起的全球主要经济体参与的高层论坛，是全球范围内清洁能源领域唯一常设的部长级会议，秘书处原设在美国能源部，现设立在国际能源署。作为推动全球清洁能源领域协同创新的常设性国际合作机制，其目标是通过政策和最佳实践分享、提出倡议和行动等方式加强国际合作，推动全球向清洁能源经济转型。清洁能源部长级会议讨论的议题主要包括清洁能源政策、清洁能源技术及创新战略、投融资、公共-私营部门合作等，其合作倡议既涵盖技术合作、示范推广等内容，又包括资源调查、标准规范制定等内容。清洁能源部长级会议汇聚了包括中国在内的 25 个主要国家以及欧盟成员国，这些国家在清洁能源领域的投资约占全球的 90%，温室气体排放合计占全球温室气体排放总量的 75%。

创新使命部长级会议为常设性全球高级别论坛合作机制，旨在围绕落实 2015 年 11 月巴黎气候变化大会期间由各成员国家元首和代表共同发表的《创新使命联合声明》开展行动，提升全球清洁能源技术研发和创新的投入，实现 5 年内由政府主导或政府引导的清洁能源研发投资翻倍，并积极鼓励私人资本对清洁能源转型的投资。美国旧金山举办第一届创新使命部长级会议之后，第二届创新使命部长级会议于 2017 年 6 月 7 日至 8 日在北京召开，会议发布了第二届创新使命部长级会议主席总结，初步确立了创新使命工作的七个主要领域。

中国高度重视清洁能源部长级会议机制和创新使命部长级会议机制，致力于促进这两个机制继续推动清洁能源技术开发、利用、示范推广方面的交流及合作。表 9.1 列出了中国参与历次清洁能源部长级会议的情况，可见我国一直积极参与这一机制，推动可再生能源领域的国际合作。

表 9.1　中国参与历次清洁能源部长级会议基本情况

序号	时间	地点	中方出席领导
第一届	2010-07	美国华盛顿	科技部部长万钢
第二届	2011-04	阿联酋阿布扎比	科技部部长万钢
第三届	2012-04	英国伦敦	科技部副部长曹健林
第四届	2013-04	印度新德里	科技部部长万钢
第五届	2014-05	韩国首尔	科技部副部长曹健林
第六届	2015-05	墨西哥梅里达	科技部部长万钢
第七届	2016-06	美国旧金山	科技部副部长阴和俊
第八届	2017-06	中国北京	国务院副总理张高丽、科技部部长万钢
第九届	2018-05	丹麦哥本哈根、瑞典马尔默	科技部副部长李萌

9.2.2　国际研究机构

国际能源署是在石油危机背景下由经济合作发展组织于 1974 年 11 月设立的一个政府间组织，总部设于法国巴黎，由 29 个成员国、联盟国（中国、印度、印尼、摩洛哥、新加坡、泰国、巴西）以及伙伴国（墨西哥、智利和南非）构成。国际能源署成立初期致力于预防石油供给的异动，同时提供国际石油市场及其他能源领域的统计情报。随着国际能源市场的变迁，国际能源署的使命也在改变并扩大，2017 年国际能源署能源部长会议确立了国际能源署的现代化议程：将国际能源署对能源安全的考虑从石油扩大至天然气和电力领域；向新兴国家开放大门，加深合作；将国际能源署建设成为全球清洁能源和能源效率中心。

全球清洁能源和能源效率中心的建设促使国际能源署成为国际可再生能源领域的重要研究机构。首先，国际能源署的能源技术合作项目是在能源技术研究委员会（CERT）的指导下进行的，其发布的《能源技术展望》指导与展望未来能源技术发展。为协助这些项目的实施，CERT 组建了四个专家组，即化石燃料工作组、可再生能源技术工作组、能源终端用户技术工作组和核电协调委员会，其中可再生能源技术组致力于对可再生能源技术项目研发优先权的设置和评价提出建议。其次，国际能源署广泛参与清洁能源部长级会议机制，推动该机制的国际化，并推出了清洁能源转型项目，旨在推动全球范围内清洁能源的发展。

国际可再生能源机构是致力于在全球范围内积极推动可再生能源的广泛普及和可持续利用的国际组织，是于 2009 年 1 月 26 日在德国波恩成立的国际可再生能源领域的专门机构，目前已经涵盖了 160 个成员。中国于 2013 年 1 月宣布计划加入国际可再生能源机构。国际可再生能源机构除了致力于可再生能源行业就业、能源统计、成本收益研究、资源禀赋测量等方面，还发布了可再生能源数据、可再生能源技术摘要、发展路线图等报告。此外，国际可再生能源机构通过参与清洁能源部长级会议实现清洁能源发展目标。

REN21 是国际知名的可再生能源政策研究与决策机构，由世界范围内的部分国家、国际组织、工业联盟、非政府组织、科研单位等组成。作为一个全球性的政策网络，REN21 旨在通过共享观点、鼓励采取各种方式的行动，促进可再生能源的发展。其代表性的研究成果是从 2005 年开始每年发布的《可再生能源全球现状报告》、不定期发布的《可再生能源全球展望报告》、各区域可再生能源发展现状报告，并制作了其他国际公认的可再生能源政策和市场发展报告。

以上机构致力于国际可再生能源领域的合作，推动世界各国在可再生能源技术创新领域取得突破，在可再生能源发展政策选择、利用模式创新、投融资规划等方面提供决策参考。

9.3　南南合作与中非合作论坛

作为发展中国家间的经济技术合作机制，南南合作是促进世界共同发展的国际多边合作机制中不可或缺的重要组成部分。1955 年的万隆会议被认为是南南合作的开端，经过 60 多年的发展，南南合作已成为联合国机制下的发展中国家经济合作的重要渠道。作为南南合作的重要参与者，中国积极支持和参加南南合作，推动南南合作机制不断完善和发展。我国参与南南合作的形式多样，包括发展援助、促进减贫、应对气候变化工作等多个方面。

我国通过赠予、培训、技术援助等多种方式支持发展中国家应对气候变化。我国目前累计与 30 个发展中国家签署了应对气候变化南南合作谅解备忘录，通过直接赠送节能灯、太阳能灯、节能空调、太阳能光伏发电系统、清洁炉灶、卫星监测设备等方式，帮助发展中国家实现节能减排和提高其应对气候极端事件的预警预测能力。此外，我国通过在华举办应对气候变化南南合作培训班，为发展中国家培训了 2000 余名应对气候变化领域的官员和技术人员，范围覆盖五大洲的

120 多个国家。南南合作圆桌会是由中方倡导举办的全球发展中国家间就知识、经验、政策、技术和资源等发展方案进行分享的会议，有助于可再生能源领域经验分享。

中非合作论坛是南南合作机制的典范。中国与非洲国家在中非合作论坛框架下深入开展交流与协作，共同促进南南合作在双方合作过程中发挥重要作用。在中非合作论坛下的“中非可再生能源技术转移南南合作项目”是南南合作的创新性重要典范，成为中非为达成2030可持续发展议程采取的积极行动。这项技术合作项目由中国21世纪议程管理中心和联合国开发计划署共同设计，由中国21世纪议程管理中心作为中方执行机构和项目管理办公室负责中国方面活动的管理，并联合中国可再生能源学会、国际小水电中心、清华大学、中国农业大学等单位参与实施。2019 年，“中非可再生能源技术转移南南合作项目”下的“南南合作可再生能源技术转移适用技术征集(第二期)”项目正式启动，通过可再生能源技术的征集，逐步提高技术的适应性、协作性以及互利性，形成创新型的南南合作新典范。

9.4 “一带一路”倡议下的可再生能源国际合作

9.4.1 国家合作协议

“一带一路”倡议于 2013 年首次被提出，我国于 2015 年正式对外发布《推动共建丝绸之路经济带和 21 世纪海上丝绸之路的愿景与行动》。自 2015 年以来，中国与“一带一路”沿线国家签署了双边和区域海运协定、双边政府间航空运输协定。“一带一路”国际合作高峰论坛建立了有效的沟通机制，便于形成“一带一路”倡议下国家间可再生能源合作协议。2017 年 5 月，国家发展改革委和国家能源局发布了《推动丝绸之路经济带和 21 世纪海上丝绸之路能源合作愿景与行动》，提出了我国将持续不断地推进能源国际合作，表达了深度融入世界能源体系的决心，并积极实施中国-东盟、中国-阿盟、中国-中东欧能源项目合作。

“一带一路”沿线国家迫切希望与我国开展可再生能源领域的合作。基于沿线国家已发布的可再生能源发展规划，根据各地区的资源禀赋和未来能源规划等信息，我国与各地区可合作的可再生能源类型和 2015 年规划的装机容量如表 9.2 所示。从“一带一路”倡议下具体的可再生能源合作项目来看，中国与阿联酋开展的可再生能源苏威汉光伏发电项目是由晶科能源控股有限公司参与设计，建成后将成为全球装机容量最大的太阳能独立发电地面电站。我国晶澳太阳能有限公司在印度合资建设晶澳 500 兆瓦光伏生产基地，开启了中国与印度在太阳能发电领域的合作。

表 9.2　可再生能源类型和 2015 年规划装机容量

地区	可再生能源类型	2015 年规划装机容量/兆瓦
南亚、东南亚	光伏、风电、水电、生物质	148513
中亚	风电、水电、光伏	12401
中东欧	光伏、风电、水电	54096
西亚、中东	光伏、水电、风电、核电	65212

资料来源：IRENA (2014)。

“一带一路”倡议下的中巴经济走廊建设推动了中国企业在巴基斯坦开展可再生能源项目合作。中国长江三峡集团有限公司(以下简称三峡集团)投资 16.5 亿美元建设一座装机容量为 720 兆瓦的卡洛特水电站；国家电网推进巴基斯坦±660 千伏默拉直流输电项目全面建设，实现中巴能源互联互通。表 9.3 列出了中国与巴基斯坦清洁能源合作的主要领域及代表项目。从表 9.3 可以看出，中巴能源合作以水力发电和可再生能源为重点。

表 9.3　中国与巴基斯坦清洁能源合作项目简介

领域	名称	中方企业
光伏	巴基斯坦旁遮普省 900 (MW) 兆瓦光伏电站	中兴能源有限公司、中国电力建设集团有限公司
风电	吉姆普尔 (JHIMPIR) 风电项目 萨察尔风电 (Sachal Wind Farm) 项目	联合能源集团有限公司 中国电力建设集团有限公司、新疆金风科技股份有限公司
水电	卡洛特水电项目	三峡集团
核电	恰希玛核电一期项目	中国核工业集团有限公司

资料来源：https://www.huanbao-world.com/green/clean/78090.html。

9.4.2　能源企业合作计划

国家电网大力推进电网互联互通。致力于服务“一带一路”建设，国家电网依托远距离、大容量、低损耗的特高压技术来打造“一带一路”经济带输电走廊，2018 年累计建成了中俄、中蒙、中吉等 10 条跨国输电线路，实现与中亚五国的电网相连，共享哈萨克斯坦大型能源基地和中亚丰富的风能与太阳能资源，远期或将实现和其他“一带一路”沿线国家的电力联网，大力推进其在可再生能源政策、技术等方面的国际交流合作。

国家电网在菲律宾、巴西、葡萄牙、新加坡、澳大利亚、比利时、意大利等国通过参股或控股的方式参与了当地的发电、输电业务运营，投资运营这些国家或地区的骨干能源网。在中国“一带一路”倡议与全球能源互联网思维引导下，国家电网的境外电网互联投资力度将有望继续加大，推动国际产能的合作和国际标准的制定。2015 年，哈萨克斯坦埃基巴斯图兹至河南南阳的±1100 千伏高压直流工程、俄罗斯叶尔科夫齐至河北霸州的±800 千伏高压直流工程、蒙古锡伯敖包至天津和新疆伊犁至巴基斯坦伊斯兰堡的±660 千伏直流工程的前期规划工作已展开。《国家电网有限公司 2018 社会责任报告》显示，2018 年国家电网境外资产超过 655 亿美元，境外资产实现全部盈利，海外项目积极推动电力基础设施互联互通。

中国电力建设集团有限公司规划和设计可再生能源“走出去”的发展战略。作为国家新能源信息中心和国家可再生能源产业政策研究中心，中国电力建设集团有限公司在“一带一路”倡议下，牵头开展了中巴经济走廊能源合作规划、中亚五国可再生能源规划、东盟清洁能源路线图、孟中印缅经济走廊电力项目投资环境研究等项目，积极参与政府框架下的国际可再生能源交流合作。中国电建集团中南勘测设计研究院有限公司作为设计-采购-施工(EPC)总承包单位参与到越南中宋水电站设备成套 EPC 项目的建设中，如今部分机组已成功发电。

南方电网积极服务国家“一带一路”倡议，与东盟国家广泛开展清洁电力合作。2013 年南方电网以建设-经营-转让(BOT)方式投资建设的老挝南塔河水电站项目正式奠基，设计装机容量为 16.8 万千瓦，2018 年 10 月正式投产发电，预计未来每年可提供 7.21 亿度(1 度=1 千瓦时)电。2016 年，南方电网国际有限责任公司与越南合作方签署了中越西原风电项目合作备忘录，越方将全部采用中国风电设备。南方电网与东南亚国家的清洁电力合作不断增多。

三峡集团、国投电力控股股份有限公司、中国广核集团有限公司、中国水利水电建设股份有限公司、龙源电力集团股份有限公司(以下简称龙源电力)等中国公司一直活跃于可再生能源领域。三峡集团 2011 年收购葡萄牙电力公司股权，并进军巴西水电市场，同时引进欧洲先进的海上风电开发管理技术，开发江苏、福建等地的海上风电资源。龙源电力于 2014 年在加拿大投资的风电项目并网发电，这也是中国发电企业在海外投资的第一个风电项目，并首次实现了自主开发、自主建设、自主运营。浙江正泰新能源开发有限公司已经在保加利亚、罗马尼亚、南非、韩国、印度等国总计投资建设了 200 兆瓦的光伏电站项目。中国水电工程顾问集团有限公司通过国际招标承担了越南富叻风电场一期 EPC 项目。

9.5 本章小结

中国可再生能源的开发和利用程度不断提高。“十二五”期间，我国可再生能源产业开始全面规模化发展，进入大范围增量替代和区域性存量替代的发展阶段。可再生能源在推动能源结构调整方面的作用不断增强，可再生能源技术装备水平显著提升，可再生能源发展支持政策体系逐步完善。随着开发利用规模逐步扩大，我国已逐步从可再生能源利用大国向可再生能源技术产业强国迈进。然而，在这个过程中仍存在一些问题，给可再生能源的发展带来了许多挑战。这些挑战主要来源于政策方面、资金方面、技术方面和市场方面。全球化已成为不可逆转的时代潮流，在挑战与机遇共存的现在，我国应勇于变革、勇于创新，继续在科技和政策等方面加强国际合作，拓展国际交流。

本章对我国可再生能源发展的国际合作进行了系统研究，为可再生能源技术推广和科研合作提供了重要的方向。首先，通过回顾我国可再生能源产业从无到有再到走出去的历程，全面分析了可再生能源发展过程中参与国际合作与交流的重要性，有助于打造可再生能源国际合作双赢的新模式。其次，对目前国际上存在的可再生能源领域国际合作的模式、机制、研究机构进行了分析，有助于从合作机制建立、科学研究分享等范畴研究加强可再生能源领域国际合作的可行性。最后，从国家战略和企业发展两个方面阐述了我国力促可再生能源国际合作的最新进展。然而，可再生能源领域的国际合作正面临着贸易保护主义和单边主义的新挑战，可再生能源领域贸易摩擦日益增多，需要拓展国际可再生能源合作的新思维，系统策划和统筹国际可再生能源合作，提高国际可再生能源合作软实力，建立国际可再生能源领域的中国标准。

参 考 文 献

21 世纪经济报道. 2015. 可再生能源配额《考核办法》征求意见稿披露. (2014-09-25) [2019-05-08]. http://www.solarzoom.com/article-57114-1.html.

北极星电力网. 2012.《可再生能源发展"十二五"规划》全文. (2012-08-10) [2019-05-08]. http://news.bjx.com.cn/html/20120810/379617.shtml.

财政部. 2015. 关于印发《可再生能源发展专项资金管理暂行办法》的通知. (2015-04-02) [2019-03-20]. http://jjs.mof.gov.cn/zhengwuxinxi/zhengcefagui/201504/t20150427_1223373.html.

陈和平, 李京京, 周篁. 2000. 可再生能源发电配额制政策的国际实施经验. 中国能源, 7: 3-6.

第三次气候变化国家评估报告编写组. 2015. 第三次气候变化国家评估报告. 北京: 科学出版社.

电监会办公厅. 2007. 跨区域输电价格审核暂行规定. (2007-07-09) [2019-05-08]. http://www.law-lib.com/law/law_view.asp?id=206272.

方玉梅, 刘凤朝. 2014. 我国国家高新区创新能力评价研究. 大连理工大学学报(社会科学版), 35(4): 26-35.

冯正强, 冯佳佳. 2013. 我国可再生能源国际合作机制研究. 中国科技论坛, 1(3): 150-155.

葛珊珊, 张韧. 2010. 全球气候变化背景下灾害性天气变化及对海上风电的影响. 中国工程科学, 12(11): 71-77.

广东省发展与改革委员会. 2017. 广东省发展改革委关于印发《广东省"十三五"能源结构调整实施方案》的通知. (2017-12-25) [2019-03-20]. http://zwgk.gd.gov.cn/006939756/201712/t20171226_738919.html.

郭维. 2018. 我国可再生能源产业发展金融支持与政策激励机制研究. 成都: 西华大学.

郭显光. 1998. 改进的熵值法及其在经济效益评价中的应用. 系统工程理论与实践, 12: 98-102.

国际能源网. 2019. 2018 年全球清洁能源投资趋势. (2019-01-17) [2019-05-08]. http://www.in-en.com/article/html/energy-2276794.shtml.

国家发展和改革委员会. 2013. 国家发展改革委关于调整发电企业上网电价有关事项的通知. (2013-10-16) [2019-04-20]. http://www.gov.cn/zwgk/2013-10/16/ content_2508002.htm.

国家发展和改革委员会. 2014. 国家发展改革委关于进一步疏导环保电价矛盾的通知. (2014-08-20) [2019-03-20] http://www.ndrc.gov.cn/gzdt/201408/t20140827_623701.html.

国家发展和改革委员会. 2015a. 国家发展改革委 国家能源局关于改善电力运行调节促进清洁能源多发满发的指导意见. (2015-03-20) [2019-02-20]. http://www.ndrc.gov.cn/gzdt/201503/t20150323_668207.html.

国家发展和改革委员会. 2015b. 国家发展改革委关于印发《河北省张家口市可再生能源示范区发展规划》的通知. (2015-07-29) [2019-02-20]. http://www.gov.cn/xinwen/2015-07/29/content_2905230.htm.

国家发展和改革委员会. 2015c. 国家发展改革委关于降低燃煤发电上网电价和工商业用电价格的通知. (2015-04-13) [2019-02-20]. http://www.ndrc.gov. cn/zcfb/zcfbtz/201504/t20150417_688505.html.

国家发展和改革委员会. 2015d. 国家发展改革委关于完善跨省跨区电能交易价格形成机制有关问题的通知. (2015-05-05) [2019-02-20]. http://www.ndrc.gov. cn/zcfb/zcfbtz/201505/t20150507_691135.html.

国家发展和改革委员会. 2017a. 太阳能发展"十三五"规划. (2016-12-01) [2019-03-20]. http://www.ndrc.gov.cn/fzgggz/fzgh/ghwb/gjjgh/201708/ t20170809_857322.html.

国家发展和改革委员会. 2017b.关于印发北方地区冬季清洁取暖规划(2017-2021 年)的通知. (2017-12-05) [2019-01-20]. http://www.ndrc.gov.cn/zcfb/zcfbtz/201712/t20171220_871052.html.

国家发展和改革委员会. 2018. 国家发展改革委 国家能源局关于印发《清洁能源消纳行动计划(2018—2020 年)》的通知. (2018-10-30) [2018-12-30]. http://www.ndrc.gov.cn/ gzdt/201812/t20181204_922173.html.

国家能源局. 2015a. 国家能源局关于做好 2015 年度风电并网消纳有关工作的通知. (2015-03-23)[2018-03-23]. http://zfxxgk.nea.gov.cn/auto87/ 201504/t20150407_1900.htm.

国家能源局. 2015b. 国家能源局关于进一步完善风电年度开发方案管理工作的通知. (2015-05-15)[2016-05-20]. http://zfxxgk.nea.gov.cn/auto87/201505/t20150520_1930.htm.

国家能源局. 2015c. 国家能源局综合司关于开展风电清洁供暖工作的通知. (2015-06-05)[2016-07-20]. http://zfxxgk.nea.gov.cn/auto87/201506/ t20150615_1938.htm.

国家能源局. 2015d. 一季度全国风电并网运行情况. (2015-04-28)[2016-04-28]. http://www.nea.gov.cn/2015-04/28/c_134190553.htm.

国家能源局. 2015e. 2013-2014 年度全国电力企业价格情况监管通报. (2015-08-18)[2019-02-20]. http://zfxxgk.nea.gov.cn/auto92/201509/ t20150902_1959.htm.

国家能源局. 2016. 国家能源局关于建立可再生能源开发利用目标引导制度的指导意见. (2016-02-29) [2019-03-20]. http://zfxxgk.nea.gov.cn/auto87/201603/t20160303_2205.htm.

国家能源局. 2017a. 2016 年光伏发电统计信息. (2017-02-04)[2018-03-20]. http://www.nea.gov.cn/2017-02/04/c_136030860.htm.

国家能源局. 2017b. 国家能源局关于 2017 年度全国电力价格情况监管通报. (2018-10-09)[2019-02-03]. http://www.nea.gov.cn/2018-10/09/c_ 137519800.htm.

国家能源局. 2018. 2018 年可再生能源并网运行情况介绍. (2018-01-24)[2018-03-20]. http://www.nea.gov.cn/2018-01/24/c_136920159.htm.

国家能源局. 2019. 2018 年全国风电并网运行情况. (2019-01-28)[2019-02-20]. http://www.nea.gov.cn/2019-01/28/c_137780779.htm.

国家统计局. 2011. 中国统计年鉴 2011. 北京: 中国统计出版社.

国家统计局. 2018. 2017 年国民经济和社会发展统计公报. (2018-02-28) [2019-03-20]. http://www.stats.gov.cn/tjsj/zxfb/201802/t20180228_1585631.html.

国家统计局, 环境保护部. 2012. 中国环境统计年鉴 2011. 北京: 中国统计出版社.

国家统计局能源司. 2011. 中国能源统计年鉴 2011. 北京: 中国统计出版社.

国家统计局农村社会经济调查司. 2013. 中国农村统计年鉴 2013. 北京: 中国统计出版社.

国务院. 2007. 国务院关于印发中国应对气候变化国家方案的通知. (2007-06-03)[2018-03-20]. http://www.gov.cn/gongbao/content/2007/content_ 678918.htm.

国务院. 2015a. 中共中央 国务院关于进一步深化电力体制改革的若干意见(中发〔2015〕9 号). (2015-03-15) [2019-03-15]. http://tgs. ndrc.gov.cn/zywj/201601/t20160129_773852.html.

国务院. 2015b. 中共中央国务院关于推进价格机制改革的若干意见. (2015-10-15)[2018-10-20]. http://www.gov.cn/xinwen/2015-10/15/content_ 2947548.htm.

韩晓平. 2018. 关于光伏“531”新政若干问题思考. 中国电力企业管理, (16): 40-44.

何凌云, 张丽虹, 钟章奇, 等. 2018. 环境不确定性、外部融资与可再生能源投资——兼论政策有效性. 资源科学, 40(4): 748-758.

湖北省发展和改革委员会, 湖北省能源局. 2015. 湖北省发展和改革委员会、湖北省能源局关于做好可再生能源电力配额考核准备工作的通知. (2015-03-31)[2019-3-20]. http://fgw.hubei.gov.cn/ywcs2016/xnyhkzsnyc/tzgg_1774/gw_1775/201503/t20150331_ 85951.shtml.

湖北省发展和改革委员会. 2017. [通知]省发改委关于印发湖北省可再生能源发展“十三五”规划的通知. (2017-05-03)[2018-05-03]. http://fgw. hubei.gov.cn/xw/tzgg_3465/gg/tpwj/201705/t20170503_114495.shtml.

黄田帅. 2018. 绿色信贷环境效益初探——以可再生能源及清洁能源项目绿色信贷为例. 环境与可持续发展, 43(5):9-11.

江波, 秦茂国. 2014. 基于熵值法的小水电投资风险评价. 人民长江, 45(24): 14-16.

教育部发展规划司. 2013. 中国教育统计年鉴 2013. 北京: 人民教育出版社.

康逸梅. 2015. 绿能宝: 金融牌照救急? 中国能源, (5): 75-78.

李婵, 黄海军, 王俊, 等. 2013. 风力发电设备在我国不同气候条件下环境适应性分析. 环境技术, 4: 29-33.

李鹤, 张平宇. 2011. 全球变化背景下脆弱性研究进展与应用展望. 地理科学进展, 30(7): 920-929.

李慷. 2015. 能源贫困综合评估方法及其应用研究. 北京: 北京理工大学.

李慷, 刘春峰, 魏一鸣. 2011. 中国能源贫困问题现状分析. 中国能源, 33(8): 31-35.

李明. 2012. 详解 MATLAB 在最优化计算中的应用. 北京: 电力工业出版社.

李仁方, 单郸. 2013. 巴西新能源政策及其效果分析. 西南科技大学学报(哲学社会科学版), 30(5): 1-10.

李文翎. 2019. 2019 年油品市场维持低速增长态势. 中国石油企业, (Z1): 61-63.

李霞. 2011.中国石油对外依存度研究. 经济研究导刊, (31): 171-172.

林波. 2018. 反倾销反补贴联动措施内涵与特征分析. 当代经济, (23): 24-26.

刘朝全, 姜学峰. 2019. 油气秩序重构行业整体回暖——2018年国内外油气行业发展概述与2019年展望. 国际石油经济, 27(1): 27-33, 60.

刘思峰, 党耀国, 方志耕, 等. 2010. 灰色系统理论及其应用. 北京: 科学出版社.

曼昆. 2009. 经济学原理. 5 版. 梁小民, 梁砾, 译. 北京: 北京大学出版社.

内蒙古自治区人民政府办公厅. 2015. 内蒙古自治区人民政府办公厅关于建立可再生能源保障性收购长效机制的指导意见. (2015-03-13) [2019-03-20]. http://www.nmg.gov.cn/art/2015/3/13/art_1686_139310.html.

内蒙古自治区人民政府办公厅. 2017. 内蒙古自治区人民政府办公厅关于印发自治区能源发展"十三五"规划的通知. (2017-06-30) [2019-03-20]. http://www.nmg.gov.cn/art/2017/6/30/art_1686_137734.html.

任东明. 2004. MMS 政策的实现方式及其适应性分析. 可再生能源, 6: 3-6.

任东明. 2013. 可再生能源配额制政策研究——系统框架与运行机制. 北京: 中国经济出版社.

沈丹云. 2011. 巴西能源战略分析及其启示. 经济研究导刊, 31: 178-179.

石定寰. 2015. 开放与合作促进中国可再生能源发展. 风能, (9): 18-20.

汪巍. 2015. 投资者对 YieldCo 模式失去兴趣了么?——论 YieldCo 模式的前世今生与爱恨情仇. 中国能源, (9): 94-100.

王白羽. 2004. 可再生能源配额制(RPS)在中国应用探讨. 中国能源, 26(4): 24-27.

王兵. 2014. 发展可再生能源需警惕气候风险.东方早报上海经济评论. (2014-11-11) [2016-03-31]. http://www.dfdaily.com/html/8762/2014/11/11/1203059.shtml.

王兵. 2016. 可再生能源系统风险评估方法及其应用研究. 北京: 北京理工大学.

王红毅. 2012. 区域社会经济系统脆弱性综合评价及应用研究. 秦皇岛: 燕山大学.

王帅. 2009. 自然环境对风力发电机组安全运行的影响分析. 中国安全生产科学技术, 5(6): 214-218.

魏一鸣, 焦建玲, 廖华. 2011. 能源经济学. 北京: 科学出版社.

魏一鸣, 吴刚, 梁巧梅, 等. 2012. 中国能源报告(2012): 能源安全研究. 北京: 科学出版社.

魏一鸣, 廖华, 王科, 等. 2014. 中国能源报告(2014): 能源贫困研究. 北京: 科学出版社.

吴疆. 2013. 中国式的电力革命. 北京: 科学技术文献出版社.

夏芸, 徐萍, 江洪波, 等. 2007. 巴西生物燃料政策及对我国的启示. 生命科学, 19(5): 482-485.

谢旭轩, 王田, 任东明. 2012. 美国可再生能源配额制最新进展及对我国的启示. 中国能源, 34(3): 33-37.

新华社. 2015. 强化应对气候变化行动——中国国家自主贡献.（2015-06-30）[2019-03-20]. http://www.xinhuanet.com//politics/2015-06/30/c_1115774759.htm.

新华社. 2014. 中美气候变化联合声明(全文).（2014-11-13）[2019-03-20]. 来源: 新华社, 转自 http://www.gov.cn/xinwen/2014-11/13/content_2777663.htm.

人民网. 2015. "能源贫困"会引发一系列问题亟待扶贫创新.（2015-06-26）[2019-03-20]. http://energy.people.com.cn/n/2015/0626/c71661-27211143.html.

邢婷, 郑有飞, 朱勇, 等. 2013. 云南风能资源及其开发利用研究进展. 气象与环境科学, 36(4): 55-61.

熊良琼, 吴刚. 2009. 世界典型国家可再生能源政策比较分析及对我国的启示. 中国能源, 31(6): 22-25.

薛澜, 等. 2014. 应对气候变化的风险治理. 北京: 科学出版社.

闫禄川, 孙文瑶. 2011. 浅谈分布式发电在我国农村电网的发展前景. 科技资讯, (14): 146.

喻鸥, 阎建忠, 张镱锂. 2011. 区域气候变化脆弱性综合评估研究进展. 地理科学进展, 1(1): 27-34.

岳超源. 2003. 决策理论与方法. 北京: 科学出版社.

曾鸣. 2014a. 直购电模式是电改最佳突破口. 电器工业, (7): 4.

曾鸣. 2014b. 深化我国电力体制改革的若干思考. 中国电力企业管理, (12): 62-64.

张阿杏. 2009. 我国可再生能源发展的金融支持研究. 武汉: 华中科技大学.

张斌. 2014. 德国《可再生能源法》2014 年最新改革解析及启示. 中外能源, 19(9): 34-39.

张礼达, 任腊春. 2007. 恶劣气候条件对风电机组的影响分析. 水力发电, 33(10): 67-69.

张祺. 2013. 中国石油进口依存度问题研究. 武汉: 武汉大学.

张式军. 2007. 可再生能源配额制研究. 中国地质大学学报(社会科学版), 7(2): 19-23.

张永伟, 柴沁虎. 2009. 美国支持可再生能源发展的政策及启示. 国家行政学院学报, (6): 108-111.

赵旺初. 2001. 国外可再生能源配额政策概述. 广东电力, (3): 3.

中国电力年鉴编辑委员会. 2012. 中国电力年鉴 2012. 北京: 中国电力出版社.

中国电力年鉴编辑委员会. 2014. 中国电力年鉴 2014. 北京: 中国电力出版社.

中国可再生能源学会. 2010. 中国新能源与可再生能源年鉴 2010. 广州: 中国科学院广州能源研究所.

中国能源中长期发展战略研究项目组. 2011. 中国能源中长期(2030、2050)发展战略研究(综合卷). 北京: 科学出版社.

中国气象局. 2011a. 中国气象年鉴 2011. 北京: 气象出版社.

中国气象局. 2011b. 中国气象灾害年鉴 2011. 北京: 气象出版社.

中华人民共和国中央人民政府. 2005. 中华人民共和国可再生能源法.（2005-02-28）[2019-03-20]. http://www.gov.cn/ziliao/flfg/2005-06/21/content_8275.htm.

周鹏飞. 2001. 浅析我国实施可再生能源配额制政策的必要性. 地方电力管理, (7): 19-21.

周元, 孙新章. 2010. 以节能和新能源产业为主推进战略性新兴产业发展. 中国人口资源与环境, 20(12): 31-34.

Adger W N, Kelly M. 1999. Social vulnerabililty to climate change and the architecture of entitlements. Mitigation and Adaptation Strategies for Global Change, 4: 253-266.

Adger W N. 2003. Social capital, collective action and adaptation to climate change. Economic Geography, 79: 387-404.

Adger W N. 2006. Vulnerability. Global Environmental Change, 16: 268-281.

Ahmed T, Muttaqi K M, Agalgaonkar A P. 2012. Climate change impacts on electricity demand in the State of New South Wales, Australia. Applied Energy, 98: 376-383.

Alwang J, Siegel P B, Jorgensen S L. 2001. Vulnerability: A view from different disciplines. Social Protection Unit, World Bank, Washington D C.（2001-06-30）[2019-03-20]. http://documents.worldbank.org/curated/en/636921468765021121/Vulnerability-a-view-from-different-disciplines.

Ang B W. 2004. Decomposition analysis for policymaking in energy: Which is the preferred method. Energy Policy, 32 (9): 1131-1139.

Ang B W, Xu X Y. 2013. Tracking industrial energy efficiency trends using index decomposition analysis. Energy Economics, 40: 1014-1021.

Antle J M, Capalbo S M, Elliott E T, et al. 2004. Adaptation, spatial heterogeneity, and the vulnerability of agricultural systems to climate change and CO_2 fertilization: An integrated assessment approach. Climatic Change, 64(3): 289-315.

Apadula F, Bassini A, Elli A, et al. 2012. Relationships between meteorological variables and monthly electricity demand. Applied Energy, 98: 346-356.

Bardi U, Asmar T E, Lavacchi A. 2013. Turning electricity into food: The role of renewable energy in the future of agriculture. Journal of Cleaner Production, 53: 224-231.

Belakhdar N, Kharbach M, Afilal M E. 2014. The renewable energy plan in Morocco, a Divisia index approach. Energy Strategy Reviews, 4: 11-15.

Bhide A, Monroy C R. 2011. Energy poverty: A special focus on energy poverty in India and renewable energy technologies. Renewable and Sustainable Energy Reviews, 15: 1057-1066.

Bird L, Bolinger M, Gagliano T, et al. 2005. Policies and market factors driving wind power development in the United States. Energy Policy, 33: 1397-407.

Blaikie P, Cannon T, Davis I, et al. 1994. At Risk: Natural Hazards, People's Vulnerability and Disasters. London: Routledge.

Bohle H G. 2001. Vulnerability and criticality: Perspectives from social geography. International Human Dimensions Programme on Global Environmental Change, Newsletter Update.

Bolinger M, Wiser R, Fitzgerald G. 2005. An overview of investments by state renewable energy funds in large-scale renewable generation projects. The Electricity Journal, 18(1): 78-84.

Boyle G. 2011. 可再生能源与电网. 中国电力科学研究院新能源研究所, 译. 北京: 中国电力出版社.

BP. 2015. BP Statistical Review of Word Energy 2015. London: BP.

BP. 2018. BP Statistical Review of Word Energy 2018. London: BP.

Breslow P B, Sailor D J. 2002. Vulnerability of wind power resources to climate change in the continental United States. Renewable Energy, 27: 585-598.

Canadian Hydropower Association. 2018. Canadian hydropower is clean, renewable and reliable. (2018-01-01) [2019-03-20]. https://canadahydro.ca/benefits.

Carley S. 2009. State renewable energy electricity policies: An empirical evaluation of effectiveness. Energy Policy, 37: 3071-3081.

Cinner J E, Fuentes M, Randriamahazo H. 2009. Exploring social resilience in Madagascar's marine protected areas. Ecology and Society, 14(1): 41.

Ciscar J C, Dowling P. 2014. Integrated assessment of climate impacts and adaptation in the energy sector. Energy Economics, 46: 431-538.

Cruz A M, Krausmann E. 2013. Vulnerability of the oil and gas sector to climate change and extreme weather events. Climatic Change, 121: 41-53.

Cutter S L. 1996. Vulnerability to environmental hazards. Progress in Human Geography, 20: 529-539.

Cutter S L. 2001. A research agenda for vulnerability science and environmental hazards. International Human Dimensions Programme on Global Environmental Change, Newsletter Update.

Cutter S L. 2003. The vulnerability of science and the science of vulnerability. Annals of the Association of American Geographers, 93(1): 1-12.

Ebinger J, Vergara W. 2011. Climate Impacts on Energy Systems: Key Issues for Energy Sector Adaptation. Washington D C: World Bank Publications.

Ekmann J. 2013. Climate impacts on coal, from resource assessments through to environmental remediation. Climatic Change, 121: 27-39.

Eskeland G S, Mideksa T K. 2010. Electricity demand in a changing climate. Mitigation and Adaptation Strategy for Global Change, 15: 877-897.

Ceres. 2012. Stormy Future for Insurers: The Growing Costs and Risks of Extreme Weather Events. (2012-09-05) [2019-03-20]. https://www.ceres.org/resources/reports/stormy-future-insurers-growing-costs-and-risks-extreme-weather-events.

Fan J L, Liao H, Liang Q M, et al. 2013. Residential carbon emission evolutions in urban–rural divided China: An end-use and behavior analysis. Applied Energy, 101: 323-332.

Fan J L, Tang B J, Yu H, et al. 2015. Impact of climatic factors on monthly electricity consumption of China's sectors. Natural Hazards, 75: 2027-2037.

Feng Z H, Zou L L, Wei Y M. 2011. The impact of household consumption on energy use and CO_2 emissions in China. Energy, 36: 656-670.

Ferraris I, Canal M D, Labriola C. 2013. Risk analysis in renewable energy: Assessment of the vulnerability of the environment and community. Journal of Energy and Power Engineering 7: 1423-1432.

Folke C, Carpenter S, Walker B, et al. 2004. Regime shifts, resilience, and biodiversity in ecosystem management. Annual Review of Ecology Evolution and Systematics, 35: 557-581.

Frankfurt School-UNEP Centre/BNEF. 2018. Global trends in renewable energy investment 2018. (2018-04-05) [2019-03-20]. https://www.frankfurt-school.de/home/international-advisory-services/fs-unep-collaboration-centre/.

Freris L, Infield D. 2011. 电力系统中的可再生能源. 王孝强, 刘永前, 李继红, 译. 北京: 人民邮电出版社.

Frondel M, Ritter N, Schmidt C, et al. 2010. Economics impacts from the promotion of renewable energy technologies: The German experience. Energy Policy, 38: 4048-4056.

Füssel H M. 2004. Coevolution of the political and conceptual frameworks for climate change vulnerability assessments// Biermann F, Campe S, Jacob K. Proceedings of the 2002 Berlin Conference on the Human Dimensions of Global Environmental Change "Knowledge for the Sustainability Transition. The Challenge for Social Science",Amsterdam.

Füssel H M. 2007. Vulnerability: A generally applicable conceptual framework for climate change research. Global Environmental Change, 17: 155-167.

Gan L, Eskeland G, Kolshus H. 2007. Green electricity market development: Lessons from Europe and the US. Energy Policy, 35: 144-55.

GEA. 2012. Global Energy Assessment - Toward a Sustainable Future. Cambridge: Cambridge University Press.

Golusin M, Ivanovic O M, Redzepagic S. 2013. Transition from traditional to sustainable energy development in the region of Western Balkans- Current level and requirements. Applied Energy,101: 182-191.

Goodman J C. 1980. A note on existence and uniqueness of equilibrium points for concave n-person cames. Econometrica, 48: 251.

Greening L A, Ting M, Krackler T J. 2001. Effects of changes in residential end-uses and behavior on aggregate carbon intensity: Comparison of 10 OECD countries for the period 1970 through 1993. Energy Economics, 23: 153-178.

Hanududu B, Killingtveit A. 2012. Assessing climate change impacts on global hydropower. Energies, 5(2): 305-322.

Hazards and Vulnerability Research Institute. 2013. Social vulnerability index for the United States.（2013-02-01）[2019-03-20]. http://artsandsciences.sc.edu/geog/hvri/sovi%C2%AE-0.

Horowitz J K, McConnell K E. 2003. Willingness to accept, willingness to pay and the income effect. Journal of Economic Behavior and Organization, 51 (4) : 537-545.

Huang M Y, Alavalapati J, Carter D, et al. 2007. Is the choice of renewable portfolio standards random? Energy Policy, 35:5571-5575.

Hydro-Quebec. 2013. Hydro-Quebec annual report 2012. Montreal: Hydro-Quebec.

IEA. 2004. World Energy Outlook 2004. Paris: IEA.

IEA. 2012. World Energy Outlook 2012. Paris: IEA.

IMF. 2014. World Economic Outlook-Recovery Strengthens, Remains Uneven. Washington DC: IMF.

IPCC. 2011. Renewable energy sources and climate change mitigation. Cambridge: Cambridge University Press.

IPCC. 2012. Summary for policymakers//Managing the Risks of Extreme Events and Disasters to Advance Climate Change Adaptation. A Special Report of Working Groups I and II of the Intergovernmental Panel on Climate Change. New York: Cambridge University Press.

IPCC. 2014. Climate change 2014: Impacts, adaptation, and vulnerability. Contribution of Working Group II to the Fifth Assessment Report of the Intergovernmental Panel on Climate Change. Cambridge: Cambridge University Press.

IRENA. 2014. Renewable energy prospects: China, REmap 2030 analysis. Abu Dhabi: IRENA.

IRENA. 2018. Global energy transition: A roadmap to 2050.（2018-04-01）[2019-03-20]. https://www.irena.org/publications/2018/Apr/Global-Energy-Transition-A-Roadmap-to-2050.

Jiang G Q, Yu F L, Zhao Y. 2012. An analysis of vulnerability to agricultural drought in China using the expand grey relation analysis method. Procedia Engineering, 28: 670-676.

Johnstone N, Hascic I, Popp D. 2010. Renewable energy policies and technological innovation: Evidence based on patent counts. Environmental and Resource Economics, 45: 133-55.

Jolliffe I T. 1986. Principal Component Analysis. New York: Springer-Verlag.

Jun K S, Chung E S, Kim Y G, et al. 2013. A fuzzy multi-criteria approach to flood risk vulnerability in South Korea by considering climate change impacts. Expert Systems with Applications, 40: 1003-1013.

Kamanou G, Morduch J. 2004. Measuring vulnerability to poverty// Dercon S. Insurance Against Poverty. Oxford: Oxford University Press.

Karush W. 1939. Minima of functions of several variables with inequalities as side constraints. Chicago: University of Chicago.

Kates R W, Clark W C, Corell R, et al. 2001. Environment and development: Sustainability science. Science, 292: 641-642.

Kates R W. 1985. The interaction of climate and society//Kates R W, Ausubel H, Berberian M. Climate Impact Assessment. Chichester: Wiley.

Keles S, Bilgen S. 2012. Renewable energy sources in Turkey for climate change mitigation and energy sustainability. Renewable and Sustainable Energy Reviews, 16: 5199-5206.

Krawczyk J B. 2005. Coupled constraint Nash equilibria in environmental games. Resource and Energy Economics, 27: 157-181.

Krawczyk J B. 2007. Numerical solutions to coupled-constraint（or generalized Nash）equilibrium problems. Computational Management Science, 4: 183-204.

Kuhn H W, Tucker A W. 1951. Nonlinear programming. Proceedings of 2nd Berkeley Symposium. Berkeley: University of California Press.

Langniss O, Wiser R. 2003. The renewables portfolio standard in Texas: An early assessment. Energy Policy, 31(6): 527-535.

Leung G C K, Cherp A, Jewell J, et al. 2014. Securitization of energy supply chains in China. Applied Energy, 123, 316-326.

Lin C S, Liou F M, Huang C P. 2011. Grey forecasting model for CO_2 emissions: A Taiwan study. Applied Energy, 88, 3816-3820.

Lin S J, Lu I J, Lewis C. 2007. Grey relation performance correlations among economics, energy use and carbon dioxide emission in Taiwan. Energy Policy, 35: 1948-1955.

Liu L C, Fan Y, Wu G, et al. 2007. Using LMDI method to analyze the change of China's industrial CO_2 emissions from final fuel use: An empirical analysis. Energy Policy, 35: 5892-5900.

Liu X, Ming Z, Xu H, et al. 2015. Small hydropower financing in China: External environment analyses, financing modes and problems with solutions. Renewable and Sustainable Energy Reviews, 48: 813-824.

Lu I J, Lin S J, Lewis C. 2008. Grey relation analysis of motor vehicular energy consumption in Taiwan. Energy Policy, 36: 2556-2561.

Lucena A F P, Szklo A S, Schaeffer R, et al. 2009. The vulnerability of renewable energy to climate change in Brazil. Energy Policy, 37: 879-889.

Lucena A F P, Szklo A S, Schaeffer R, et al. 2010. The vulnerability of wind power to climate change in Brazil. Renewable Energy, 35: 904-912.

Luers A L. 2005. The surface of vulnerability: An analytical framework for examining environmental change. Global Environmental Change, 15: 214-223.

Manne A, Mendelsohn R, Richels R. 1995. MERGE: A model for evaluating the regional and global effects of GHG reduction policies. Energy Policy, 23(1): 17-34.

Marques A C, Fuinhas J A, Manso J R P. 2010. Motivations driving renewable energy in European countries: A panel data approach. Energy Policy, 38: 6877-6885.

Marques A C, Fuinhas J A. 2011. Drivers promoting renewable energy: A dynamic panel approach. Renewable and Sustainable Energy Reviews, 15: 1601-1608.

Marshall N A. 2010. Understanding social resilience to climate variability in primary enterprises and industries. Global environ change, 20(1): 36-43.

Mastrandrea M, Tavoni M. 2013. Foreword to the special issue: Climate change, extremes, and energy systems. Climatic Change, 121: 1-2.

Mathews J A, Tan H. 2014. Economics: Manufacture renewables to build energy security. Nature, 513(7517): 166-168.

Mclellan B C, Corder G D, Giurco D P, et al. 2012. Renewable energy in the minerals industry: A review of global potential. Journal of Cleaner Production, 32: 32-44.

Menyah K, Wolde-Rufael Y. 2010. CO_2 emissions, nuclear energy, renewable energy and economic growth in the US. Energy Policy, 38: 2911-2915.

Menz F, Vachon S. 2006. The effectiveness of different policy regimes for promoting wind power: Experiences from the states. Energy Policy, 34: 1786-1796.

Metzger M J, Leemans R, Schroter D. 2005. A multidisciplinary multi-scale framework for assessing vulnerabilities to global change. International Journal of Applied Earth Observation and Geoinformation, 7: 253-267.

Michael C, Javad K, Warren B. 2015. SMART-SREC: A stochastic model of the New Jersey solar renewable energy certificate market. Journal of Environmental Economics and Management, 73: 13-31.

Michelle D, Steve C. 2014. Power failure: How climate change puts our electricity at risk and what we can do.（2014-04-01）[2019-03-20]. https://ucsusa.org/sites/default/files/legacy/assets/documents/Power-Failure-How-Climate-Change-Puts-Our-Electricity-at-Risk-and-What-We-Can-Do.pdf.

Mideksa T K, Kallbekken S. 2010. The impact of climate change on the electricity market: A review. Energy policy, 38(7): 3579-3585.

Mukheibir P. 2013. Potential consequences of projected climate change impacts on hydroelectricity generation. Climatic Change, 121: 67-78.

Nasiri F, Zaccour G. 2010. Renewable portfolio standard policy: A game-theoretic analysis. INFOR, 48(4): 251-260.

NatureServe. 2015. Guidelines for Using the NatureServe Climate Change Vulnerability Index Release 3.0.（2015-01-01）[2019-03-20]. http://www.natureserve.org/sites/default/files/guidelines_natureserveclimatechangevulnerabilityindex_r3.0_15_apr2015.pdf.

Nkem J, Perez C, Santoso H, et al. 2007. Methodological framework for vulnerability assessment of climate change impacts on forest-based development sectors, second year annual report.（2007-11-01）[2019-03-20]. http://www.africa-adapt.net/media/resources/86/CIFOR_TroFCCA_2ndRep.pdf.

O'Brien K L, Eriksen S, Schjolden A, et al. 2004. What's in a word? Conflicting interpretations of vulnerability in climate change research. Oslo, Norway: CICERO Working Paper 04.

Oppenheimer M, Campos M, Warren R, et al. 2014. Emergent risks and key vulnerabilities//Climate Change 2014: Impacts, Adaptation, and Vulnerability. Part A: Global and Sectoral Aspects. Contribution of Working Group II to the Fifth Assessment Report of the IPCC. Cambridge: Cambridge University Press.

Padowski J C, Jawitz J W. 2012. Water availability and vulnerability of 225 large cities in the United States. Water Resources Research, 48(12): 983-985.

Panwar N L, Kaushik S C, Kothari S. 2011. Role of renewable energy sources in environmental protection: A review. Renewable and Sustainable Energy Reviews, 15: 1513-1524.

Patt A, Pfenninger S, Lilliestam J. 2013. Vulnerability of solar energy infrastructure and output to climate change. Climatic Change, 121: 93-102.

Pauw K, Thurlow J, Bachu M, et al. 2011. The economic costs of extreme weather events: A hydrometeorological CGE analysis for Malawi. Environment and Development Economics, 16(2): 177-198.

Pearce T, Ford J D, Caron A, et al. 2012. Climate change adaptation planning in remote, resource-dependent communities: An Arctic example. Regional Environmental Change, 12(4): 825-837.

Pelling M. 2003. The Vulnerability of Cities: Natural Disasters and Social Resilience. London: Earthscan.

Pereira E B, Martins F R, Pes M P, et al. 2013. The impacts of global climate changes on the wind power density in Brazil. Renewable Energy, 49: 107-110.

Pilli-Sihvola K, Aatola P, Ollikainen M, et al. 2010. Climate change and electricity consumption-Witnessing increasing or decreasing use and costs. Energy Policy, 38: 2409-2419.

Polsky C, Neff R, Yarnal B. 2007. Building comparable global change vulnerability assessments: The vulnerability scoping diagram. Global Environmental Change, 17(3-4): 472-485.

Pryor S C, Barthelmie R J. 2010. Climate change impacts on wind energy: A review. Renewable and Sustainable Energy Reviews, 14: 430-437.

Pryor S C, Barthelmie R J. 2011. Assessing climate change impacts on the near-term stability of the wind energy resource over the United States. PNAS, 108: 8167-8171.

Pryor S C, Barthelmie R J. 2013. Assessing the vulnerability of wind energy to climate change and extreme events. Climatic Change, 121: 79-91.

REN21. 2015. Renewables 2015 Global Status Report. Paris: REN21 Secretariat.

REN21. 2018. Renewables 2018 Global Status Report. Paris: REN21 Secretariat.

Richardson R B. 2007. Tourism in Belize: vulnerability and capacity assessment. (2007-01-01) [2019-03-20]. https://www.eldis.org/document/A60618.

Rivza B, Rivza S, Rivza P. 2012. Risk assessment in renewable energy production from agriculture biomass in Latvia. Proceedings of the Latvian Academy of Sciences Section B, 66: 54-58.

Rodriguez J, Haas R. 2012. Fixed feed-in tariff versus premium: A review of the current Spanish system. Renewable and Sustainable Energy Reviews, 16: 293-305.

Rosen J. 1965. Existence and uniqueness of equilibrium points for concave n-person games. Econometrica, 33: 520-534.

Sadorsky P. 2009. Renewable energy consumption, CO_2 emissions and oil prices in the G7 countries. Energy Economics, 31: 456-462.

Sailor D J, Smith M, Hart M. 2008. Climate change implications for wind power resources in the Northwest United States. Renewable Energy, 33: 2393-2406.

Sapkota A, Lu Z, Yang H, et al. 2014. Role of renewable energy technologies in rural communities' adaptation to climate change in Nepal. Renewable Energy, 68: 793-800.

Sathaye J, Dale L, Larsen P, et al. 2009. Estimating risk to California energy infrastructure from projected climate change. Sacramento: Lawrence Berkeley National Laboratory.

Schaeffer R, Szklo A S, Lucena A F P, et al. 2012. Energy sector vulnerability to climate change: A review. Energy, 38: 1-12.

Schaeffer R, Szklo A, Lucena A F P, et al. 2013. The vulnerable Amazon: The impact of climate change on the untapped potential of hydropower systems. IEEE Power and Energy Magazine, 11: 22-31.

Schneider B, White S, Paul M. 1998. Linking service climate and customer perceptions of service quality: Test of a causal model. Journal of Applied Psychology, 83(2): 150-163.

Shrimali G, Kniefel J. 2011. Are government policies effective in promoting deployment of renewable electricity resources? Energy Policy, 39(9): 4726-4741.

Sieber J. 2013. Impacts of, and adaptation options to, extreme weather events and climate change concerning thermal power plants. Climatic Change, 121: 55-66.

Sovacool B. 2009. Rejecting renewables: The socio-technical impediments to renewable electricity in the United States. Energy Policy, 37: 4500-4513.

Striessnig E, Lutz W, Patt A G. 2013. Effects of educational attainment on climate risk vulnerability. Ecology and Society, 18(1): 103-111.

Su B, Ang B W. 2012. Structural decomposition analysis applied to energy and emissions: Some methodological developments. Energy Economics, 34: 177-188.

Su B, Ang B W. 2014. Attribution of changes in the generalized Fisher index with application to embodied emission studies. Energy, 69: 778-786.

Taseska V, Markovska N, Callaway J M. 2012. Evaluation of climate change impacts on energy demand. Energy, 48: 88-95.

Trypolska G. 2012. Feed-in tariff in Ukraine: The only driver of renewables' industry growth. Energy Policy, 45: 645-653.

Tu W B, Zhang L X, Zhou Z R, et al. 2011. The development of renewable energy in resource-rich region: A case in China. Renewable and Sustainable Energy Reviews, 15: 856-860.

Turner II B L, Kasperson R E, Matson P A, et al. 2003a. A framework for vulnerability analysis in sustainability science. Proceedings of the National Academy of Sciences US, 100: 8074-8079.

Turner II B L, Matson P A, McCarthy J J, et al. 2003b. Illustrating the coupled human-environment system for vulnerability analysis: Three case studies. PNAS, 100: 8080-8085.

U.S. Department of Energy. 2013. U.S. energy sector vulnerabilities to climate change and extreme weather. Washington D C: U.S. Department of Energy.

U.S. Department of Energy. 2015a. Climate Change and the U.S. Energy Sector: Regional Vulnerabilities and Resilience Solutions. (2015-10-01) [2017-01-01]. https://www.energy.gov/policy/downloads/climate-change-and-us-energy-sector-regional-vulnerabilities-and-resilience.

U.S. Department of Energy. 2015b. Tribal Energy System Vulnerabilities to Climate Change and Extreme Weather. (2015-09-01) [2017-01-01]. https://www.energy.gov/sites/prod/files/2015/09/f26/Tribal%20Energy%20Vulnerabilities%20to%20Climate%20Change%208-26-15b.pdf.

Valentine S V. 2011. Emerging symbiosis: Renewable energy and energy security. Renewable and Sustainable Energy Reviews, 15: 4572-4578.

van Ruijven B, van Vuuren D P. 2009. Oil and natural gas prices and greenhouse gas emission mitigation. Energy Policy, 37: 4797-808.

van Vliet M T H, Vogele S, Rubbelke D. 2013. Water constraints on European power supply under climate change: Impacts on electricity prices. Environment Research Letters, 8: 1-10.

van Vliet M T H, Yearsley J R, Ludwig F, et al. 2012. Vulnerability of US and European electricity supply to climate change. Nature Climate Change, 2: 676-681.

Wang B, Hong G, Cui C Q, et al. 2019. Comprehensive analysis on China's national climate change assessment reports: Action and emphasis. Frontiers of Engineering Management, 6(1): 52-61.

Wang B, Li H N, Yuan X C, et al. 2017. Energy poverty in China: A dynamic analysis based on a hybrid panel data decision model. Energies, 10(12): 1942.

Wang B, Liang X J, Zhang H, et al. 2014a. Vulnerability of hydropower generation to climate change in China: Results based on Grey Forecasting Model. Energy Policy, 65: 701-707.

Wang B, Pan S Y, Ke R Y, et al. 2014b. An overview of climate change vulnerability: A bibliometric analysis based on Web of Science database. Natural Hazards, 74: 1649-1666.

Wang B, Ke R Y, Yuan X C, et al. 2014c. China's regional assessment of renewable energy vulnerability to climate change. Renewable and Sustainable Energy Reviews, 40: 185-195.

Wang B, Nistor I, Murty T, et al. 2014d. Efficiency assessment of hydroelectric power plants in Canada: A multi criteria decision making approach. Energy Economics, 46: 112-121.

Wang B, Wei Y M, Yuan X C. 2018a. Possible design with equity and responsibility in China's renewable portfolio standards. Applied Energy, 232: 685-694.

Wang B, Wang Q, Wei Y M, et al. 2018b. Role of renewable energy in China's energy security and climate change mitigation: An index decomposition analysis. Renewable and Sustainable Energy Reviews, 90: 187-194.

Ward D M. 2013. The effect of weather on grid systems and the reliability of electricity supply. Climatic Change, 121(1): 103-113.

Wei Y M, Mi Z F, Huang Z. 2015. Climate policy modeling: An online SCI-E and SSCI based literature review. Omega, 57: 70-84.

Wetzel F T, Beissmann H, Penn D J, et al. 2013. Vulnerability of terrestrial island vertebrates to projected sea-level rise. Global Change Biology, 19(7): 2058-2070.

Wisner B, Blaikie P, Cannon T, et al. 2004. At Risk: Natural Hazards People's Vulnerability and Disasters. 2nd ed. London: Routledge.

World Bank. 2010. Climate risks and adaptation in Asian coastal megacities, a synthesis report. Washington DC: The World Bank.

Wu G, Liu L C, Han Z Y, et al. 2012. Climate protection and China's energy security: Win-win or tradeoff. Applied Energy, 97: 157-163.

Wüstenhagen R, Wolsink M, Bürer M. 2007. Social acceptance of renewable energy innovation: An introduction to the concept. Energy Policy, 35: 2683-2691.

Xu X Y, Ang B W. 2014. Analysing residential energy consumption using index decomposition analysis. Applied Energy, 113: 342-351.

Yao Y, Huang G H, Lin Q. 2012. Climate change impacts on Ontario wind power resource. Environmental Systems Research, 1: 2.

Yuan X C, Wang Q, Wang K, et al. 2015. China's regional vulnerability to drought and its mitigation strategies under climate change: Data envelopment analysis and analytic hierarchy process integrated approach. Mitigation and Adaptation Strategies for Global Change, 20(3): 341-359.

Yüksel I. 2008. Global warming and renewable energy sources for sustainable development in Turkey. Renewable Energy, 33: 802-812.

Zabeo A, Pizzol L, Agostini P, et al. 2011. Regional risk assessment for contaminated sites Part 1: Vulnerability assessment by multicriteria decision analysis. Environment International, 37: 1295-1306.

Zhang M, Guo F Y. 2013. Analysis of rural residential commercial energy consumption in China. Energy, 52: 222-229.

Zhang Y J, Wang A D, Da Y B. 2014. Regional allocation of carbon emission quotas in China: Evidence from the shapley value method. Energy Policy, 74: 454-464.

Zhao X G, Wang J Y, Liu X M, et al. 2012. China's wind, biomass and solar power generation: What the situation tells us. Renewable and Sustainable Energy Reviews, 16: 6173-6182.

附　　录

附录 1　可再生能源气候变化脆弱性区域差异

附表 1.1　可再生能源气候变化脆弱性及其三维度分值

省(区、市)	暴露度	敏感度	适应能力	脆弱性
广东	100.00	84.96	56.16	199.20
甘肃	57.62	86.93	31.38	183.57
西藏	13.44	96.13	10.00	169.97
青海	34.72	90.67	29.13	166.67
内蒙古	61.10	96.11	61.08	166.52
宁夏	56.05	58.70	32.28	152.87
新疆	52.43	77.67	54.47	146.03
海南	32.38	71.40	33.83	140.35
四川	23.82	100.00	60.72	133.49
黑龙江	58.51	55.06	51.90	132.07
河北	63.86	50.07	56.84	127.49
广西	28.70	67.17	44.50	121.77
贵州	13.22	69.59	33.20	120.01
吉林	46.33	51.76	49.73	118.76
山西	41.63	56.28	54.21	114.10
湖南	40.03	49.38	46.06	113.75
湖北	17.43	86.01	61.77	112.07
辽宁	60.05	44.42	64.01	110.85
云南	30.59	48.04	40.14	108.90
江西	31.03	45.43	42.16	104.70
山东	75.45	19.99	61.94	103.90
江苏	84.14	18.07	68.91	103.69
河南	45.04	31.38	44.89	101.94
福建	26.67	58.36	54.25	101.18
浙江	42.88	45.45	66.53	92.20
重庆	10.00	44.85	40.54	84.72
安徽	28.08	18.66	37.69	79.44
陕西	23.50	21.00	50.67	64.23
北京	31.60	46.46	84.38	64.08
天津	36.84	33.18	86.32	54.10
上海	19.60	10.00	100.00	0.00
全国平均	41.51	55.91	51.93	115.89

附录2　2015年可再生能源配额制

附表2.1　2015年可再生能源电力配额分配结果

省（区、市）	用电量/亿千瓦时	风电/亿瓦时	太阳能发电/亿千瓦时	生物质能发电/亿千瓦时	合计/亿千瓦时	调入(+)调出(−)/亿千瓦时	消纳量/亿千瓦时	配额/%
北京	1010	4	6	3	13	58	71	7
天津	835	6	5	4	16	43	59	7
河北	3587	231	20	27	279	−27	252	7
山西	2011	117	13	13	143	−2	141	7
内蒙古	2608	559	30	12	601	−340	261	10
辽宁	2206	129	7	5	141	78	219	10
吉林	703	113	4	20	137	−66	71	10
黑龙江	902	90	4	28	122	−31	91	10
上海	1477	10	5	12	27	32	59	4
江苏	5495	77	35	56	168	52	220	4
浙江	3907	21	21	42	84	−6	78	2
安徽	1833	18	9	24	51	22	73	4
福建	1964	50	8	18	76	3	79	4
江西	1168	15	8	12	35	−12	23	2
山东	4718	144	20	56	220	109	329	7
河南	3324	19	14	24	57	76	133	4
湖北	1892	22	7	34	63	12	75	4
湖南	1619	21	6	16	43	21	64	4
广东	5389	60	19	32	111	105	216	4
广西	1430	15	6	7	28	29	57	4
海南	275	7	6	6	19	−8	11	4
重庆	1006	8	3	6	17	4	21	2
四川	2253	11	5	9	25	20	45	2
贵州	1318	42	5	5	52	−26	26	2
云南	1719	80	18	10	108	12	120	7
西藏	42	1	5	0	6	−2	4	10
陕西	1333	36	14	5	55	39	94	7
甘肃	1219	237	74	2	313	−192	121	10
青海	793	5	63	0	68	−13	55	7
宁夏	928	94	32	2	128	−35	93	10
新疆	2193	240	55	2	297	−77	220	10
合计	61157	2482	527	492	3503	−123	3381	$=\frac{3381}{61157}$

附录 3　2017 年可再生能源配额制

附表 3.1　2017 年可再生能源电力配额分配结果

省（区、市）	用电量/亿千瓦时	风电/亿千瓦时	太阳能发电/亿千瓦时	生物质能发电/亿千瓦时	合计/亿千瓦时	调入(+)调出(–)/亿千瓦时	消纳量/亿千瓦时	配额/%
北京	1100	8	13	4	25	74	99	9
天津	905	11	11	7	29	52	81	9
河北	4040	297	40	44	380	–17	363	9
山西	2286	187	31	21	238	–32	206	9
内蒙古	2978	650	41	21	711	–354	357	12
辽宁	2491	146	17	8	172	127	299	12
吉林	802	128	11	42	181	–85	96	12
黑龙江	1025	105	11	50	166	–43	123	12
上海	1551	11	10	26	46	31	77	5
江苏	6122	113	54	90	257	49	306	5
浙江	4441	28	35	68	131	47	178	4
安徽	2187	26	20	41	87	22	109	5
福建	2264	95	17	28	139	–26	113	5
江西	1395	33	18	20	70	–14	56	4
山东	5300	214	44	89	347	130	477	9
河南	3838	28	31	42	101	91	192	5
湖北	2190	29	17	55	101	8	109	5
湖南	1887	43	14	36	93	2	95	5
广东	5959	65	37	55	156	142	298	5
广西	1619	19	14	12	45	36	81	5
海南	313	13	14	10	36	–20	16	5
重庆	1213	9	7	10	25	23	48	4
四川	2633	23	15	15	53	53	106	4
贵州	1513	43	11	9	63	–2	61	4
云南	1941	129	39	19	187	–13	174	9
西藏	55	2	9	0	11	–4	7	12
陕西	1503	63	35	9	106	29	135	9
甘肃	1353	326	86	4	416	–253	163	12
青海	895	7	86	0	93	–13	80	9
宁夏	1017	95	41	4	140	–18	122	12
新疆	2614	358	78	3	439	–126	313	12
合计	69430	3304	907	842	5044	–104	4940	$=\frac{4940}{69430}$

附录4　2020年可再生能源配额制

附表4.1　2020年可再生能源电力配额分配结果

省 (区、市)	用电量 /亿千瓦时	风电 /亿千瓦时	太阳能发电 /亿千瓦时	生物质能发电 /亿千瓦时	合计 /亿千瓦时	调入(+)调出(–) /亿千瓦时	消纳量 /亿千瓦时	配额/%
北京	1250	12	18	5	35	90	125	10
天津	1020	15	18	10	43	59	102	10
河北	4830	372	61	63	496	–13	483	10
山西	2770	238	46	30	314	–36	278	10
内蒙古	3635	840	54	30	924	–452	472	13
辽宁	3000	171	26	12	209	180	389	13
吉林	975	205	18	60	283	–156	127	13
黑龙江	1240	121	18	72	211	–50	161	13
上海	1670	13	14	37	64	53	117	7
江苏	7200	156	70	128	354	150	504	7
浙江	5380	37	50	97	184	85	269	7
安徽	2850	38	33	58	129	70	199	7
福建	2800	135	25	41	201	–5	196	7
江西	1821	50	25	28	103	–12	91	5
山东	6310	296	66	127	489	142	631	10
河南	4762	43	50	60	153	181	334	7
湖北	2725	45	26	78	149	42	191	7
湖南	2374	70	21	51	142	24	166	7
广东	6930	88	50	78	216	269	485	7
广西	1950	36	21	17	74	63	137	7
海南	380	17	20	14	51	–34	17	7
重庆	1605	14	10	14	38	42	80	5
四川	3325	40	26	21	87	80	167	5
贵州	1860	76	15	12	103	–10	93	5
云南	2330	228	56	28	312	–79	233	10
西藏	83	4	15	0	19	–8	11	13
陕西	1800	94	60	13	167	13	180	10
甘肃	1582	444	98	6	548	–342	206	13
青海	1074	7	105	1	113	–5	108	10
宁夏	1166	131	53	6	190	–38	152	13
新疆	3400	432	105	4	541	–99	442	13
合计	84097	4468	1273	1201	6942	204	7146	$=\frac{7146}{84097}$

附录 5　2015～2020 年可再生能源生产

附表 5.1　我国可再生能源生产量预测　　（单位：亿千瓦时）

省(区、市)	2015 年	2017 年	2020 年
北京	13	25	35
天津	16	29	43
河北	279	380	496
山西	143	238	314
内蒙古	601	711	924
辽宁	141	172	209
吉林	137	181	283
黑龙江	122	166	211
上海	27	46	64
江苏	168	257	354
浙江	84	131	184
安徽	51	87	129
福建	76	139	201
江西	35	70	103
山东	220	347	489
河南	57	101	153
湖北	63	101	149
湖南	43	93	142
广东	111	156	216
广西	28	45	74
海南	19	36	51
重庆	17	25	38
四川	25	53	87
贵州	52	63	103
云南	108	187	312
西藏	6	11	19
陕西	55	106	167
甘肃	313	416	548
青海	68	93	113
宁夏	128	140	190
新疆	297	439	541
总计	3503	5044	6942

附录 6 成本目标下的可再生能源电力输送

附表 6.1 基于经济成本最小的可再生能源电力输送矩阵

	京津	辽宁	江苏	浙江	安徽	山东	河南	湖北	湖南	广东	广西	川渝	陕西	输出
河北	268	870	883.5	1012	734	273	366	825	1104	1661	1792	1295	652	37
山西	406	1024	950	1098	796	416	356	823	1077	1640	1723	1118	518	55
内蒙古	408	974	1374	1397	1112	648	689	1157	1409	1971	2029	1342	772	489
吉林	854	275	1444	1583	1508	1069	1417	1761	2061	2556	2812	2373	1769	102
福建	1558	1791	611	469	670	1193	1107	699	666	694	1168	1441	1350	18
江西	1248	1613	611	449	378	890	710	260	286	670	998	1035	906	12
云南	2086	2658	1950	1798	1602	1866	1507	1290	1068	1074	607	621	1183	89
西藏	2563	3183	2902	2786	2503	2518	2190	2228	2128	2312	1872	1485	1747	4
甘肃	1187	1807	1718	1650	1327	1182	906	1149	1229	1699	1536	685	503	326
新疆	2417	2905	3269	3231	2906	2605	2445	2767	2850	3282	3009	2177	2114	99
虚拟	0	0	0	0	0	0	0	0	0	0	0	0	0	245
输入	212	120	218	85	70	122	113	45	34	260	63	107	27	

注：参见表 4.8。

附录 7 脆弱性目标下的可再生能源电力输送

附表 7.1 基于系统脆弱性最低的可再生能源电力输送矩阵

	京津	辽宁	江苏	浙江	安徽	山东	河南	湖北	湖南	广东	广西	川渝	陕西	输出
河北	57.09	97.55	73.74	78.89	66.14	90.59	88.62	98.76	100.44	185.89	108.46	120.19	57.09	37
山西	43.70	84.16	60.35	65.50	52.75	77.20	75.23	85.37	87.05	172.50	95.07	106.80	43.70	55
内蒙古	96.13	136.59	112.78	117.93	105.18	129.63	127.66	137.80	139.48	224.93	147.50	159.23	96.13	489
吉林	48.36	88.82	65.01	70.16	57.41	81.86	79.89	90.03	91.71	177.16	99.73	111.46	48.36	102
福建	30.78	71.24	47.43	52.58	39.83	64.28	62.31	72.45	74.13	159.58	82.15	93.88	30.78	18
江西	34.30	74.76	50.95	56.10	43.35	67.80	65.83	75.97	77.65	163.10	85.67	97.40	34.30	12
云南	38.49	78.95	55.14	60.29	47.54	71.99	70.02	80.16	81.84	167.29	89.86	101.59	38.49	89
西藏	99.57	140.03	116.22	121.37	108.62	133.07	131.10	141.24	142.92	228.37	150.94	162.67	99.57	4
甘肃	113.17	153.63	129.82	134.97	122.22	146.67	144.70	154.84	156.52	241.97	164.54	176.27	113.17	326
新疆	75.63	116.09	92.28	97.43	84.68	109.13	107.16	117.30	118.98	204.43	127.00	138.73	75.63	99
虚拟	0.00	40.46	16.65	21.80	9.05	33.50	31.53	41.67	43.35	128.80	51.37	63.10	0.00	245
输入	212	120	218	85	70	122	113	45	34	260	63	107	27	

注：参见表 4.8。

附录 8 双目标下的可再生能源电力输送

附表 8.1 基于线性等权法的可再生能源电力输送矩阵

	京津	辽宁	江苏	浙江	安徽	山东	河南	湖北	湖南	广东	广西	川渝	陕西	输出
河北	15.88	33.41	28.70	31.72	24.85	22.88	23.89	32.98	37.57	63.72	49.71	44.56	21.73	37
山西	15.22	32.99	26.94	30.26	23.03	22.29	20.97	30.18	34.40	60.63	45.89	39.10	16.92	55
内蒙古	26.08	43.06	44.24	45.65	38.67	36.66	36.88	46.10	50.29	76.51	61.39	53.35	31.63	489
吉林	23.00	22.54	35.43	38.61	34.84	33.20	38.10	45.43	50.35	75.55	63.45	59.18	36.94	102
福建	30.10	42.01	19.11	18.01	18.44	31.46	29.74	25.62	25.46	43.55	34.77	41.35	26.93	18
江西	26.10	40.02	19.84	18.43	14.72	27.57	24.42	19.66	20.40	43.91	32.91	35.89	20.89	12
云南	39.73	56.81	41.10	39.85	34.23	43.30	37.43	36.22	33.18	50.93	27.82	30.45	25.98	89
西藏	59.62	77.43	68.23	67.52	60.58	65.86	60.45	63.13	61.95	82.41	59.71	56.24	47.19	4
甘肃	41.47	59.27	53.00	53.03	45.47	48.31	43.70	49.50	51.07	75.88	57.40	46.86	31.05	326
新疆	52.45	68.25	68.87	69.36	61.77	62.24	59.39	66.39	68.00	92.24	72.08	61.83	47.83	99
虚拟	0.00	8.36	3.44	4.50	1.87	6.92	6.52	8.61	8.96	26.61	10.61	13.04	0.00	245
输入	212	120	218	85	70	122	113	45	34	260	63	107	27	

注：参见表 4.8。

附录 9　中长期可再生能源配额制

附表 9.1　计算得到的我国区域可再生能源消费配额分配结果　（单位：亿千瓦时）

省(区、市)	2015 年		2017 年		2020 年		2030 年	
	基本	优秀	基本	优秀	基本	优秀	基本	优秀
北京	53	71	81	99	125	157	331	457
天津	44	59	94	104	102	133	412	577
河北	216	252	273	352	298	459	512	662
山西	106	141	164	206	202	259	389	439
内蒙古	195	261	275	357	369	435	708	842
辽宁	164	219	253	299	261	329	450	582
吉林	53	71	116	129	148	211	487	616
黑龙江	68	91	113	123	161	181	372	453
上海	44	59	120	135	147	182	472	552
江苏	187	220	268	306	388	454	594	648
浙江	58	78	139	178	218	269	361	489
安徽	55	73	97	116	162	199	268	364
福建	60	69	90	113	136	183	286	389
江西	17	23	40	56	75	91	187	263
山东	246	268	398	453	562	611	752	865
河南	100	133	126	162	192	266	326	446
湖北	56	75	106	129	163	194	274	344
湖南	48	64	95	118	149	176	289	372
广东	193	216	253	286	378	485	578	684
广西	43	45	62	81	91	137	227	352
海南	9	11	16	28	31	42	118	179
重庆	15	21	41	48	72	86	179	231
四川	34	45	78	97	108	146	229	372
贵州	19	26	43	58	78	93	193	271
云南	90	92	137	162	183	233	387	428
西藏	3	4	7	9	11	15	44	75
陕西	70	94	112	135	175	194	360	429
甘肃	90	121	165	181	216	255	487	543
青海	41	55	68	80	96	108	218	302
宁夏	70	93	119	130	147	162	286	371
新疆	195	220	277	303	388	442	535	617
总计	2642	3270	4226	5033	5832	7187	11311	14214